普通高等院校“十四五”规划教材

国 际 结 算

孙艳萍　刘永芝◎主　编
季克华◎副主编

中国铁道出版社有限公司
CHINA RAILWAY PUBLISHING HOUSE CO., LTD.

内 容 简 介

本书以原理阐述与实务分析相结合为基本原则，简明系统地介绍了国际结算的理论、实务操作，以及规则和惯例，同时尽可能地反映国际结算发展的新信息、新成果，旨在帮助读者掌握基本原理和提升实务操作技能齐头并进。

本书既可作为高等院校国际经济与贸易、金融学等专业的教学用书，也可作为外贸及银行从业人员业务培训或自学参考书。

图书在版编目(CIP)数据

国际结算/孙艳萍，刘永芝主编.—北京：中国铁道出版社有限公司，2021.4
普通高等院校"十四五"规划教材
ISBN 978-7-113-27822-9

Ⅰ.①国… Ⅱ.①孙… ②刘… Ⅲ.①国际结算-高等学校-教材
Ⅳ.①F830.73

中国版本图书馆 CIP 数据核字(2021)第 050185 号

书 名：**国际结算**
作 者：孙艳萍 刘永芝

策 划：潘星泉 **编辑部电话**：(010)51873090
责任编辑：潘星泉 贾淑媛
封面设计：刘 颖
责任校对：苗 丹
责任印制：樊启鹏

出版发行：中国铁道出版社有限公司(100054，北京市西城区右安门西街 8 号)
网 址：http://www.tdpress.com/51eds/
印 刷：三河市兴博印务有限公司
版 次：2021 年 4 月第 1 版 2021 年 4 月第 1 次印刷
开 本：787 mm×1 092 mm 1/16 **印张**：14.5 **字数**：334 千
书 号：ISBN 978-7-113-27822-9
定 价：38.00 元

前　言

在高等教育经济学科的教学规划中，“国际结算”是国际经济与贸易类专业、金融学、财务管理等专业的专业课。本书全面介绍国际贸易、国际非贸易结算的基本内容，结合国际商会惯例对票据、汇款、托收、信用证等结算方式，重点介绍业务流程及实务操作，并配合各种实务单证。同时，针对国际结算领域欺诈案件不断上升的现实，通过案例介绍防范措施。本书的编者在长期教学实践的基础上，针对教学及人才培养的需要，编写了这本《国际结算》。

本书在编写过程中，力求简明、系统地介绍国际结算的理论、实务操作、规则、惯例等内容，主要依据原理阐述与实务分析相结合的基本原则，使读者既能学习到国际结算的基本原理，又能掌握国际结算实务操作的基本技能。在编写过程中，尽可能地反映有关国际结算发展的最新信息，并及时反映国际结算领域的前沿成果。例如：本书在《UCP600》实施之后，对国际结算环节的主要内容进行修订，在吸取传统教材优点的基础上，对书中涉及《跟单信用证统一惯例》的知识，全部采用《UCP600》的观点。另外，书中穿插国际结算相关案例，使读者能更具体地分析国际结算实务操作中常见的问题、风险及其解决方法。本书既可作为高等院校国际经济与贸易、金融学等专业的教学用书，也可作为外贸及银行从业人员业务培训或自学参考书。

本书由孙艳萍（哈尔滨华德学院）和刘永芝（哈尔滨华德学院）任主编，负责全书统稿工作，季克华（哈尔滨石油学院）任副主编。具体编写分工如下：孙艳萍负责编写第三章、第四章、第六章和第七章，刘永芝负责编写第二章、第五章、第九章，季克华负责编写第一章、第八章。本书在编写过程中，参考了国内外有关的著作，谨此致谢。由于编者的水平所限，疏漏之处在所难免，恳请同行专家与读者不吝赐教。

编　者
2020 年 11 月

目　录

第一章 国际结算概述

本章导读:

本章主要介绍国际结算的定义、类别、基本条件,以及现代国际结算的特点、发展趋势等,还介绍了国际商会和国际惯例。通过对本章内容的学习,可以了解国际结算相关的基础知识。

基本概念:

国际结算(International Settlement) SWIFT(Society for Worldwide Inter-bank Financial Telecommunications) EDI(Electrical Data Interchange) 国际惯例(International Customs) 国际商会(International Chamber of Commerce,ICC) 《托收统一规则》(Uniform Rules for Collection,ICC Publication No. 522,简称《URC522》) 《跟单信用证统一惯例》(Uniform Customs and Practice for Documentary Credit,2007 Revision,ICC Publication No. 600,简称《UCP600》)

第一节 国际结算的定义和内容

一、国际结算的定义

国际结算(International Settlement)是指为清偿国际间债权债务关系或跨国转移资金而发生在不同国家之间的货币收付活动。清偿国际间的债权债务关系以及跨国资金转移是国际结算的基本目的,国际结算(跨国货币收付)是其手段。不同国家之间之所以存在债权债务关系,是因为国际间存在着广泛的政治、经济、军事、文化等各方面的交往,这些交往常常会伴随着资金流动。

虽然国际结算在商业银行的业务构成中主要属于中间业务,但现代国际结算又不完全拘泥于中间业务,它往往与商业银行的一些资产业务和表外业务交织运作,以满足客户的多方面需求。在国际商品贸易、服务贸易、非贸易贷款融资、黄金和外汇买卖、私人和团体汇款，以及其他经济、文化、科技事业的交往中，必然要产生国与国之间的货币收付行为，与此同时也就产生了国际间的债权债务关系，国际结算由此应运而生。从国际结算的整体运行来看，主要包括票据的运用、贸易单据的处理、结算方式操作、贸易融资、信用担保、银行间的国际合作、账户设置与支付系统运行等多项内容。由此可见，国际结算就是应用一定的金融工具（汇票、本票、支票等），采取一定的方式（汇付、托收、信用证等），利用一定的渠道（通信网、Internet 等），通过一定的媒介机构（银行或其他金融机构），进行国与国之间的货币收付行为，从而使国际间债权债务得以清偿。

二、国际结算的类别

国际结算按结算的内容可以分为国际贸易结算和非贸易国际结算。

（一）国际贸易结算

国际贸易结算是伴随着国际贸易而产生和发展起来的，所使用的结算工具和结算方式均较复杂，技术性强，涉及面广，是国际结算的主要内容。国际贸易结算中又可分为国际商品贸易结算和国际服务贸易结算。

1. 国际商品贸易结算

国际商品贸易是全球经济活动中最重要的组成部分，也是引发国际债权债务关系，使资金跨国流动的主要动因。随着世界经济一体化进程的加快和国际贸易区域化、集团化特征的日益突出，以及世界贸易自由化的推进、世界商品购销量的迅猛增长、竞争的日趋激烈，各国均把对外贸易尤其是商品出口贸易作为促进经济增长的推动力量，力图在国际分工中占据有利位置。由于国际间商品贸易的特殊性与复杂性，绝大多数交易当事人为了避免风险，不可能采取“一手交钱、一手交货”的基本买卖形式，而需要通过国际结算的运作、银行的介入来实现商品跨境的债权债务清偿。绝大多数进出口交易，无论是一般贸易还是特殊贸易，都必须由经办国际结算业务的银行，借助多种结算工具及结算方式，通过一定的程序和渠道，结清国际债权债务，实现贸易的最终完结。因此，商品贸易结算是国际结算业务中的最重要内容。随着世界贸易规模的迅速扩大及竞争的加剧，国际结算不仅是商业银行的一项基本业务，更是一国实现对外贸易宏观与微观效益，保证和促进世界贸易顺利进行的不可缺少的手段。

2. 国际服务贸易结算

国际服务贸易是指跨越国界提供和接受服务的无形贸易。按照《服务贸易总协定》（General Agreement on Trade in Service）的规定，将服务贸易定义为以下范围：服务产品的跨国界流动；消费者向服务出口国的流动；在需要提供服务的国家建立商业存在；自然人向任何其他成员境内流动而提供的服务。国际服务贸易由传统服务贸易和现代服务贸易两大内容体系构成。传统服务贸易一般包括旅游、运输、劳务输出、其他商业服务等服务贸易领域；现代服务贸易一般包括金融、保险、专利使用、计算机服务等现代服务领域。但应注意，其中运费、保险费、银行服务费是由贸易引起，我们把它称为贸易从属费用，认为此服务收支项目的结算业务是无形贸易结算或服务贸易结算。一般而言，任何一项服务贸易交易均会引发国际债权债务及货币资金的跨国转移,同样需要借助于国际结算手段。当然,在很多国际经贸活动中,服务贸易与商品贸易往往交织在一起,并无明显的结算界限。例如,在一笔 CIF 合同项下的进出口交易中,出口商在履行交货义务后,他所结算的不仅仅是货物价款,还包括运费和保险费。而这两项服务贸易支出仍需通过银行一并向进口商收付。随着世界政治、经济、文化事业的发展,国际服务贸易迅猛增长,服务贸易自由化也是大势所趋。服务贸易收支在各国国际收支中的比重普遍呈上升趋势,对某些国家来说,服务贸易所得是其外汇收入的重要来源,有些国家的服务贸易收支甚至超过了商品贸易收支。因此,服务贸易结算在国际结算中的业务比重迅速扩大,地位日益重要。

综上所述,我们把凡是国际间因贸易而产生的(包括商品贸易结算和服务贸易结算中的贸易从属费用结算)货币收付和债权债务的结算称为国际贸易结算。

(二)非贸易国际结算

非贸易国际结算是指由其他国际经济活动和政治、文化交流所引起的(包括服务贸易结算中的非贸易从属费用结算及其他)货币收付的结算称为非贸易国际结算。其主要包括:对外投资、筹资、外汇买卖、捐款、侨汇、信用卡、旅行支票业务、经济军事援助等。

从贸易和非贸易交易金额的对比来看,后者目前又远远高于前者,特别是那些属金融交易的却又无贸易背景的各种交易已百倍于实物交易,但其交易量的巨大并不能取代贸易在其中的重要地位,结算也是如此。国际贸易结算将是国际结算业务的重点,这是由贸易结算在整个国际结算中所处的特殊地位决定的。贸易结算与商品的买卖联系在一起,存在着钱和物的对流,商品经济发展到今天,大部分的交易不可能还是一手交钱、一手交货的同时两讫,尤其是在金额大、数量多、运输时间长的国际贸易中。通常是卖方先发货,买方后付款,为了使结算安全、顺利,一般都要通过一些经营国外业务的银行,也就是外汇银行来参与清算活动。银行在帮助清算货款时,要使用信用证、保函、托收等支付方式,这样就使贸易结算比非贸易结算在操作上更为复杂,在内容上贸易结算几乎包括了国际结算所有的方式和手段。掌握了贸易结算,非贸易结算的问题也就迎刃而解。

三、国际结算的基本条件

国际结算的基本条件是指对国际结算的手段工具、时间地点和方式方法等所作的基本规定,主要包括以下几个方面。

1. 货币条件

在国际结算中使用的货币,必须是可自由兑换的货币,具体选择有三种:一是出口国货币;二是进口国货币;三是第三国货币。只有使用了可自由兑换的货币,才能以持有的某一种货币的债权来抵付另一种货币的债务,尤其是西方主要工业国的货币,由于其现货、期货和期权等交易都很活跃,可为双方当事人提供更多的保值手段。

可自由兑换的货币之间进行兑换时也是有价格的,这就是汇率。由于现在国际上绝大多数国家实行的是浮动汇率制,因此货币就有软、硬之分。软币和硬币是相对而言,这都是根据各货币未来的走势来区分和判断的。从贸易商的角度来看,进口最好用软币支付,出口则最好使用硬币收款。但使用何种货币是交易双方共同决定的,不能一厢情愿,所以选择货币除考虑汇率走势以外,还要结合商品的供求状况和价格及利率进行综合考虑,尤其是利率,因为软币的利率往往较高,硬币的利率通常较低。

若双方国家签订有支付协定,则必须使用协定内规定的货币。支付协定,是以双方中央银行或指定银行开立的清算账户用收付记账来清算由于进出口贸易和其他经济往来所发生的债权债务的一种结算方式。这种结算不必逐笔使用现汇,而是根据协定用记账的方式来抵消。这种支付协定曾于20世纪50年代和60年代在我国广泛使用,现在几乎不采用了。

2. 时间条件

时间条件是指结算中支付款项的时间安排。当然,货币支付的时间也将对不同当事人产生不同的影响。一般根据付款与交货的时间先后关系,可分为预付货款、货到付款、延期付款、分期付款等。

(1)预付货款:指买方将货款的一部分或全部预先交给卖方,卖方收到货款后再发货。实务中常见的只是预付一部分,作为买方保证货到付款的定金。这种付款的时间安排显然对卖方比较有利。

(2)货到付款:指买方收到货物之后再付款,这是较为传统的一种方式。

(3)延期付款:指买方在收到货物后的一定时间内再向卖方支付货款的一种时间条件。这是目前市场上普遍采用的支付时间的选择。

(4)分期付款:这种付款方式多用于资本性商品的结算,由于金额大、交货时间长,分期付款可减少买方资金上的压力。

3. 结算方式

结算方式又称支付方式,是全套单据与货款对流的形式,是以一定的条件实现国际货币收付的方式。采用何种结算方式一般在进出口双方签订的合同中有明确规定。现代国际贸易实行货物单据化和履约证书化,使银行能够介入买卖双方之间,充当中间人和保证人,凭单据垫款付给出口方,再凭单据向进口方索取货款,即通常所说的交款赎单,由银行结清双方的债权债务,并可根据不同情形对进出口双方给予资金融通的便利。

国际结算的基本方式有汇付、托收、信用证和保付代理等类型。国际结算如何发展与创新,主要取决于国际经贸活动的内容、融资需求、风险保障程度及银行的服务范围等因素。具体由进出口双方视交易情形、市场销售情形、对方资信情况等因素,自行商定,采取一种或几种结算方式。如汇付方式简单便捷,可用于寄售、售定、贸易从属费用及非贸易项目结算;而跟单托收则主要用于国际贸易结算,由于其程序简单,费用较低,受到贸易商尤其是进口商的青睐。但由于银行在跟单托收运作中未承担任何付款责任,托收效果主要取决于进口商的商业信用,因此,出口商承担了进口商拒付托收货款的风险。为了有效地保障出口商的权益,由银行担负第一性付款责任的信用证结算方式于是受到国际贸易交易者的普遍欢迎,现在已成为影响最大、应用最为广泛的国际结算方式。此外,为了满足客户除

结算货款以外的诸如融资、风险保障、账务管理、信息咨询等需要，又相继出现了担保、福费廷、保付代理等综合性业务的结算方式。

4. 代表货物所有权的单据

单据在国际贸易结算中占有重要的地位。特别是在国际贸易中，单据代表着货物，买方是凭单付款而非凭货付款，而卖方在货物出运以后拿到了代表货物所有权的提单就可以向当地银行进行融资。所以，在国际贸易结算中，不论采用何种方式，都有一个单据交接的问题，单据的交接就代表了货物的交接。

四、国际结算的特点和发展趋势

国际结算正朝着电子化、无纸化、标准化和一体化趋势发展，将为国际贸易提供更高效、更快捷、更便利、更安全的服务。

（一）国际结算和贸易融资结合更加紧密

贸易融资是指围绕国际贸易结算的各个环节发生的资金及信用融通的经济活动。这项业务不仅使银行可以获得利息收益，而且可以改善银行的资产质量，所以现代国际结算越来越突出和贸易融资紧密相结合的特点。不论是出口商还是进口商，只要符合规定的条件，即可从往来的结算银行处获得短期及长期的资金融通，这既能提高贸易的成交率，又能增加商品在市场上的竞争力，而银行也会从中受益，在此，银行与客户的利益是一致的。

（二）国际结算的电子化程度加深

20 世纪中叶以后，随着科学技术发展，国际银行业普遍采用先进的计算机技术，建立了各类联机网络和高效信息系统，使得手工操作时代形成的世界范围内银行间的资金往来、汇兑和资金结算业务，通过跨地区、跨国家的计算机网络更加紧密地联系起来，大大节约了货币票据的使用，并且使相距万里的借贷、收付双方的业务往来，瞬息之间即可完成，缩短了国际结算的时间，提高了货币的周转速度和流通速度。

1. 关于 SWIFT

SWIFT（Society for Worldwide Inter-bank Financial Telecommunications）是环球同业银行金融电讯协会的英文缩写，它成立于 1973 年 5 月，是一个国际银行同业间非营利性的国际合作组织，总部设在比利时首都布鲁塞尔。SWIFT 最初由北美和西欧 15 个国家 239 家银行发起，如今已在全世界拥有会员银行 5 000 多个，其环球计算机数据通信网在荷兰阿姆斯特丹和美国纽约设有运行中心，在各会员国设有地区处理站，连接数千个用户，日处理 SWIFT 电讯数百万笔。SWIFT 系统实行 24 小时全天候运行，每周工作 7 天，其功能包括对信息报文的接收、有效性的检验、分类及投送等。

为了保证 SWIFT 系统的规范与稳健运行，为国际银行业提供更有效的服务，该组织规定了针对不同机构的成员资格，申请加入者必须符合资格要求。SWIFT 的成员资格分为三个层次：一是会员银行（Member Bank），在每个 SWIFT 会员国内，获有外汇业务经营许可权的银行的总行可申请成为 SWIFT 组织的会员行。会员行拥有董事选举权，当其所占股份到

达一定数额时，有董事被选举权；二是附属子会员银行（Sub-Member Bank），会员银行在境外的全资附属银行、会员银行在境外的持股份额到达 90% 以上的银行，可申请成为 SWIFT 的附属子会员银行，如中国银行的境外分行即符合 SWIFT 的附属子会员银行资格；三是参加者（Participant），根据业务需要，一些世界知名的证券公司、旅行支票公司、国际清算组织、转账支付中心等机构，可申请成为 SWIFT 组织的参加者，但根据 SWIFT 的相关规定，参加者不能享受银行成员可获得的所有服务，只允许使用一部分 SWIFT 电讯格式。

SWIFT 系统的信息传输服务具有如下特点。

（1）快速、准确。SWIFT 在荷兰阿姆斯特丹和美国纽约都设有环球计算机数据通信网运行中心，在各会员国设有地区处理站，只要接入 SWIFT 系统的计算机终端，会员就可按照标准数据格式向全球任何地方的另一家 SWIFT 会员发出表示业务种类的 SWIFT 电文，后者的计算机终端在极短时间内即可接收到该 SWIFT 电文，并可对其进行自动处理。如 A、B 两家不同国籍的银行建有代理行关系并均为 SWIFT 的成员，A 银行接受了其客户（付款人）委托的一笔国际电汇业务。A 银行即可按照 SWIFT 系统中汇款业务的电文格式，向 B 银行发出委托其解付汇款业务的信息；B 银行 SWIFT 系统的终端设备快速收到该电文后，当即自动进行汇款解付的账务处理。

（2）标准化与规范化。在银行传统的电讯业务往来中，由于电文格式的不统一及语言文字上的问题，经常引发误解，甚至影响银行间的业务协作关系。基于为各国银行提供准确的信息传输服务的目的，SWIFT 组织从成立之日起，即积极致力于通信信息标准化及规范化建设，并在实践中显示出巨大的优越性。其标准化与规范化特征主要体现在以下几个方面。

一是根据银行业务类型，SWIFT 组织的标准格式部门与银行共同设计开发了一系列标准电文格式，以满足所涉及交易的特定数据要求，并经由董事会批准通过才付诸实施。根据银行的实际业务需要，电文格式共分为十大类编码。

第 0 类　SWIFT 系统电文

第 1 类　客户汇款与支票（Customer Transfers & Cheques）

第 2 类　银行头寸调拨（Financial Institution Transfers）

第 3 类　外汇买卖与存款（Foreign Exchange Dealers，Deposits and Loans）

第 4 类　托收（Collections）

第 5 类　证券（Securities）

第 6 类　贵金属和辛迪加（Precious Metals and Syndication）

第 7 类　跟单信用证和保函（Documentary Credits and Guarantees）

第 8 类　旅行支票（Travelers Cheques）

第 9 类　银行账务报单（Statements）

以上每一类（Category）又包含若干组（Group），每一组又包含若干格式（Type），几乎涵盖了银行的所有业务类型。会员可根据业务需要，按照规定的电文发出电讯信息。

二是每个申请加入 SWIFT 组织的银行，均必须按照该组织的统一规则，制订出本行的

SWIFT 银行识别代码，经 SWIFT 组织批准后正式生效使用。SWIFT 银行识别代码由四部分组成。

①银行代码（Bank Code）：由四位易于识别的银行名字缩写字母构成。

②国家代码（Country Code）：根据国际标准化组织的规定，由两位字母组成。

③方位代码（Location Code）：由两位数字或字母构成，标明城市。

④分行代码（Branch Code）：由三位数字或字母构成，标明分行。

三是 SWIFT 系统对各国的货币、日期、数字、关系人等的表示方法。对 SWIFT 电文的数据构成及项目的表示方法，均有专门规定，以适应银行计算机系统自动处理业务的需要。SWIFT 服务的使用者，必须严格按照所有标准格式及既定表示方式发出信息，才可实现信息的发送与接收。

（3）安全保密性能高。银行因业务需要以各种通信手段所相互发送的文件不计其数，由于这些文件事关银行经营的安全性，故银行对所有接收的文件必须进行鉴证。按照传统做法，银行对相互间的电讯往来通常由发电行以加注密押的形式证实其所发电讯文件的真实性，收电行需由专门人员查验该密押正确与否。为确保安全性，银行密押还需定期更换，具有一定的不便。而 SWIFT 系统在解决验证信息真实性方面具有重大突破，极大地提高了信息传输的可靠性与保密性，在相当程度上为银行免除了信息传递过程中的风险隐患。

SWIFT 系统的安全保密性高主要体现在 SWIFT 密押独立于电传密押之外，由代理行间相互交换，仅供双方在收发 SWIFT 电文时使用。SWIFT 提供一种通用方法进行电文鉴真操作，且基于双方银行密钥的核对，而只有参与发送和接收电文的 SWIFT 用户才掌握密钥。

代理行双方在各自的 SWIFT 系统密押文件中输入约定的押值（由在一定的字母和数字范围内随机产生的字符串组成），此后，双方收发的电文将由 SWIFT 系统的密押文件自动核实，其准确程度远远高于人工控制的电传密押。根据 SWIFT 守则规定，代理行之间的 SWIFT 密押需半年更换一次。

由此可见，SWIFT 虽然只是一个电讯系统，并非支付系统，也不提供支付清算服务，但是，通过覆盖近百个国家的环球计算机通信网络，通过 SWIFT 组织标准金融信息的传输，实现银行间低成本、高效益、及时准确的信息交换和自动化的业务处理，使得各国银行积极加入该组织，从而使 SWIFT 网络在全球迅速得到广泛的使用。目前，SWIFT 电信系统已成为国际金融通信和国际结算的主体网络。

中国银行作为国家外汇外贸专业银行，率先加入该组织并于 1985 年 5 月 13 日，总行开通使用 SWIFT 系统。以后各大银行也先后成为了 SWIFT 会员。这标志着我国银行向着国际化、标准化和规模化迈进了一大步。采用该系统，全部后台作业可以完全摆脱手工作业，实现自动化处理，从而大大降低成本，减少差错，节约收汇和结汇时间，加速资金周转，提高国际结算业务的效率。

2. 关于 EDI

EDI 指的是电子数据交换（Electrical Data Interchange），是指在两个或两个以上用户之

间，按照协议将一定结构特征的标准经济信息，经数据通信网络在电子计算机系统之间进行交换和自动处理。它是以计算机数据通信网络技术为基础发展起来的现代信息处理和通信技术，是“无纸化技术”。它把商务活动中票证和单据流转的相关环节，通过标准化商业文件的联网传输和自动处理整合在一起，为客户提供快速、准确的国际结算业务，被称为是对传统贸易结算方式进行的一次划时代结构性变革。联合国标准化组织将 EDI 描述成“将商业行政事务处理按照一个公认的标准，形成结构化的事务处理报文数据的格式，从计算机到计算机的电子传输方法”。更准确地说，EDI 是按照标准协议，对具有一定结构性的标准型经济信息，经过电子数据通信网络，在商业贸易伙伴中的计算机系统之间进行交换和自动处理。

EDI 技术的应用使企业依据标准格式，在贸易与结算中直接以电子方式进行数据交换。在贸易和结算流程中所产生的商业文件如订单、合同、发票、订货运输单、交货通知书（运输部门）、进出口报关单（海关）、进口报检单（商检）、结汇单（银行）等均可转换成国际 EDI 标准形式（UN/EDIFACT），以电子方式通过 EDI 中心来传输文件。

EDI 为国际贸易和国际结算带来了巨大的社会效益和经济效益，主要表现在以下几个方面：实现无纸贸易；变革贸易和结算方式；降低成本和费用；节省时间，提高工作效率，从而增强竞争能力；用更先进的方式进行资金管理；为企业提供更好的决策支持信息；企业可与贸易伙伴更快捷地建立更密切的关系，增加贸易机会。

3. 关于电子商务

Internet 的发展给电子商务以新的活力。Internet 发展之初只为政府和学术界使用，到 1994 年已有近百个国家的 25 000 多个计算机网络在 Internet 互联，Internet 开始了商业化利用，电子商务（Electronic Commerce，EC）如火如荼地发展起来，其惊人的发展速度和诱人的发展前景吸引了各国政府和商界。

电子商务是一场空前的商务领域的根本性革命，是 21 世纪全球商务的主导模式，预示着新的经济增长方式。与传统商务相比，它具有以下几个基本特征：一是市场全球性，由于开辟了巨大的网上商业市场，打破了区域和国界，将给国际贸易提供更广阔的无形的空间；二是方便快捷性，由于利用网络能在世界各地完成信息的瞬间传递与计算机自动处理，同时网上信息的选择和比较范围更大，买卖双方的交易和结算都更加方便和快捷；三是低成本渗透性，由于大大缩小了产、供、销之间的时间路径、空间路径、人际渠道和市场渠道，从而极大地降低了采购成本、生产成本和销售成本；四是高效率性，由于变有形销售为无形销售，变有纸贸易为无纸贸易，将交易双方的中间环节缩减，把“两点之间直线最短”的数学公理变成商务理念，极大地提高了交易和结算的效率。

电子商务的基本模式主要有以下几种。

（1）BtoB 模式，即企业对企业（Business to Business）的电子商务，这是当前电子商务的重点。交易的买卖双方都是企业，企业间通过计算机网络进行材料的采购、产品的销售等生产经营活动。这样可以大量地节约交易成本，提高经济效益。如果交易的买方是政府，便是政府采购的 BtoG 模式。

(2)BtoC 模式,即企业对消费者(Business to Consumer)的电子商务,也是电子商务发展的一个重点和难点,现在处于其“市场的导入阶段”,即大量的消费者通过电子商务这一现代化手段向生产企业或商家订货。

(3)CtoB 模式,即消费者对企业(Consumer to Business)的集合竞价模式,就是将零散的消费者及其购买需求聚集起来,形成较大批量的购买订单,从而可以得到厂商的批发价和较低的折扣价,商家也可以从大批量的订单中享受到“薄利多销”的利益,形成商家与消费者“双赢”的局面。

(4)CtoC 模式,即消费者对消费者(Consumer to Consumer)的网上“拍卖”模式,将现实中的“跳蚤市场”移植到网上,建立了一个消费者之间交易的平台,让众多的消费者在完全自愿的基础上,相互竞价,购买商品。

(5)GtoB 模式,即政府对企业(Government to Business)的税收电子商务模式。

(6)BtoBtoC 模式,即商家对商家、商家对消费者(Business to Business, Business to Consumer)的交易链条。

在这 6 种模式中,跨国企业之间、跨国消费者与跨国企业之间在政策允许的情况下,就会出现跨国交易,就会产生国际结算。EDI 技术就是与 BtoB 模式相适应的国际结算方式。

4. 关于电子支付与网上银行

电子商务发展日新月异,令人目不暇接,而真正决定电子商务意义的是支付方式。电子商务活动中有三大“流”,即信息流、资金流和物流。在现实中,信息流和物流相对容易实现,通过网络进行的资金流即网上结算则是一个“瓶颈”。资金的转移是所有交易的一个最基本的环节。任何一笔成功的商务最终都要归结到资金的支付与结算上来,所以网上支付是电子商务最终得以实现的关键。具体地说,如果仍旧依靠传统的支付方式,便不能实现实时在线支付,那么电子商务就成了真正意义上的“虚拟商务”,只能是电子商情、电子合同,而无法网上成交。网上成交必须利用电子支付系统,即通过电子化的通信网络进行货币支付,实现资金转移。

目前电子支付工具主要有以下几种类型。

一是电子信用卡类。交易双方都必须在网上开设账户。买方通过浏览网上商店找到自己所需商品后,便把自己账号发给卖方,卖方可向买方发出货物。卖方定期在网上提供“交货清单”,说明“谁买了什么”,同时通过电子邮件向买方发出要求确认交易的单据。当买方确认后,他的信用卡将被借记,卖方账户则被贷记。这种通过信用卡结算的方式是建立在买方信用的基础上,因为如果买方对交易单据不予确认,则不予结算。故对卖方来说,存在发出了货物却收不到货款的风险。因此,建立对某一交易即时确认的电子支付系统是十分必要的。

二是电子支票类。它通过剔除纸面支票,有效地利用了当前银行系统自动化的优势。电子支票涉及买卖双方和金融机构。买方需要向卖方付款时,可从金融机构那里获得一个唯一的付款证明(相当于一张支票),将这个付款证明交给卖方,再由卖方转交给金融机构。整个事务处理过程就像传统支票付款和查证的过程。当它作为电子支付时,付款证明是一个由金融机构出示证明的电子流。因此电子支票方式的支付可以脱离现金和纸张进行,不需要邮寄支票或直接在柜台前付款。

三是电子现金类。由于电子现金表现在计算机屏幕上即一串数字,因此又可称之为"数字现金",是一种通过计算机键盘以数字形式流通的货币。它把现金数值转换成一个个加密序列,用这些加密序列来表示现实中的各种币值。用户在开展电子现金业务的银行开设账户并存钱后,就可以利用电子现金支付了。

(三)国际结算的规则日趋完善

随着经济与科技的发展,贸易及结算的规则日趋完善,更加科学化和现代化,特别是进入20世纪90年代后,各种国际惯例经过国际商会的多次修订,新的规则纷纷出台,如1990年的《国际贸易术语解释通则》、1993年的《跟单信用证统一惯例》和1995年的《托收统一规则》等。这些规则不仅促进了贸易和结算向规范化和标准化方向迅速发展,而且也使各国的结算方式逐步趋向统一,各国商业银行的业务做法也趋同,为当代国际经贸及其他方面往来的发展奠定了基础。

(四)国际结算的复杂化使结算的难度加大

国际结算的复杂化主要表现在结算工具的多样化、结算方式的多样化、结算内容的多样化和结算对象的多样化等方面,如结算时所需的单据包括商业单据、保险单据、检验单据、多式运输单据等,以及双方国家管理机构所规定的各种单据。结算方式往往结合运用,如交易大型成套设备采用汇款中的预付和延期付款信用证;以投标方式采购大型成套设备时需开立投标保函和履约保函等,属较为复杂的结算方式。国际结算的复杂化要求结算经办人员必须具有较高的技术水平和业务素质。

第二节　国际商会和国际惯例

一、国际商会

国际商会(International Chamber of Commerce,ICC)发起于1919年在美国新泽西州大西洋城举行的国际贸易会议,1920年在法国巴黎成立,总部设于巴黎,目前有130多个会员国。1994年11月8日,国际商会在巴黎召开的第168届理事会上,正式接纳我国为其会员国。国际商会是一个民间组织,各国政府对它的活动既不规定章程,也不加以限制,亦不给予财政上的支持,其所需的资金及经费主要来自会员国的捐款。国际商会的宗旨是:促使各国政府采取措施,为国际贸易的发展创造有利条件;加强各国商业界的友好往来和相互了解,共同推进和促进国际贸易的顺利发展;协助解决国际经济问题和各种商业争议。对于争议的解决,国际商会还专门设有国际仲裁庭。国际商会为实现其宗旨,设立了一系列专门委员会,研究和处理有关问题,包括国际贸易与发展、国际投资和经济发展、国际贸易程序规则、国际货币关系等。在国际贸易及其结算领域,国际商会的银行技术与实务委员会发挥了重要的作用,积极致力于解决国际结算领域中的实务问题。

二、国际惯例

（一）国际惯例的含义

国际惯例（International Customs）是指在法律上没有明文规定但为国际普遍接受的通行做法。国际惯例的形成必须具备这样一些条件：经过长期反复的实践而形成，内容比较明确和规范；与现行法律没有冲突；不违背公共秩序和良好风俗；有赖于国际认可等。早在公元 13 世纪，地中海沿岸地区个别商人团体为维护自身利益就开始总结实践中的习惯做法，制定贸易规则。到目前为止，国际经济贸易领域已有很多惯例规则，这些惯例规则已成为指导国际贸易和国际结算的行动准则。

（二）国际惯例的特征

1. 一般不具有强制性

尽管国际惯例在实践中广为应用，对使用者具有约束力，并可作为法院裁决时的重要依据，但国际惯例不是法律，它不同于国际公约、条约和协定，与各国国内立法也有区别，任何国家或组织都不可能也不需要对它有权利和义务，一般情况下它也不能直接约束有关国家或公民，一方当事者不能强制另一方使用。对国际惯例，当事者可自行决定是否采用，因此国际惯例不具有法律上的强制性，但是，某些国际惯例一旦为某国承认并采用，或者当事者在公约、条约、协定或合同中引用或认定，则该项国际惯例就具有法律约束力，当事者不得违反惯例中的规定，必须履行其中的义务，当然，同时也享有相应的权利。

2. 具有国际性

国际经贸活动是在世界范围内进行的，因此作为调整经贸关系的国际惯例也具有国际性，它被许多国家和地区认可，成为各国的共同行为准则。由于国际惯例具有国际民间性质，不涉及国家主权，因此各国为了避免相互之间涉外经济立法的冲突和按国际经贸法律协调涉及国家主权问题，都普遍愿意承认和采纳国际惯例。同时，国际惯例多是由国际性的商业组织和团体加以归纳整理而成的，对各种术语、条款的定义及解释明确、规范，内容也较为稳定，具有一定的权威性，因此国际惯例具有世界通用性。如《国际贸易术语解释通则》《跟单信用证统一惯例》已被许多国家的贸易界和银行界所采用，尤其是《跟单信用证统一惯例》，采用的国家有 100 多个，几乎成了办理此业务的真正的统一规则。

3. 具有相对稳定性

国际惯例是在长期的经贸活动中，经过反复使用、约定俗成而历史地形成的，是经贸活动的历史产物，因此具有相对的稳定性。若经常变动，就不能成为规范，会失去权威性，也不可能在国际经贸活动中发挥规范和调整作用。可见，稳定性是国际惯例必备的本质特征。无论是成文的，还是不成文的国际惯例，都具有一定的稳定性。但稳定又不等于一成不变，它也要随着客观条件、环境的变化而适时地修改和完善，否则就跟不上国际经贸活动发展的步伐，难免被淘汰。例如，《国际贸易术语解释通则》自 1936 年由国际商会制订出来,至今已进行了6次修订和补充。

（三）国际惯例的作用

1. 推动和促进国际经贸活动的发展

国际惯例虽然不是法律,只是一种行为规范,但当其被当事者采用后即具有法律约束力和强制力。另一方面,一些国家在国内立法中引用国际惯例,或规定法院有权按照有关国际惯例解释当事人的意愿。因此,国际惯例成为不是法的法,在世界经贸活动中具有特殊的地位和重要性。与此同时,国际惯例规定了特定国际经贸活动中的行为规范,明确了当事人应该做什么和如何做,享有什么权利和承担什么义务,及当事人权利和义务的关系。这些规范由于是在长期经贸实践中形成的,是一种相对稳定和较为公平合理的国际经贸行为规范,因而对国际经济贸易的发展能起到推动和促进作用。只有按国际惯例办事,才能顺利开展国际经贸活动,保护当事人的正当权益,在这方面,国际惯例可起到国际经贸法律无法替代的作用。

2. 可避免经贸活动中的法律冲突

各国都有经济方面的立法,但国内法律的制定均要维护本国的主权以及政治、经济等方方面面的利益,因此相互之间会存在一些矛盾。用某一国家的经济法律来调整国际经贸关系,就涉及另一个国家的主权和利益,而且各国的法律繁多,很难一一弄清楚,这客观上给国际经贸活动的开展带来法律上的障碍。而国际惯例不涉及国家主权,用其确定当事者之间的权利和义务,调整经济关系,解决经济纠纷,就可以避免法律方面的冲突。国际惯例也越来越多地被各国国内经济立法采纳和援引。

3. 促进世界经济新秩序的建立

国际惯例倡导自由、平等、公正、合理、互惠互利的原则,这个原则对当代世界经济新秩序的建立将发挥重要的指导和调整作用。历史上,国际惯例曾对第二次世界大战后世界经济秩序的建立起到了重大的推动作用,促进了当时国际贸易的发展。目前,冷战的格局早已结束,第三世界国家的经济正在崛起,经济国际化、一体化不断加强。在这种新形势下,建立新的世界经济秩序已成为国际社会面临的新问题,国际惯例也必将进一步发展和完善,以便更加科学化、系统化、合理化和公平化。

（四）国际结算中的主要惯例

在国际惯例的建设与完善历程中,一些国际组织发挥了重要作用。其中,国际商会的贡献最为突出。成立100多年来,国际商会始终积极致力于相关国际惯例的发展建设,制订和公布了一系列关于国际贸易和国际结算的国际惯例,如《国际贸易术语解释通则》《托收统一规则》《跟单信用证统一惯例》《见索即付保函统一规则》等。这些惯例在国际经济活动中被广泛应用,具有极高的国际性与权威性。

国际结算中的主要惯例有：

(1)《日内瓦统一汇票本票法公约》。

(2)《日内瓦统一支票法公约》。

(3)《托收统一规则》(国际商会第522号出版物,简称《URC522》)。

(4)《跟单信用证统一惯例》(国际商会第600号出版物,简称《UCP600》)。

(5)《跟单信用证项下银行间偿付统一规则》。

(6)《合约保函统一规则》。

(7)《见索即付保函统一规则》。

(8)《国际保理业务惯例规则》。

(9)《国际保理服务公约》。

除了上述国际惯例之外,其他为各国对外贸易、运输、保险、银行、仲裁等各界人士所熟知的、有代表性的国际贸易和国际结算惯例还有:

(1)《联合国国际货物销售合同公约》。

(2)《国际贸易术语解释通则》。

(3)《关于审核跟单信用证项下单据的国际标准银行实务》。

(4)《海牙规则》。

(5)《汉堡规则》。

(6)《国际铁路货物运送公约》。

(7)《国际铁路货物联运协定》。

(8)《统一国际航空运输某些规则的公约》。

(9)《联合运输单证统一规则》。

(10)《伦敦保险协会货物保险条款》。

(11)《约克 - 安特卫普规则》。

(12)《联合国国际贸易法委员会仲裁规则》。

(13)《承认和执行外国仲裁裁决公约》。

国际惯例确定了一定时期内国际贸易方式和规则的相对稳定性,维护了当事人各方的权益。同时,运用国际惯例,有助于减少环节,提高效率。国际惯例的形成和发展还有助于在自由、公平、合理的基础上建立国际经济新秩序。

从国际结算的发展规律可以看出,19世纪以后,国际结算进入现代阶段,其特点是以票据为基础,以单据为条件,以银行为中枢,结算与融资相结合且日益规范。

本章小结

国际结算是商业银行的重要业务,它通过跨国收付货币(外汇资金)来为国际间的贸易和投资活动服务,其目的是清偿国际间债权债务关系以及跨国转移资金,为国际经济发展服务。

国际结算分为国际贸易结算和非贸易国际结算。

国际结算经过了从传统到现代两个发展阶段。传统国际结算的基本特点是现金结算、直接结算和凭货付款;现代国际结算的基本特点是票据结算、间接结算、凭单付款、结算与贸易融资相结合,以及以国际惯例和规则为基础。

国际结算的发展目标是安全、快捷和便利。当前,国际结算的两大趋势是推广使用新技术(如 SWIFT 和 CHIPS)和采用简单的结算方式。

思 考 题

1. 简述国际结算的定义与类别。
2. 国际结算有哪些基本条件?
3. 现代国际结算有哪些特点?
4. 国际结算的特点和发展趋势是什么?

第二章 国际结算中的票据

本章导读：

在国际经济贸易活动中，贸易双方债权债务清偿及资金转移主要借助于银行间的资金划转网络，现金结算方式现在极少使用。银行间进行资金划转，除要建立账户、运行支付系统之外，还需以票据作为支付凭证与依据。票据是国际结算的主要工具，在国际结算特别是国际贸易结算中占有极其重要的地位。

基本概念：

汇票(Bill of Exchange)　本票(Promissory Note)　支票(Cheque)　银行汇票(Banker's Bill)　商业汇票(Commercial Bill)　限制性抬头(Restrictive Order)　指示性抬头(Demonstrative Order)　持票来人抬头(Payable to Bearer)　银行承兑汇票(Banker's Acceptance Bill)　商业承兑汇票(Commercial Acceptance Bill)　远期汇票(Time Bill or Usance Bill)　即期汇票(Sight Bill or Demand Draft)　光票(Clean Bill)　跟单汇票(Documentary Bill)　银行本票(Banker's Note)　商业本票(Trader's Note)　普通支票(Open Cheque)　划线支票(Crossed Cheque)　保付支票(Certified Cheque)　银行支票(Bank's Cheque)

第一节　票据概述

票据是在物质商品与货币商品的交换与让渡中，为反映债权债务的发生、转移和偿付而被广泛应用的一种信用工具和支付工具。对于票据的起源，可追溯至古希腊和古罗马时代。据考证，在当时的一些交易中，债权人和债务人在清偿债务时，使用一种称为“自笔证书”的文件，“自笔证书”后被证实为票据的初始形态。这种证书的持有人在请求债务人偿付债务时必须提示证书，债务获得清偿后该证书退还给债务人，这种制度与现代票据的设权性和返还性是一致的。进入资本主义时代后，随着国际贸易的发展，出现了以商业票据来清算国际间债权债务的结算方式。商业票据的使用较之物物交换和现金结算，不仅减少了风险，而且降低了结算成本，加快了结算速度。但是，这种商业票据结算方式是建立在商业信誉基础上的，而单纯的商业信誉具有一定的局限性，这种票据只能在商人之间相互提供，如果进出口双方缺乏了解，则商业票据无法流通。这种票据的范围受商品买卖关系的限制，多重的债权债务关系必须同时存在，最终的收款人与付款人必须在同一国内，这样才能避免现金在不同国家之间的往返运送。银行的介入以及商业银行自身的发展，使得票据的功能和作用得到迅速发展，被用来进行多边交换和清算。随着商品经济的发展及金融信用制度的不断完善，票据在资本主义国家得到了广泛运用。当今，尽管国际分工和国际经济交易方式不断变化，各种金融创新与信用工具层出不穷，但历史悠久的票据仍在各国及世界经济中占有不可替代的位置。

一、票据的基本概念

（一）票据的定义

票据是各种票据的统称，有广义和狭义之分。广义的票据泛指一切有价证券和各种凭证，包括汇票、本票、支票、股票、仓票、提单、债券等。狭义的票据是指出票人签发的、承诺自己或委托他人在见票时或指定日期向收款人或持票人无条件支付一定金额、可以流通转让的一种有价证券。国际结算中的票据是指这种狭义的票据，它代替现金起流通和支付作用，从而抵消和清偿国际间债权债务，因而是国际结算中的重要工具。

关于票据，国际上并没有统一的概念。各国的立法对票据概念的规定也各不相同，大致有以下几种情况。

第一，票据即指汇票与本票。英国和美国的票据法规定，票据即指汇票与本票，支票包括在汇票之中。英国 1882 年《票据法》规定：流通票据是一种权利财产，这种财产完全的合法权利可以仅凭交付（或许要有转让人的背书）票据加以转让。只要受让人取得票据时是善意的，并向受让人付了对价，他便获得该票据及其所代表的全部财产完全的所有权而不受其他权益的约束。

第二，票据只包括汇票与本票，不包括支票。《德国票据法》《意大利商法》《日内瓦统一票据法》等规定，汇票和本票是票据，支票是与之并列的另一种有价证券，单独立法。

第三，在票据的总称下面规定汇票、本票和支票三种。日本明治 32 年（1899）的商法中就规定票据为汇票、本票和支票三种。《中华人民共和国票据法》（以下简称我国《票据法》）第二条第二款规定："本法所称票据，是指汇票、本票和支票。"

本书依据我国《票据法》的有关规定，认为票据包括汇票、本票和支票三大类。

我们可以根据票据的性能将其分为支付证券和信用证券。其中，支票属于支付证券，而汇票和本票属于信用证券。汇票和本票都有指定到期日，在指定到期日之前，持票人之所以接受它们，是基于出票人的信用，因此，它们是信用证券。也可以根据付款人是否为出票人自己将票据分为自付证券和委托证券。凡付款人本身就是出票人的证券为自付证券，本票是自付证券。凡付款人不是出票人的证券为委托证券，汇票和支票是委托证券。

（二）票据行为

票据行为有广义与狭义之分。广义票据行为是指票据关系的产生、变更、消失及在票据运动过程中专门规定的法律行为，包括出票、背书、提示、承兑、付款、拒付、行使追索权、保证、参加承兑和参加付款等。狭义票据行为是指以成立票据关系和负担票据债务为目的而做出的法律行为，包括出票、背书、承兑、参加承兑、保证等。

票据流通即票据价值的运动，其过程会产生一系列票据行为。为保障票据的正常流通，各国票据法对票据行为的程序及方式都作了详细的规定，因此合法的票据行为又称票据的要式行为。如我国《票据法》第三条规定："票据活动应当遵守法律、行政法规，不得损害社会公共利益。"它对汇票的出票、背书、承兑、保证、付款、追索等票据行为做出了详尽的规定。

票据行为具有独立性特征，即票据在流通过程中，各票据行为独立承担票据的责任，只要票据具有法定要式，前一票据行为的缺陷不影响后一票据行为的有效。我国《票据法》第六条规定："无民事行为能力人或者限制民事行为能力人在票据上签章的，其签章无效，但是不影响其他签章的效力。"我国《票据法》第十四条规定："票据上有伪造、变造签章的，不影响票据上其他真实签章的效力。"票据行为的独立性，体现了票据无因证券的特征。因为在票据流通转让的过程中，受让人并非了解出让人在票据上的行为与责任是否完整有效，如果因某一票据行为的缺陷而影响到票据的效力，票据则无法被人接受。因此，每一票据行为的签名者均应以票据上所载文义为准，独立承担票据责任。

二、票据的基本特征

票据作为一种广为流通的支付工具，具有不同于其他商业文件、契约与单据的特征。票据的特征既反映了法律对票据的规范，又体现了票据自身具有的鲜明特点。

（一）无因性

"因"是指产生票据权利义务关系的原因。无因性是指债权人持票行使票据权利时，可以不明示原因。只要票据具备法定要式，票据债务人无权了解持票人取得票据的手段，应无条件地支付（除非其明确知道持票人取得票据的手段是不正当的），持票人也无须说明其取得票据的原因。因为在票据流通转让的过程中，票据受让人无法也无须了解票据出让人取得及转让票据的原因，否则，票据的流通将受到极大的限制。票据的无因性使票据得以流通。

（二）设权性

设权性是指持票人的票据权利随票据的设立而产生，离开了票据，就不能证明其票据权利。当然，票据权利的产生，基于当事人经济交易的权利与义务，即经济交易中的权利产生在先，票据权利产生在后。但票据一经设立并交付出去，票据的权利义务随之确立，并与原有经济交易关系相脱离而独立存在，即使原有经济交易关系存在缺陷，也不影响票据的权利。在这种情况下，除非法律另有规定，凡持票人到期向票据债务人提示法定要式的票据时，票据债务人必须无条件地偿付票据债务。票据权利的产生必须做成票据，权利的转移要交付票据，权利的行使要提示票据。这里的票据权利是指付款请求权、追索权及转让票据权。

（三）要式性

要式性即票据的形式必须符合规定，这里的形式是指票据上所记载的一些事项。为使票据流通有法可循，各国票据法大都对票据上必须记载的事项进行了明确的规定。票据必须具备法定的形式和内容，才可能产生票据的效力，这就是票据的要式特征。由于票据是一种可流通的有价证券，其权利、义务全凭票据上的文义加以确定，当事人不能任意修改票据的形式和内容。若票据不具备法定要式，或者票据文义含糊不清，票据当事人的权利义务则难以确定，势必会影响票据的正常流通。

（四）流通性

票据可以替代货币作为支付工具，是因为票据是一种可以转让流通的有价证券。一般的债务在转让时，应当通知债务人。未经通知，该转让对债务人不发生效力。但票据经过背书或交付就可以自由地转让、流通，其权利的转让无须通知债务人，债务人不能以没接到通知为由拒绝承担义务。受让人在取得票据权利后，如遭拒付，有权对所有的当事人提起诉讼，且正式持票人的票据权利不受前手权利缺陷的影响。正是由于流通转让的原则，使受让人能得到十足的票据文义所载明的权利，使得票据能被受让人接受从而得以流通。

（五）有价性

有价性指票据是以货币金额为给付标的的有价证券。票据必须以一定的货币金额表现并支付，而不能以实物或其他形式替代。以货币金额表现的价值，随票据的设立而取得，随票据的转让而转移，占有票据即占有票据的价值。票据作为一种有价证券，在各国国内及国际经济领域，发挥了不可替代的作用。在金融市场中，票据融资占有重要的地位，在国际贸易结算领域中，票据早已取代现金成为最重要的国际支付工具。

（六）文义性

文义即文字上的含义或其思想内容。票据的文义性指票据的效力是由文字的含义来决定的。尽管票据在流通过程中，票据的权利义务、票据当事人之间的关系会发生变化，但票据上的一切权利义务必须以票据上的文义记载为准。只要票据上的文义记载符合法律规定，债权人和债务人就受文义的约束，债权人不得以票据上未记载的事项向债务人主张其他权利，债务人也不能用票据上未记载的事项对债权人提出抗辩。

三、票据的功能

票据是非现金结算工具，其功能主要表现在以下几个方面。

（一）支付和流通功能

票据最原始最简单的作用是作为支付工具，代替现金使用，不仅可以节省点数现钞的时间，省去不必要的麻烦，而且也比随身携带现金安全可靠。作为支付手段，各种票据都可以使用。例如买主支付货款，可以签发支票，也可以签发本票，还可以委托银行签发汇票。同时，票据还可以经过背书连续转让，使票据在市场上可以广泛地流通，从而抵偿多方之间的债权债务。

(二)信用功能

票据是建立在信用基础上的书面支付凭证。无论个人之间的借贷还是贸易双方之间的延期偿付等,都可以利用票据这个信用工具。例如,某项商品的交易约定买方在收到货物后的某个时间付款,买方就可以开立一张本票,这时这张本票就代表了买方到时付款的信用。由此可见,票据所表现的不仅是价款,而且还表现了一种信用关系,票据使信用契约化。

(三)结算功能

在许多国家的国内结算活动中,票据和信用卡等金融工具已经基本上取代了现金而成为最主要的流通和支付手段。在国际结算领域,票据更是必不可少的结算工具。由于票据的广泛应用,极大地便利了国际清算与支付,提高了结算效率。但需指出的是,尽管票据流通日益广泛,但票据本身并非货币,它不具有法定货币强制流通的特征。

(四)融资功能

通过票据的约期付款和银行的贴现、再贴现,票据就可以用于融资。票据贴现就是未到期票据的买卖,也就是未到期票据的持有人卖出票据以取得现款。贴现市场是金融市场的一个组成部分,通过贴现市场就可以实现票据的融资作用。如果某个公司需要融资,它可以与承兑公司约定,开出一张以某承兑公司为付款人的远期汇票,承兑公司不收对价,在汇票上签字承兑以提高汇票的身份,持票人再持汇票向贴现公司办理贴现,从而获得资金融通。到汇票到期日,出票人再将汇票交承兑公司以备持票的贴现公司取款。

第二节　汇　　票

在三种狭义票据中,汇票最具典型意义。它所包含的内容及涉及的票据行为最为全面,各国票据法对汇票的规定也最为详尽、具体。在国际结算中,汇票的使用也最为广泛。

一、汇票的定义

1882 年《英国票据法》对汇票的定义是“A bill of exchange is an unconditional order in writing, addressed by one person to another signed by the person giving it, requiring the person to whom it is addressed to pay on demand or at a fixed or determinable future time a sum certain in money to or to the order of a specified person, or to bearer.”(汇票是一人向另一人签发的,要求即期或定期或在可以确定的将来时间,对某人或其指定人或持票人支付一定金额的无条件的书面支付命令)。

我国《票据法》第十九条关于汇票的定义是:汇票是出票人签发的,委托付款人在见票时或者在其指定日期无条件支付确定的金额给收款人或者持票人的票据。

在国际贸易及结算中,汇票通常与其他商业单据共同构成一套跟单汇票,作为“凭单付款”的重要依据。国际贸易及结算中使用的汇票一般由出口商签发,指定进口商或进口商的往来银行为付款人。

关于汇票的定义,有以下几点需要注意。

(一)汇票是出票人的书面命令

(1)汇票的基本关系人有三个,即出票人、付款人和收款人。汇票就是出票人签发的,命令付款人向收款人付款的书面指示。

(2)汇票必须是书面的,而不是口头的,否则就无法签字;汇票是一种命令,而不是请求、商量或者征求意见等。

(二)汇票的付款命令是无条件的

无条件意味着付款不能有限制或者附带条件,即不能有先决条件。如果付款命令附加了先决条件,则这张汇票就是无效汇票,不具备法律效力。

(三)汇票的三个当事人的关系

汇票既为无条件付款命令,那么,它用于外贸结算,必有发出命令的一方和接受命令的另一方,必有收款人一方,又有付款人一方,这是理所当然的。一张汇票必有三个当事人。首先是出票人,一般说即是出口方,因为出口方在输出商品或劳务的同时或稍后,向进口商发出此付款命令,责令后者付款。其次,是付款人,通常是进口方(或进口方的往来银行),他是在取得进口商品和劳务的同时或稍后接受此项付款命令的人。最后是收款人,收款人可能是出票人本人即出口方本人,也可能是出口方的开户往来银行。

二、汇票的内容

汇票的内容是指汇票上记载的事项。根据其性质和重要性的不同,汇票的内容可以分为绝对必要记载事项、相对必要记载事项和任意记载事项三类。

(一)绝对必要记载事项

绝对必要记载事项是汇票必须记载的内容,也是汇票的法定要素,这些事项记载齐全并符合票据法的规定,汇票才是有效的。我国《票据法》第二十二条规定,汇票必须记载的事项有:表明"汇票"字样;无条件支付委托;确定的金额;付款人名称;收款人名称;出票日期和出票人签章。式样 2-1 为一张具备法定要式的汇票。

式样 2-1 **汇　票**

BILL OF EXCHANGE

Exchange for £1 000.00　　　　Hong Kong, 25th May 2006

At 30 days after sight of this First of Exchange (Second of the same tenor and date unpaid) Pay to the order of The Chartered Bank the sum of POUNDS STERLING ONE THOUSAND ONLY

Drawn under STANDARD CHARTERED BANK LTD. LONDON letter of credit NO. 2/2103 dated 10th May 2006 against shipment of Grey Shirting from Hong Kong

TO: Liverpool per S. S. Golden Star Standard

Chartered Bank Ltd. London

For Hong Kong Textiles Manufacturing Company

1. “汇票”字样

根据我国《票据法》和《日内瓦统一票据法》的规定，汇票上必须写明“汇票”字样，如“Bill of Exchange”“Exchange”“Draft”等，用以明确票据的种类，以使汇票区别于本票和支票。但《英国票据法》并不要求此项内容。

2. 无条件支付命令

汇票要求出具为无条件的书面支付命令，这是汇票的本质和核心。因此，不能将其做成付款请求，必须使用命令式文句。

(1)须用祈使句。如“Pay to the order of... the sum of... US dollars only.”(付给×××公司或银行的指定人×××美元)，而不应该使用带有“Would you please pay to...”等用语的文句。

(2)不允许出现任何限制支付的文句或附带条件。如“Pay to ABC Company ten thousand US dollars after it makes a blank endorsement on the back of the draft”(ABC公司对汇票空白背书后，付其1万美元)之类的文句，即不符合汇票的这一要式规定。

(3)若支付命令指示从某特定账户中支付款项，如“Pay to ABC company the sum of ten thousand US dollars from your No. 123 account”(从你方的第123号账户中支付ABC公司1万美元)，表明汇票款项的支付取决于该账户中是否有足够的款项，所以该项命令违背了“无条件支付”的要式规定。

(4)在汇票中加列表明汇票开立原因的出票条款，仍符合无条件支付命令的要式规定。如在国际贸易结算中，出票人常在汇票中加列诸如“Drawn under documentary credit No. 124 of A Bank”(本汇票依据A银行第124号信用证开立)之类的出票条款，此类汇票仍具有法律效力。

3. 确定的金额

票据上的权利必须以金钱表示，不能用货物的数量等表示。因此，汇票应同时以确切的阿拉伯小写数字和文字大写数字表示汇票的价值金额。如果汇票金额出现文字大写与数字小写不符，我国《票据法》第八条规定：“票据金额以中文大写和阿拉伯数字同时记载，二者必须一致，二者不一致的，票据无效。”《英国票据法》和《日内瓦统一票据法》则规定以文字大写数目为准。在实际业务中，如果汇票出现大小写不一致的情况，多由出票人更改相符后再交付，两票据法均允许在汇票上加列利息条款，但应注明利率及起讫日期。《日内瓦统一票据法》规定若利息条款中因未注明利率而无法计息者，汇票无效。《英国票据法》允许分期付款，但需载明分期付款的具体方式与日期。

在国际汇票流通领域，经常出现按汇票金额等值的其他币种支付的情况。若汇票注明了等值货币的币种、既定日期和既定外汇市场汇率等折算条件，该汇票仍具有法律效力。如我国《票据法》第五十九条规定：“汇票金额为外币的，按照付款日的市场汇价，以人民币支付。”

4. 付款人的名称

付款人是汇票的三个基本当事人之一，出票人应详细列明付款人的姓名及地址，以便收款人或持票人向付款人提示承兑或提示付款。

5. 收款人的名称

收款人又称汇票抬头人,是汇票的主债权人,应明确记载。根据《英国票据法》的规定,汇票收款人一栏有三种记载方法。

(1)限制性抬头(Restrictive Order)。汇票一旦做成限制性抬头,收款人则不能转让汇票。如我国《票据法》第二十七条规定:"出票人在汇票上记载'不得转让'字样的,汇票不得转让。"限制性抬头通常可用"Pay ABC Company only"(仅付 ABC 公司)或"Pay ABC Company only not transferable"(付给 ABC 公司,不得转让)等方法表示。

(2)指示性抬头(Demonstrative Order)。指示性抬头汇票可由收款人背书后转让。通常可用"Pay to the order of A Company"(付给 A 公司的指定人),"Pay to A Company or order"(付给 A 公司或其他指定人),"Pay to A Company"(付给 A 公司)等方式表示。

(3)持票来人抬头(Payable to bearer)。持票来人抬头汇票无须由持票人背书,仅凭交付即可转让,汇票债务人须对持票来人汇票的持票人负责。通常可用"Pay bearer"(付给来人),"Pay A Company or bearer"(付给 A 公司或来人)等方法表示。

《英国票据法》允许汇票做成持票来人抬头,但《日内瓦统一票据法》持否定态度。

除上述三种汇票抬头的表示方法外,各国票据法均允许汇票的出票人指定自己作为汇票的收款人,此种汇票即"己收汇票",经收款人(即出票人)背书后可转让。通常可用"Pay to the order of ourselves"(付给我方的指定人),"Pay to us or our order"(付给我方或我方的指定人)等方法表示。

6. 出票日期

汇票的出票日期必须符合法律规范。汇票的出票日期即出票人开立汇票的日期。出票日期对于出票后若干天付款的远期汇票具有确定付款日期的作用;而对于即期汇票则起着确定提示期限届满的作用。另外,还可以凭出票日期判定出票人在签发汇票时有无行为能力,比如是否已提供了商品和劳务等对价。

7. 出票人签章

按照各国票据法的规定,汇票经出票人签章后方能生效,若汇票的出票人是公司法人,则必须由其授权的代表签名。出票人签章后,即承担了汇票的债务责任,汇票也成为了体现债权债务关系的债权凭证。

(二)相对必要记载事项

相对必要记载事项也是汇票记载的内容,与绝对必要记载事项的区别之处在于:相对必要记载事项如果未在汇票上记载,并不影响汇票本身的效力,可依法律规定推定。根据我国《票据法》的规定,汇票必要记载事项有三项:出票地点、付款地点和付款日期。

1. 出票地点

出票地点(Place of Issue)指出票人签发汇票的地点,应与汇票出票人所在地相一致。我国《票据法》第二十三条规定:"汇票上未记载出票地的,出票人的营业场所、住所或者经常居住地为出票地。"《英国票据法》也有类似的规定。汇票出票地点对于在一个国家出票,而在另一个国家付款的国际汇票尤为重要,它关系到汇票的法律适用问题。根据汇票援用法律的国际惯例,在涉及汇票的要式及法律效力时,一般采用出票地法或行为地法的原则,即汇票要式具备与否，以出票地法律为准。如我国《票据法》第九十七条规定："汇票、本票出票时的记载事项，适用出票地法律。"

2. 付款地点

付款地点（Place of Payment）是指持票人提示汇票请求付款的地点。根据国际私法的"行为地原则"，到期的计算、在付款地发生的"承兑""付款"等行为都要适用付款地法律。因此，付款地点的记载是非常重要的。但是，汇票上未记载付款地点的，它仍然有效。如我国《票据法》第二十三条规定："汇票上未记载付款地的，付款人的营业场所、住所或者经常居住地为付款地。"

3. 付款日期

付款日期（Date of Payment）即付款到期日，是付款人履行付款义务的日期。有些国家的票据法规定，汇票必须载明付款期限，否则无效。但另一些国家的票据法认为，若汇票未载明付款期限，按即期汇票办理支付，但不影响票据的效力。如我国《票据法》第二十三条规定："汇票上未记载付款日期的，为见票即付。"《英国票据法》和《日内瓦统一票据法》也有类似规定。

汇票上载明的付款到期日（Tenor）有两种。

（1）即期汇票。即见票即付（At Sight），付款人于持票人提示汇票时，立即履行付款义务。具体文句如"At sight pay to the order of ABC company..."。

（2）远期汇票。远期汇票的付款到期日，大致有以下四种情形。

①定日付款（At Fixed Date）。定日付款的汇票又称板期汇票，属于远期汇票范畴，即在出票时定明将来付款的具体日期。具体文句如"On sixth May 2000 fixed pay to the order of A Company..."。

②出票日后定期付款（After Date）。由付款人在出票日以后的若干日（如出票后60天、180天等）履行付款义务，属于远期汇票范畴。具体文句如"At 60 days after date pay to the order of A Company..."。

③见票后定期付款（After Sight）。由付款人在承兑汇票日以后的若干日付款，属于远期汇票范畴。具体的文句如"At 60 days after sight pay to the order of A Company..."。

④延期付款（Deferred Payment）。一般根据海运提单日期、交单日期或其他特定日期开始推算汇票的付款到期日，属于远期汇票范畴。具体文句如"At 60 days after bill of lading pay to the order of A Company..."。

为了便于推算汇票的付款到期日，出票人需在汇票上加注提单日期或交单日期，否则付款人不愿意对汇票进行承兑，从而影响汇票的流通。

（三）任意记载事项

汇票除了绝对必要记载事项和相对必要记载事项外，还可以在票据法的允许范围内作"任意记载事项"。我国《票据法》第二十四条规定："汇票上可以记载本法规定事项以外的其他出票事项，但是该记载事项不具有汇票上的效力。"任意记载事项一般包括：特定当事人；必须提示承兑；免于追索；利息、利率等条款；汇率条款及废弃条款；开户银行名称及账号等。

三、汇票的关系人

汇票有三个主要关系人，即出票人、付款人和收款人，它们都是因汇票设立产生的。另外，汇票在进入流通领域后，还可能产生背书人、被背书人、持票人和保证人等其他的当事人。

(一)出票人

出票人(Drawer)是签发汇票并交付汇票的人，在进出口贸易中通常是出口商。出票人在汇票流通过程中身份会发生变化。在汇票未承兑前，出票人是汇票的主债务人，承兑后，承兑人变成汇票的主债务人，出票人则是次债务人，变成承兑人的担保人。出票人的主要责任是对汇票的收款人或持票人保证汇票得到承兑和付款，一旦汇票不被承兑或遭拒绝付款，持票人可向出票人行使追索权。

(二)付款人

付款人(Payer)又称受票人(Drawee)，是接受出票人发出的支付命令的人。汇票的付款人不是汇票上的债务人，持票人不能强迫其付款，因为汇票的付款人在理论上有权防止他人无故向他乱发汇票，在未承兑前，付款人对汇票可不负责。但远期汇票一经付款人承兑，则表示付款人承认此项债务的有效性，变成了主债务人。这时出票人、持票人或背书人均可要求其在到期时付款。作为主债务人的付款人有到期付款的义务，在持票人提示付款时，他不能以出票人的签名是伪造的等为借口而拒绝付款。

(三)收款人

收款人(Payee)又称受款人，是汇票的债权人，也是第一持票人，他有权获得票面上的金额。收款人在未取得票款前，对出票人保留追索权。若远期汇票已经承兑，则收款人对付款人和出票人都有要求付款权，一旦拒付，即可行使追索权；若远期汇票被付款人拒绝承兑，则收款人不能直接向付款人追索，因为这时的主债务人还未转移，仍是出票人，所以应向出票人追索。同理，即期汇票拒付时，也应向出票人追索。如果收款人通过背书转让了汇票，他就肩负着向被背书人保证付款或承兑的责任，一旦遭到被追索时应偿还票款，然后再向出票人追索补偿。总之，作为收款人，他有两项权利：一是请求付款权；二是要求追索权。

(四)背书人

背书人(Endorser)是以转让为目的在汇票背面签章并交付给受让人的人。背书人对被背书人或其后手，负有担保付款人承兑或付款的责任。当最后的被背书人，即持票人不能得到承兑或付款时，可向前手行使追索权。

(五)被背书人

被背书人(Endorsee)即背书的受让人。依据票据法的规定，票据一经背书，票据上的权利便由背书人转让给了被背书人，因此被背书人是票据的权利人，他可以凭票要求付款人付款，也可以通过背书再转让汇票。

(六)持票人

持票人(Holder)可能就是收款人,也可能是第三者(最后的被背书人或来人),因为汇票是可以转让的。《英国票据法》对持票人的定义是:持票人是拥有汇票的受款人或被背书人或来人。同时还规定,持票人应在汇票的到期日之内或合理时期向付款人提示承兑和付款,即做承兑提示和付款提示,否则出票人和前手全体背书人的责任便告解除,即对汇票不再负责。得到票款后,持票人应将汇票交给付款人。如果遭拒付,可向次债务人行使追索权。

在持票人中还有对价持票人(Holder for Value),所谓对价,是指支持一项简单合约之物。对价持票人是指在取得汇票时付出一定代价的人,即受让人必须付给转让人某些货物、货币、劳务作为转让的代价。如今天交付 10 吨大豆,明日收货人交给出售者一张支票,这 10 吨大豆就是这张支票的对价。这个对价不一定是货币,商品或服务都包括在内。还有的持票人本人未付对价,但过去的持票人即他的前手曾付过,也属对价持票人,如赠与。汇票的留置权也算付了对价,如某公司委托银行收 10 万美元的汇票,银行先垫 8 万美元,则银行对汇票就有 8 万美元的留置权。另外,对价也不一定必须是汇票的全部金额,一部分也可以。如果甲把他的一套组合家具(价值 5 000 元)转给乙,而乙只给甲 100 元,则乙也算付了对价。

正式持票人(Holder in Due Course)也称善意持票人(Bona Fide Holder),票据的占有人要成为正式持票人,必须符合以下几个条件:一是汇票表面上是完整的、合格的、不过期的;二是善意地付了对价;三是未发现汇票的前手所有权上有什么缺陷(如以暴力、欺诈等手段取得汇票)。所谓善意的,是指诚实地行事,并不知道转让人的权利有缺陷或可疑之处,并且只要他能证明他并不知道这种缺陷,并且未产生怀疑,也不是有意地对可疑的地方视而不见,那他就是善意的。综上所述,正式持票人是某种类型的对价持票人,这种持票人即使他的前手转让人的权利是有缺陷的,他仍具有无可争议的汇票文义上的权利。而对价持票人,不是正式持票人,不能拥有优于其前手转让人的权利,若他的前手有权利上的缺陷,那他也有缺陷。

(七)保证人

保证人(Guarantor)即由非票据债务人对出票人、背书人或参加承兑人做出保证行为的人。票据保证人具有债务的从属性,票据保证人的责任具有独立性,即使被保证人的债务无效,也要负票据上的责任。

四、汇票的票据行为

如前所述,汇票的票据行为有广义和狭义之分,狭义汇票的票据行为是指以承担票据上的债务为目的所作的必要形式的法律行为,包括出票、背书、承兑、参加承兑和保证五种行为。广义汇票的票据行为是指以发生、变更或消灭票据权利义务关系为目的的法律行为。

(一)出票

出票(Issue)是指出票人签发汇票并将汇票交给收款人的行为。出票是将汇票投入流通的第一个票据行为,也是使票据权利设立并产生票据债务责任的行为。因此,出票在票据诸行为中是主要的票据行为,其他的行为都是在出票的基础上进行的,称附属票据行为。出票是最基本的票据行为。

1. 出票的定义

出票包括两项内容:一是写成汇票并在汇票上签字(to draw a Draft and to sign it);二是将汇票交付收款人(to deliver a Draft to the Payee)。如果出票人制成汇票并签名,而未将汇票交付给收款人,出票这一行为并不产生实际效果,只有在交出之后汇票才生效。汇票的交付可以采用实际交付和推定交付两种形式。

2. 出票的法律后果

出票人签发并交付汇票后,即表明出票人作为汇票的主债务人承担了汇票的债务责任。我国《票据法》第二十六条规定:"出票人在签发汇票后,即承担保证该汇票承兑和付款的责任。"若遭到付款人拒付,收款人或持票人有权向出票人行使追索权,要求其偿付汇票金额及其他费用支出。如果出票人在汇票上列明"Without recourse to Drawer"(对出票人免于追索)的免责文句,出票人即可免除其汇票债务责任。但收款人或持票人一般不愿意接受无票据债务担保的汇票,故此类汇票难以流通转让。

(二)背书

1. 背书的定义

背书(Endorsement)是指汇票的收款人或持票人在转让票据时在票据背面签字并将其交付被背书人的行为。背书行为也包括两项内容:一是背书人在汇票背面签字,二是背书人将背书的汇票交付被背书人。

2. 背书的法律后果

经过背书后收款人或持票人成为背书人(即转让人,又称前手),是汇票的债务人,对被背书人(即汇票的受让人,又称后手)承担担保承兑和担保付款的责任。背书这一票据行为的法律后果如下所述。

(1)表示权利的转让。持票人欲将汇票的权利转让给他人时,必须对汇票进行背书并将汇票交付给被背书人,汇票权利的转让才具有合法性。被背书人是汇票权利的受让人,他有如下汇票权利:有权向付款人要求承兑或付款;有权将汇票再度背书转让;当汇票遭到付款人拒付时,有权向其直接的背书人以及曾在汇票上签名的一切前手进行追索。

(2)表示背书人对所有后手的担保。背书人一经在汇票上背书,即成为汇票上的债务人之一,与其前手背书人及出票人共同对汇票承担连带的票据责任。若日后汇票遭到付款人的拒绝承兑或拒绝付款,持票人有权向其前手背书人进行追索,被追索者有义务偿还汇票金额。

3. 背书的方式

汇票的背书方式主要有五种。

(1)空白背书(Blank Endorsement)。空白背书又称无记名背书,即背书人在汇票背面签名,而不记载被背书人名称。汇票经空白背书后,就成了来人汇票,受让人可以不作背书，仅凭交付来转让汇票的权利。汇票经空白背书后，持票人可根据需要将空白背书转变为记名背书，其只需将自己或第三方的名字加列于背书人的签章之上即可，此时汇票转化为记名背书。

(Pay to the Bearer)

For ABC Company

…

(signed)

（2）记名背书(Special Endorsement)。记名背书又称特别背书，是指背书人除在汇票背面签名外，还要记载被背书人的名称。汇票经记名背书后，受让人可再作记名背书或空白背书继续转让汇票的权利。

Pay to Tongda Trading Company or Order

For ABC Company

…

(signed)

（3）限制性背书(Restrictive Endorsement)。限制性背书是指"支付给被背书人"的指示带有限制性的词语，即背书时加注限制后手转让的文句，使被背书人不能再行转让汇票，被背书人只能凭汇票向付款人提示付款或提示承兑。

①Pay to Tongda Trading Company only

For ABC Company

…

(signed)

②Pay to Tongda Trading Company not to Order

For ABC Company

…

(signed)

③Pay to Tongda Trading Co. not transferable

For ABC Company

…

(signed)

对于限制性背书的受让人能否将票据转让，各国票据法的规定不同。《英国票据法》规定，限制性背书的被背书人无权再行转让票据；而《日内瓦统一票据法》和我国《票据法》规定，限制性背书的受让人仍可将票据再次转让，但原背书人只对其直接后手负责，对其他后手不承担责任。

（4）附带条件的背书(Conditional Endorsement)。附带条件的背书是指"支付给被背书人"的指示是带有条件的。开出汇票必须是无条件的支付命令，但做成背书是可以带有条件的。附带条件仅对背书人和被背书人有约束力，而与付款人、出票人无关。当持票人持票向付款人或承兑人提示汇票时，不论所列附带条件是否已被满足，付款人或承兑人可凭票付款，其汇票责任即告解除。此外，还有一些出于交易需要而使用的附带条件背书，如在福费廷业务中，汇票的背书通常加注“Without recourse”,用以体现福费廷融资的无追索权的特征。

Pay to Tongda Trading Company or Order on delivery of Ocean Bill of Lading No. 478-56

For ABC Company

…

(signed)

《日内瓦统一票据法》规定,背书必须是无条件的,任何使背书受限制的条件视为无记载。我国《票据法》规定背书不得附有条件,如果有条件,所附条件不具有汇票上的效力。

(5)托收背书(Collection Endorsement)。托收背书要求被背书人按照委托他代收票款的指示,处理汇票。这种背书转让,不是票据所有权的转让,多用于银行间的代理业务。

For Collection pay to the order of B Bank

For A Bank

…

(signed)

(三)提示

1. 提示的定义

提示(Presentation)是持票人将汇票提交付款人要求承兑或要求付款的行为。票据债权人以票据上的文义记载而享有票据权利,但票据债权人对票据权利的主张必须以票据的提示为前提。如票据收款人想获得票据金额,必须向付款人提示付款。即期汇票只须提示一次,即提示付款;远期汇票须进行两次提示,提示承兑和提示付款。由此可见,汇票权利的实现,必须经过提示。另外,在汇票可以转让的情况下,付款人事实上并不知道汇票已流转至何方,故持票人欲取得票款,必须向付款人提示汇票。远期汇票的持票人向付款人提示承兑,即承兑提示(Presentation for Acceptance)。即期汇票及已到期远期汇票的持票人向该两种汇票的付款人(承兑人)提示付款,即付款提示(Presentation for Payment)。

2. 提示的要求

(1)提示的时间要求。无论是承兑提示还是付款提示,均须在法定期限内进行。对此,各国法律规定不一。对于远期汇票的承兑提示期限:《日内瓦统一票据法》规定自出票日起1年之内;我国《票据法》规定“定日付款或者出票后定期付款的汇票,持票人应当在汇票到期日前向付款人提示承兑”,“见票后定期付款的汇票,持票人应当自出票日起1个月内向付款人提示承兑。汇票未按照定期期限提示承兑的,持票人丧失对其前手的追索权”。对于即期汇票的付款提示期限:《日内瓦统一票据法》规定自出票日起1年之内;我国《票据法》规定“见票即付的汇票,自出票日起1个月内向付款人提示付款”。对于已承兑远期汇票的付款提示期限:《日内瓦统一票据法》规定为到期日或其后的两个营业日内;我国《票据法》规定“定日付款、出票后定期付款或者见票后定期付款的汇票,自到期日起10日内向承兑人提示付款”。

如果持票人未在法定期限内进行承兑提示和付款提示,一旦汇票遭到拒付,持票人对前手的追索权即告丧失。但这并不意味着承兑人或付款人的责任已经解除,持票人仍有权要求其履行票据义务,但也须在法定期限内提出。关于这一点,我国《票据法》规定“持票人未按前款规定期限提示付款的,在作出说明后,承兑人或者付款人仍应当继续对持票人承担付款责任”。持票人应在汇票规定的付款地点进行提示,若汇票未载明提示地点,持票人可直接对付款人进行提示。在国际结算业务中,持票人多通过参与国际结算活动的银行对付款人进行提示。

(2)提示的地点要求。提示地点的规定一般要求持票人应在汇票规定的付款地点进行提示,若汇票未载明提示地点,持票人可直接对付款人进行提示。

(四)承兑

1. 承兑的定义

承兑(Acceptance)是指远期汇票的付款人在汇票上签字表示同意出票人的命令到期付款的行为。承兑包括两项内容:一是在票面上签字,注明“承兑”(Accepted)并加具日期;二是将承兑过的汇票交给持票人(Holder)。

2. 承兑的作用

付款人承兑后便成为承兑人,要对汇票的文义负责,到期履行付款的义务。汇票承兑后付款人成为主债务人,出票人则由主债务人变为次债务人。对持票人而言,其收款有了保障。承兑的作用表现在以下三个方面。

(1)确定远期汇票付款人对金额的付款义务。即期汇票之所以无须承兑,是因为即期汇票一经提示,付款人如无异议就应立即付款,故即期汇票不需要满足承兑条件。但远期汇票则不同,其从汇票签发之日至实际付款须经过一段时间,持票人为确保于付款到期日得到偿付,有必要让付款人提前确定到期付款责任。另外,付款人虽然是汇票上的三个基本当事人之一,但其一般不会参与或目睹出票过程。从这一意义上讲,开出汇票是出票人的单方面行为,未对汇票承兑的付款人对汇票债务是没有责任的。为明确远期汇票付款人的到期付款责任,必须在汇票出立之后即由付款人对其进行承兑。由此可见,远期汇票一经承兑,付款人即转换为承兑人,承担了到期付款的法律责任,如我国《票据法》第四十四条规定:“付款人承兑汇票后,应当承担到期付款的责任。”远期汇票经承兑后,汇票原有的债务关系发生了变化,当事人的身份发生质的变化,承兑人成为汇票的主债务人,而出票人则退居于次债务人的地位。若承兑人在汇票到期时拒绝付款,持票人可直接对其提起诉讼。反之,若付款人在承兑提示时即拒绝承兑汇票,意味着其不愿意作出付款承诺,这时持票人不能强迫其承兑或付款或对其提起诉讼,而只能对前手背书人或出票人进行追索。这就是承兑这一票据行为的法律效力。

(2)用于确定某些远期汇票的付款到期日。例如,见票后若干日付款的远期汇票,须经过付款人承兑,才能从承兑日起推算并确定付款到期日。

(3)有利于汇票的流通转让。由于已承兑远期汇票到期付款的法定责任已经确定,故受让人乐于接受。如果银行或贴现公司在提供贴现融资时,一般只贴现已承兑汇票。另外,承兑时应注明承兑日期,以便推算具体的付款日期。

3. 承兑的类型

汇票的承兑有两种类型。

(1)一般承兑(General Acceptance)。一般承兑又称普通承兑,它是指承兑人对出票人的指示不加限制地同意确认,即无条件地对汇票进行承兑,实践中此类承兑最为普遍。

Accepted

May 28, 2016

For ABC Bank, New York

(2)限制承兑(Qualified Acceptance)。限制承兑是指当付款人对向其提示承兑的汇票所记载的内容持不同意见或出于其他考虑时,其在承兑时可加列某些限制性文句或附带条件,以利于其履行票据义务。事实上,付款人进行限制性承兑即意味着其未能无条件地全部承担付款责任,可视为拒绝承兑。如我国《票据法》第四十三条规定:"付款人承兑汇票,不得附有条件;承兑附有条件的,视为拒绝承兑。"常见的限制承兑有三种:有条件承兑、部分承兑和限定地点承兑。

①有条件承兑(Conditional Acceptance)。承兑人承兑时加列附带条件,表明其付款将取决于所提条件是否被满足。

Accepted

May 28, 2016

Payable on delivery of full set of documents

For ABC Bank, New York

②部分承兑(Partial Acceptance)。承兑人对汇票金额进行部分承兑及支付。

Accepted

May 18, 2016

Payable for 60% of amount of draft only

For ABC Bank, New York

③限定地点承兑(Local Acceptance)。付款人承兑时限定到期支付的具体地点。

Accepted

May 18, 2016

Payable at M Bank, London only

For ABC Bank, New York

(五)付款

付款(Payment)是指持票人在规定的提示期限内,向即期汇票的付款人或已到期的远期汇票承兑人提示时,付款人或承兑人支付票款的行为。付款是汇票流通过程的终结,是汇票债权债务的最终清偿。

按付款时的情形,可分为正当付款、部分付款和终结付款三种。

一般来说,付款人在付款时应审核汇票背书的连续性和真实有效性,对持票人履行付款责任,属于正当付款。我国《票据法》第五十七条规定:"付款人及其代理付款人付款时,应当审查汇票背书的连续,并审查提示付款人的合法身份证明或者有效证件。"正当付款后，付款人或承兑人的付款义务即已履行，汇票所体现的债权债务关系即告结束，汇票上所有债权人的责任随之解除。我国《票据法》第六十条规定："付款人依法足额付款后，全体汇票债务人的责任解除。"如出于重大过失或恶意，对有明显和重大权利缺陷的持票人给付了票款，就属于不正当付款，付款人因此必须承担责任。

如果付款人只向持票人支付了一部分票款，称为部分付款。接受部分付款的持票人仍可对未清偿部分进行追索。

在正当付款的情况下，由于付款人支付了十足票款，就可以了结票据责任，完成票据的流通过程，就叫作终结付款。如果付款不是主债务人所为，就意味着票据责任和权利仍需通过追索来完结，还不能退出流通，付款就不是终结性的。

（六）拒付

拒付（Dishonor）也称退票，是指持票人提示汇票要求承兑或付款时遭到拒绝的行为。拒付一般包括两项内容：一是拒绝承兑，即当持票人向付款人提示承兑而遭拒绝时，构成拒绝承兑；二是拒绝付款，即当持票人向付款人提示付款而遭拒绝时，构成拒绝付款。

另外，在付款人死亡、宣告破产、失踪等情况下，付款无法实现，事实上也构成拒付；若付款人虽未明确表示拒付，但迟迟不履行承兑或付款义务，持票人也可认定汇票已被拒付。汇票遭到拒付后，持票人无权向付款人追索票款，但有权向背书人或者出票人追索票款。持票人行使追索权时，除票据上另有规定外，必须办理拒绝证书（Protest），并向前手发出通知（Notice of Dishonor）。拒绝证书是指由拒付地点的法定公证人或法院、银行公会所做出的有关拒付事实的文件。持票人向付款人提示汇票承兑或付款遭到拒绝时，应立即将汇票交给当地的法定公证人或法院、银行公会，请其再向付款人提示，若付款人仍作拒绝，公证人则立即做一书面的拒付证明交给持票人，即所谓的拒绝证书。《英国票据法》规定：外国汇票遇到付款人退票时，持票人须在退票后的一个营业日内做成拒绝证书。拒付通知是指持票人遭到拒付时，向其前手、前手再向其前手直到出票人发出的汇票已遭退票的通知。汇票一旦遭到拒付或拒绝承兑，持票人应及早通知汇票债务人。我国《票据法》第六十七条规定：拒付通知应当记明汇票的主要记载事项，并说明该汇票已被退票。

（七）追索

1. 追索的定义

追索（Recourse）是指汇票遭到拒付，持票人对其前手（背书人）或出票人请求偿还汇票金额及有关费用的行为。持票人作为主债权人，有权向背书人、承兑人、出票人及其他的债务人追索。当持票人向前手背书人追索时，被追索者清偿票款后，即取得持票人的地位与权利，可再向其前手追索，以此类推，直追至出票人为止。

作为一种票据权利，追索是补充付款请求权的二次权利，仅在第一次的请求权（付款请求权）不能得到满足时才能行使。

2. 追索的法定原因

追索的法定原因一般有如下几种：

（1）到期日不获付款。

(2)到期前不获承兑。

(3)承兑人或付款人逃避、死亡,持票人无法提示承兑或提示付款。

(4)承兑人或付款人被宣告破产或因违法被责令终止业务活动。

我国《票据法》第六十一条规定:“汇票到期被拒绝付款的,持票人可以对背书人、出票人以及汇票的其他债务人行使追索权。汇票到期日前,有下列情形之一的,持票人也可以行使追索权:(一)汇票被拒绝承兑的;(二)承兑人或者付款人死亡、逃匿的;(三)承兑人或者付款人依法宣告破产的或者因违法被责令终止业务活动的。”

3. 有效追索的条件

一般来说,持票人行使追索权必须具备或满足的条件包括如下内容。

(1)持票人必须做出有效的提示。

(2)持票人及时向前手发退票通知(Notice of Dishonor)。持票人必须在法定期限内将汇票遭到拒付的事实通知前手,即做出退票通知,被通知者再通知其前手,直至出票人,目的是使汇票上的所有债务人及早获悉拒付事实,以做好偿付票款的准备。按照《英国票据法》的规定:持票人应在拒付后的一个营业日内,将拒付的事实通知到位于同一地区的前手;若前手位于不同地区,持票人须于拒付的第二天发出拒付通知。我国《票据法》第六十六条规定:持票人应当自收到被拒绝承兑或者被拒绝付款的有关证明之日起3日内书面通知其前手。持票人也可以同时向各汇票债务人发出书面通知。

(3)按规定做成拒绝证书。《英国票据法》规定,国际汇票被拒付后,持票人须在拒付发生后的一个营业日内请求拒付地点的法定公证人或其他法定机构做出拒绝证书,即证明拒付事实的文件。持票人应将汇票交出,由公证人再次向付款人提示汇票,再遭拒绝后,公证人即按规定格式出立拒绝证书,连同汇票一并交还持票人,持票人可凭此向前手行使追索权。

(4)不超过法定追索时效。《英国票据法》规定:持票人保留追索权的期限为6年。《日内瓦统一票据法》则规定:持票人对前手背书人或出票人行使追索权的期限为1年,背书人对其再前手背书人或出票人行使追索权的期限为6个月。我国《票据法》规定:持票人对出票人及承兑人的追索时效为到期日起2年(即期汇票为出票日起2年);持票人对背书人的追索时效为退票日起6个月。

4. 追索的金额

追索的金额既包括汇票本身的金额,也包括延期付款的利息以及制作退票通知及拒绝证书的费用。

5. 行使追索权的次序

追索的次序可以按顺序进行,即按汇票背书的连续顺序向前手追索,也可以越过他跳跃式地向任意前手追索。若被追索者中间有人履行了付款义务,付清了票款,此时该人就获得持票人地位,又可以对自己的前手行使追索的权利。

(八)保证

保证(Guarantee or Aval)就是指由非汇票债务人作为保证人,对汇票债务承担保证责任。

我国《票据法》第四十五条规定:汇票的债务可以由保证人承担责任。保证人由汇票债务人以外的他人担当。保证人为出票人、背书人、承兑人等保证时,保证人与被保证人所负责任完全相同。如保证人为出票人、背书人保证时,在汇票遭到拒付时,应承担偿还汇票金额、利息及相关费用的责任;如保证人为承兑人保证时,应承担付款责任。我国《票据法》第五十条规定:“被保证的汇票,保证人应当与被保证人对持票人承担连带责任。汇票到期后得不到付款的,持票人有权向保证人请求付款,保证人应当足额付款。”

保证人对汇票提供保证时,通常是在汇票或汇票粘单上注明以下专有术语的一种:“GOOD AS AVAL”“PER AVAL”“PAYMENT GURANTEED”等,同时须注明保证人的名称和住所、被保证人的名称、保证日期、保证人签章等。

保证人履行了保证责任即清偿了票据债务后,即可行使持票人对被保证人及其前手的追索权。在实际业务中,对汇票和其他票据提供保证的情况较为普遍,票据的保证使得票据债务人和保证人共同承担票据责任,加之保证人多为金融机构,从而提高了票据的信誉,有利于票据的流通转让。

除了上述票据行为外,汇票在流转过程中,有时因特定的需要还会产生参加承兑(Acceptance for Honor)、参加付款(Payment for Honor)等附属票据行为。其中,参加承兑是指汇票遭到拒绝承兑而退票时,非汇票债务人在得到持票人同意的情况下,参加承兑已遭拒绝承兑的汇票的一种附属票据行为。其目的是为维护汇票上的某一当事人或关系人的信誉,防止追索权的行使涉及该人。参加付款与参加承兑的目的是相同的,但参加付款人不须征得持票人的同意,同时参加付款是在汇票遭到拒绝付款时才发生的一种行为。参加付款后,参加付款人对承兑人、被参加付款人及其前手取得持票人的权利,而被参加付款人的后手,则免除票据责任。

五、汇票的种类

(一)银行汇票和商业汇票

按出票人不同区分为银行汇票和商业汇票。

银行汇票(Banker's Bill),是一家银行向另一家银行签发的书面支付命令,出票人和付款人都是银行。这种汇票的信用基础是银行信用。

商业汇票(Commercial Bill),是公司、企业或个人签发的汇票,付款人可以是公司、企业或个人,也可以是银行。商业汇票的信用基础是商业信用,因此,收款人或持票人承担的风险较大。商业汇票在进出口贸易中使用较多。

(二)银行承兑汇票和商业承兑汇票

按承兑人不同区分为银行承兑汇票和商业承兑汇票。

银行承兑汇票(Banker's Acceptance Bill),是由公司、企业或个人开立的以银行为付款人并经银行承兑的远期汇票。这种汇票是建立在银行信用基础上的,其流通性较之商业承兑汇票要好。

商业承兑汇票(Commercial Acceptance Bill),是以公司、企业或个人为付款人,并由公司、企业或个人进行承兑的远期汇票。商业承兑汇票是建立在商业信用基础上的,如果承兑人破产或因其他原因无力支付,持票人在到期日可能得不到款项。

(三)即期汇票和远期汇票

按付款时间不同可区分为即期汇票和远期汇票。

即期汇票(Sight Bill or Demand Draft),是注明付款人在见票或持票人提示时立即付款的汇票。未载明具体付款日期的汇票,也是即期汇票。

远期汇票(Time Bill or Usance Bill),是载明一定期限或特定日期付款的汇票。见票后定期、出票后定期、定日付款均属远期汇票。

(四)光票和跟单汇票

按使用时有无附属单据区分为光票和跟单汇票。

光票(Clean Bill),是指出票人开立的不附任何单据的汇票。这类汇票全凭票面信用在市面上流通而无货物(特权凭证)作保证,只有当事人信用良好的汇票才易流通。银行汇票多为光票,多用于佣金、代垫费用以及货款尾数等非贸易债权债务的结算。

跟单汇票(Documentary Bill),是附带提单等货运单据的汇票。这类汇票除了当事人的信用外,还有物资保证。商业汇票多为跟单汇票,其在国际贸易中使用最广。

(五)本币汇票和外币汇票;国内汇票和国外汇票

根据货币种类,可区分为本币汇票(Home Money Bill)和外币汇票(Foreign Money Bill)。

根据出票地和付款地,可区分为国内汇票(Inland Bill)和国外汇票(Foreign Bill)。

(六)一般汇票和变式汇票

按汇票的基本关系人不同,可区分为一般汇票和变式汇票。

一般汇票是指出票人、付款人和收款人分别为不同人的汇票。

变式汇票是指基本当事人中有一人兼有两种或两种以上身份的汇票。在变式汇票中,出票人以自己为收款人的汇票,称为己受汇票或指己汇票;出票人以自己为付款人的汇票称为己付汇票或对己汇票;以付款人为收款人的汇票,为收受汇票。

第三节 本 票

本票与汇票在许多方面相同或类似。各国票据法一般对汇票的规定较为详细,对本票的规定相对从简,即只对其与汇票的不同之处进行规定,而其与汇票的相同之处则适用于汇票的有关规定。如我国《票据法》第八十条规定:"本票的背书、保证、付款行为和追索权的行使,除本章规定外,适用于本法第二章有关汇票的规定。"

一、本票的定义

1882 年,《英国票据法》关于本票(Promissory Note)的定义是:"A promissory note is an unconditional promise in writing made by one person to anther signed by the maker, engaging to pay on demand or at a fixed or determinable future time, a sum certain in money, to or to the order of a specified person or to bearer."(本票是一个人向另一个人签发的,保证即期或定期

或在可以确定的将来的时间，对某人或其指定人或持票人支付一定金额的无条件书面承诺。）

我国《票据法》第七十三条规定："本票是出票人签发的，承诺自己在见票时无条件支付确定金额给收款人或者持票人的票据。本法所称本票，是指银行本票。"

二、本票的内容

与汇票一样，本票的制作人也须按照票据法的有关规定，签发符合法定要式的本票。要式不具备的本票不具有票据效力。我国《票据法》第七十五条规定："本票必须记载下列事项：（一）表明'本票'字样；（二）无条件支付承诺；（三）确定的金额；（四）收款人名称；（五）出票日期；（六）出票人签章。本票未记载前款规定事项之一的，本票无效。"式样 2－2 为一张要式具备的本票。

式样 2－2　　**本　票**

PROMISSORY NOTE

No. 12309

USD 100 000. 00　　New York, January 4, 2018

At 90 days after date we promise to pay to London B Company or order the sum of one hundred thousand U. S. dollars only.

For A company

New York

Signed

（一）"本票"字样

票据中必须有表明其为本票的文字，即要标明其为"本票"，如式样 2－2 中的"PROMISSORY NOTE"。

（二）无条件支付承诺

由于本票也是一种体现债权债务关系的有价证券，因而本票的支付也是不能附加条件的，但不是汇票的"命令"，而是承诺。如式样 2－2 中"We promise to pay to..."表明了这一点。

（三）确定的金额

这一点的要求基本和汇票相同。

（四）收款人名称

收款人（如式样 2－2 中的 B 公司或其指定的人）即收取本票票款的当事人，是本票的主债权人。在本票中必须详细标明收款人的具体名称。

（五）出票日期和地点

写在式样中的右上角。若未载明出票地点的本票，出票人所在地（或出票人的营业场所，如式样 2－2 中的纽约）为出票地。

(六)出票人签章

出票人(也称制票人,即式样 2 -2 中的纽约 A 公司)即签发本票的当事人,也是本票的主债务人,其以签发本票的形式来体现并保证偿还其负有的票据债务。出票人须在本票上签章,否则本票无效。

(七)付款期限及地点

本票也有即期、远期之分(式样 2 -2 的本票为一张远期本票),其期限表示方法与汇票基本相同。对未载明付款期限的本票,可视为见票即付。但我国《票据法》第七十八条规定:"本票自出票日起,付款期限最长不得超过 2 个月。"

付款地点一般在本票上载明,若未载明付款地点的,本票的出票地(或出票人的营业场所,如式样 2 -2 中的纽约)为付款地。

三、本票的主要关系人

由于本票的出票人和付款人是同一人,所以基本当事人只有两个,即出票人和收款人。

(一)出票人

出票人(Maker)即签发本票的人,也是本票的付款人(主债务人)。他的主要责任就是履行所承诺的付款。到期时保证支付给收款人或持票人。出票人交付本票后,无权再干涉持票人。

当出票人有两个或两个以上时,须根据本票的条款确定他们是负连带责任(Joint Liability)还是负既连带又单独的责任(Joint and Several Liability)。这两种责任的本票对于出票人来说几乎没有什么区别,无论他们是承担连带责任,还是承担连带又单独的责任,每个出票人都要对该本票的全部金额负责。如果其中一个出票人被要求付款,他必须付全额,而不能因为有三个出票人而只付三分之一。他必须先付清全额,然后再向其余的人追索。对于出票人,两种本票的唯一区别是:如果是连带责任,如其中一个出票人死亡,其责任就可解除,持票人不能向他的遗产继承人或个人代表索偿;但如果是连带又单独的责任,持票人可向其继承人索偿。

两种本票最主要的不同在于持票人的权利不同。如果是连带又单独的责任,在本票遭到拒付时,持票人可以对每一个出票人逐个进行控告,他可以选择其中的一个起诉,若被选择的这个出票人破产了,持票人可以就未付的部分对其余的出票人继续起诉。持票人还可以同时对其中的二人或全体一起起诉。而对于连带责任的本票,持票人则没有权利分别起诉,只有一次起诉权。如果他在第一次起诉时,只选择了其中的一个出票人而不是全体,而这个出票人不幸破产了,则他就不能再进行第二次起诉。也就是说,一张连带责任的本票只有一笔债务,也只有一次起诉权;而一张连带又单独责任的本票,有几个出票人就有几笔债务,也就有几次起诉权,但是不允许持票人得到超过该本票金额的赔偿。

(二)收款人

收款人(Payee)即本票的债权人。收款人可以背书转让本票,并对后手保证付款。若出票人拒付,可行使追索权。若本票上规定在某地付款时,收款人一般应在此地提示付款,以确保出票人所承担的责任，根据《英国票据法》，在6年之内收款人都可采取措施追索，过了6年，无权再采取任何行动。

四、本票的票据行为

大多数国家的票据法都是以汇票为中心的，对于本票，除非因其自身特点而制定特殊规定（如见票制度，本票不必承兑，也不必参加承兑以及对本票银行不予贴现）外，其余的与汇票相同，即出票、背书、保证、到期日、付款、参加付款、追索权等同汇票的规定是一样的。如《日内瓦统一票据法》规定：关于汇票的各项规定，凡不与本票之性质相抵触者，均于本票准用之。我国《票据法》第八十条规定："本票的背书、保证、付款行为和追索权的行使，除本章规定外，适用本法第二章关于汇票的规定。本票的出票行为，除本章规定外，适用本法第二十四条关于汇票的规定。"

（一）出票

本票是自付证券，出票人承担付款的责任。本票出票人一经出票，即成为本票的主债务人，对本票负有绝对的付款责任，即使持票人没有在规定的期限进行付款提示、见票提示或做成拒绝证书，在本票时效内，出票人也不能免除付款的责任。持票人可以在到期日直接向出票人请求付款。出票人这种无条件于到期日付款的责任，是不附任何条件而直接承担的义务。同时，本票出票人付款义务也是最终的，一旦出票人履行付款义务后，本票上的权利义务也随之结束。如果本票出票人是委托往来银行担当付款人的，出票人应在本票到期日的提示付款前，保证有足够支付本票金额的款项存在银行。担当付款人不付款时，持票人仍得向出票人请求付款。担当付款人的存在并不影响到出票人付款义务的性质。

如果本票出票人在具备给付能力却不愿意履行付款义务时，持票人可以申请法院强制执行，即通过查封、扣压、变卖出票人的财产或冻结其存款等方法来偿付本票上的债务，以确保本票的索偿性。持票人在申请法院强制执行时应提交拒绝证书，除非本票上有免除做拒绝证书的记载。

（二）见票

见票是指本票持票人向出票人提示票据，出票人在本票上记载见票字样及日期并签名的行为。见票是专门针对见票后定期付款本票而特有的。因为其他几种本票，到期日在出票时便已确定。只有见票后定期付款本票的到期日有待于出票以后的某个时候确定，但本票没有承兑制度，出票人本身就是付款人，为了确定这种本票的到期日，法律为本票特设了类似汇票承兑制度的这种见票制度。即见票后定期付款本票的到期日，应由持票人向出票人作见票提示。

见票的提示表现为两个步骤：持票人的见票提示和出票人的有关记载及签名。持票人的见票提示应在有效提示期限内。这里的有效提示期限，《日内瓦统一票据法》规定为自出票日起1年，我国《票据法》规定为自出票日起1个月。不按照规定提示见票，持票人则丧失对出票人以外的前手的追索权，但出票人仍对持票人负有责任。如果当持票人提示见票时，出票人拒绝作有关记载和签名，持票人则应在见票提示期限内，做成见票拒绝证书。此后持票人不必再作付款提示或付款拒绝证书，便可直接向前手行使追索权。因此，持票人提示见票是保全追索权的要件。

五、本票的种类

与汇票相比，本票在国际贸易结算中的使用并不多见。但在国际信贷、国际融资及其他领域中，本票的应用相当广泛。

（一）银行本票和商业本票

根据本票出票人的不同，本票可分为银行本票（Banker's Note）和商业本票（Trader's Note）。

（1）银行本票。指由银行签发的票据。它是银行应存款户的某种需要开立的，常用于代替现金支付或进行现金转移，是建立在银行信用基础上的，出票人是银行。它的主要作用是代替现金流通、简化结算手续，从而有利于实现资金清算票据化，充分发挥票据支付手段的作用。

（2）商业本票。指由企业或个人所签发的票据。商业本票是建立在商业信用基础上的，是为了清偿国际贸易中产生的债务关系而开立的。除非是有极好声誉的大公司，一般企业较少发行本票。因此，在国际贸易中，商业本票均融入银行信誉。如某企业利用出口信贷融资进口大型设备时，可开具远期付款本票，经进口方银行背书保证，到期由出票人偿还本息。商业本票按期限可分为远期本票和即期本票两种。

但是，我国《票据法》明确指出："本法所称本票，是指银行本票。"这说明至少在目前，我国不允许发行商业本票。这是因为本票的出票人对本票金额付有绝对的付款责任，必须有切实可靠的资金为基础。因此，我国《票据法》还特别规定："银行本票的出票人资格必须由中国人民银行审定。"

（二）即期本票和远期本票

根据本票付款期限的不同，可分为即期本票和远期本票。

（1）即期本票指见票即付的本票。银行本票一般都是见票即付的本票。

（2）远期本票又分为三种：定日付款、出票后定期付款和见票后定期付款（也称注期本票）。所谓"见票"是指当持票人提示时，出票人为确定付款的到期日，在本票上记载"见票"字样并签章的行为。远期本票一般严格限制期限，如我国《票据法》第七十八条规定："本票自出票日起，付款期限最长不得超过二个月。"

（三）记名式本票、指示式本票和无记名式本票

根据本票抬头方式不同，可分为记名式本票、指示式本票和无记名式本票。

（1）记名式本票指票面上记载收款人的姓名和商号。如"Pay to A Co. only"，则为记名本票。

（2）指示式本票，一般在本票上不仅记载收款人的姓名和商号，而且还附上"指定人"或"凭指示"的字样，如"Pay to A Co. or order"，则为指示式本票。

（3）无记名式本票指票面上未记载收款人的名字和商号。此种本票转让时仅以交付为要件，一些国家和地区对此本票的面额作了限制，以防其代替货币进入流通领域。我国《票

据法》不承认无记名式本票。

此外，本票还可以分为外币本票、本币本票，按流通范围可分为国际本票和国内本票等。公债、国库券、存款凭证、信用卡、旅行支票等也属于本票。

六、本票与汇票的区别

本票和汇票都具有票据的一些共同特征，它们都是必须以货币表示的、金额一定、以无条件的书面形式做成；付款期限可以是即期的或远期的；收款人可以是记名的或不记名的。因此，西方票据法有关汇票的出票、背书、到期日、追索权等行为，基本上都适用于本票。尽管如此，本票与汇票作为两种不同的凭证，仍有一定的不同，具体体现在以下几方面。

（一）票据性质不同

本票是出票人自己承诺和保证自己付款的凭证，是一种承诺式票据，汇票是出票人命令或委托付款人无条件付款，是一种命令式或委托式票据。

（二）基本关系人不同

本票的基本当事人只有两个，即出票人和收款人。本票的出票人就是付款人，本票是出票人承诺和保证自己付款的凭证。而汇票的基本当事人有三个，即出票人、收款人和付款人。

（三）票据的主债务人不同

本票的主债务人是出票人，而汇票的主债务人可以是出票人，也可以是承兑人。

（四）票据行为不同

本票无须承兑，对于见票后定期付款的本票，持票人向出票人提示请其签字以确立日期，从签字日期算起，确定付款日。而汇票除了即期汇票，远期汇票必须提示承兑。

（五）签发份数不同

本票只签发一份，汇票可以一式几份，通常是两份，并注明“付一不付二”或“付二不付一”的字样。

第四节　支　　票

一、支票的定义

《英国票据法》对支票（Cheque）的定义是：支票是以银行为付款人的即期汇票（A cheque is a bill of exchange drawn on a bank payable on demand）。具体来说，支票是银行存款客户对其开立账户的银行签发的，授权该银行对某人或其指定人或持票人即期支付一定金额的无条件支付的书面命令。

我国《票据法》第八十一条关于支票的定义是：“支票是出票人签发的，委托办理支票存款业务的银行或者其他金融机构在见票时无条件支付确定金额给收款人或者持票人的票据。”

《日内瓦统一票据法》还特别指出:支票的付款银行必须是出票人根据协议有权开立支票的存款的银行。

根据支票的定义,我们可以看出支票与汇票、本票有许多共同特性,所以在各国的票据法,即便是单立的支票法中,均有支票的有关事项准用汇票的规定。如我国《票据法》在第九十三条规定:"支票的背书、付款行为和追索权的行使,除本章规定外,适用本法第二章有关汇票的规定。"但支票与汇票比较,有其自身的两个基本特征。

一是支票是见票即付的票据。支票必须见票即付,所以不存在如远期汇票、远期本票的到期日问题。但是在实践中往往存在票面记载出票日滞后于实际出票日的情况,如出票人希望支票在两个星期后才支付,他可在出票时填上两个星期以后的日期为出票日期,并与收款人约定两个星期以后再作付款提示。对于这种以将来日期为出票日的支票,各国对其有效提示期限的立法有所不同。英美票据法规定:若持票人在票面记载出票日之后作付款提示,付款人应无条件付款。若持票人在票面记载出票日之前作付款提示,付款人可以不予付款,且不构成拒绝付款事由,持票人不能行使追索权;若付款人予以付款,持票人可以予以接受,同样具有付款效力。但按《日内瓦统一票据法》的规定,对于票面记载日期滞后于实际出票日期的支票,持票人不论在票面记载日期之前或之后提示,付款人都应无条件付款。我国《票据法》第九十条也有同样的规定:"支票限于见票即付,不得另行记载付款日期。另行记载付款日期的,该记载无效。"

二是支票是由银行付款的票据。支票的付款人只限于银行等可以办理存款业务的金融机构,收款人可以是他人也可以是出票人,但付款人只能是银行。这与汇票和本票的付款人无身份限制是绝对不同的。支票是由银行的支票存款储户根据协议向银行开立的付款命令,没有存款的出票人签发的支票得不到付款,有存款没有支票协议的出票人签发的支票也同样得不到付款。在国际贸易中,支票是由进口方签发的,委托开户行向出口方从其银行存款账户中支付货款给出口方的书面命令。

二、支票的内容

我国《票据法》第八十四条规定支票必须记载下列事项:

(1)表明"支票"的字样。

(2)无条件支付的委托。

(3)确定的金额。

(4)付款人名称。

(5)出票日期。

(6)出票人签章。

支票上未记载上述规定事项之一的,支票无效。

当然,支票除了上述事项外,一般还记载其他一些事项:收款人或其指定人,收款人的名称,付款地点、期限等。这些事项我国《票据法》都有相应的规定。如第八十五条规定:"支票上的金额可以由出票人授权补记,未补记前的支票,不得使用。"第八十六条规定:"支票上未记载收款人名称的,经出票人授权,可以补记。支票上未记载付款地的,付款人的营业场所为付款地。支票上未记载出票地的，出票人的营业场所、住所或者经常居住地为出票地。”

三、支票的关系人

（一）出票人

出票人是与付款人有一定资金关系的人，出票人开出支票就等于承诺支票被提示时银行保证付款，并在拒付时赔偿。《日内瓦统一票据法》还规定在合理的付款提示期限内，出票人不得撤销已开出的支票，只有提示期满后才能撤销。

（二）收款人

支票可因交易而取得，也可因受赠、继承而取得，因此支票收款人很广泛。收款人可获得支票上的款项，但要按期提示，《英国票据法》规定收款人要按期提示，虽然在期限之后再提示，持票人的权利不受影响，即持票人如未在合理的时期内提示，出票人仍需对支票负责，但这一时期若发生付款银行倒闭等给出票人造成了损失，对损失部分出票人解除责任，收款人就要自己负责。如果 A 给 B 一张 10 000 美元的支票偿还贷款，B 未在合理的时间内提示支票，拖延了好久，而此时付款银行倒闭，即支票不可能被银行付款了，那么 A 就可不再对这张支票负责，因为如果 B 及时去取款，就不会受到损失。

（三）付款人

支票项下的付款人就是开户银行。当持票人向付款行提示支票时，银行要对支票进行审核。首先要审核支票上载明的事项：如支票金额的大、小写是否准确、相符；出票日期和提示日期的间隔是否合理，有否出票日期在提示日期之后的情况；提示期是否超过期限；支票背面的背书代收行是否确认；签字或印鉴与预留的样本是否一致等。其次，应看出票人的账户是否有足够的余额，或者在银行允许的透支范围内。最后要注意支票是否被止付。

（四）代收行

有时，客户不是自己拿支票去取款，而是交给他的开户行，委托银行收款。代替客户收取支票款项的银行就称代收行。代收行要诚实地代顾客收取支票之款项。在代收时并未发现委托人的所有权有缺陷，即是善意的。如果代收行在代收时发现有怀疑，应查询并得到满意的答复；否则，代收行有疏忽行为，有责任退还票款。委托人必须与代收行有资金的往来关系，并且票款一定要收入顾客的账户，而不是用来归还委托人对代收行的欠款。根据英国的做法，代收行向所有人负责的期限是六年。

支票上出票人和付款人的关系是存款户与银行的关系，只有存款户在他的开户行里有足够的存款，他才能开出支票。因此，支票出票人的保证也是保证他在银行里有足够的存款，或者银行允许透支，支票提示时一定会付款。如果没有足够的存款而开立空头支票，要付法律责任，一般国家对开空头支票的出票人都要课以罚款，金额大的要拘留或判刑。在我国，对开空头支票，银行除退票外，还按票面金额处以一定的罚款，但屡次签发的，银行将根据情节给予警告、通报批评，直至责令其停止签发支票。而汇票的出票人和付款人既可以是提供资金，也可以是偿还旧债、提供服务等其他对价关系。

四、支票的种类

(一)记名支票和无记名支票

根据抬头方式,支票可分为记名支票和无记名支票。

(1)记名支票(Cheque payable to… only),指注明收款人姓名的支票,记名支票在取款时,必须由收款人签章并经过付款行验明其真实性。记名支票在转让时需背书。

(2)无记名支票(Cheque payable to bearer),也称来人支票或空白支票,指没有记明收款人的支票,任何人只要持有此种支票,即可要求付款行付款。银行对持票人获得支票是否合法不负责。这种支票无须背书即可转让。

(二)普通支票和划线支票

根据支票对付款人有无特殊限制,支票可分为普通支票和划线支票。

(1)普通支票(Open Cheque),又称敞口支票、非划线支票,指票面上无两条平行线,或付款无特殊限制或保障的支票。普通支票可由持票人向银行提取现金,也可以委托银行收款入账。

(2)划线支票(Crossed Cheque),是指支票正面有两道平行线的支票。划线是一种附属的支票行为,由出票人、背书人或持票人划之,其目的在于防止支票遗失后被人冒领。因为划线支票只能委托银行收款入账,不能提现,通过使用划线支票,可以限制受领人的资格,它只能通过银行或其他金融机构受领,而不能由持票人直接提取现款,于是保证了支票的安全。否则就意味着只要提示的票据合格,支票的付款行就得立即支付,因此,如果支票落入非正当持票人手中,支票金额便很容易地被骗取。在票据上划线是支票独有的制度,大多数国家的票据法都有划线制度。划线支票一般分为普通划线和特殊划线两种。

①普通划线支票(General Crossing),是指不注明收款银行,任何银行都可以代收入账。普通划线支票常见的形式有三种:一是在支票上划两条平行线,不作任何记载;二是在两条平行线间注有“Not Negotiable”(不可议付)字样;三是在两条平行线间注有“& Co.”(和公司)字样。这三种形式举例如下:

a. A Bank　　b. Not Negotiable　　c. & Co.(和公司)

②特殊划线支票(Special Crossing),是指在平行线中记载指定的收款行名称的支票,这种支票只能通过指定银行向付款行提示,由指定银行代为收款。国际银行惯例,平行线中加注的代收行名称只能有一个,但允许该代收行委托另一家银行代为收款。

特殊划线支票常见的形式也有三种:

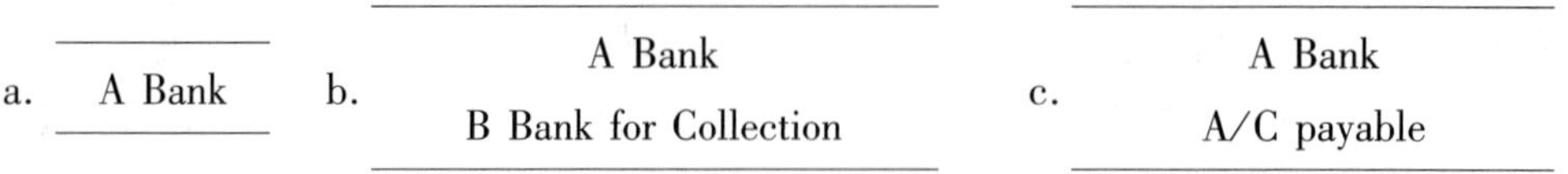

A银行代为收款　A银行又委托B银行代为收款　A银行代为收款并入收款人账户

(三)保付支票

保付支票(Certified Cheque)是指付款行在支票上另注“保付”(Certified to pay)字样并

签字的支票。付款行保付后必须付款，实施支票保付行为的银行称为保付人，因此，支票经保付后，信用提高，利于流通。对于保付人来说，保付一旦做成，保付人即负有绝对的义务，即使付款提示期已过，保付人仍然不得以此为由拒绝付款。保付成立后，付款人应从出票人账户中提取支票金额存在专门账户中以备付款。对出票人、背书人来说，支票保付后，他们的责任便已免除。此时，支票上的债权债务关系只是持票人与付款人之间的债权债务关系。对持票人来说，支票保付后，持票人可以不受提示期限的约束，只要是在一个"合理"的期限内，随时都可以提示付款，保付人不得拒绝。但保付支票万一丢失，则不能挂失止付。美国、日本等国法律都有关于保付支票的规定。《英国票据法》、《日内瓦统一票据法》和我国《票据法》均没有这种规定。

(四)银行支票

银行支票(Bank's Cheque)是由银行签发，并由银行付款的支票。这种支票主要用于支付本行对外债务，或代客户办理票汇，也称为银行本票。

五、支票的止付

如果出票人与付款人并无资金关系，又未订立透支的信用契约或支票额超出银行存款余额而任意发行的支票，称为空头支票。银行当然不对空头支票付款。但空头支票的签发在事先无法预防，只能在付款人见票后对出票人予以处罚制裁。各国对签发空头支票者的制裁一般规定在票据法中。

当持票人遗失支票而挂失，付款人应帮助持票人立即与出票人联系，然后由出票人向付款人发出书面通知，要求支票止付。此后该支票被提示时，付款人在支票上注明"奉命止付"(Orders not to pay)字样并退票。但是为了防止出票人开了空头支票以后又请求支票止付以逃避债务，《日内瓦统一票据法》禁止在有效期内止付支票，即使出票人死亡或破产也不例外。《英国票据法》则允许止付支票，但只有在收到由出票人签字的书面通知后才能止付，客户用其他更快捷的方式通知后也必须随后送交书面证明。《英国票据法》规定，在有确凿证据证实出票人已经死亡或破产，付款人有权止付支票。

六、支票与汇票的区别

支票除了付款人一定是银行、期限一定是即期的以外，和汇票并无本质上的区别。两者的不同之处主要体现在以下几方面。

(一)支票的出票人必须具备一定的条件

首先，支票的出票人必须是银行的存款户，在银行没有存款的人不可能成为支票的出票人；其次，出票人必须事先与该银行订有使用支票的协议，银行同意存款人使用支票；第三，支票的出票人必须使用存款银行统一印制的支票，不同于汇票和本票由出票人自制。

(二)付款人不同

支票的付款人仅限于银行，汇票的付款人可以是银行，也可以是企业或个人。

(三)付款时间不同

支票都是即期付款，即银行见票即付；而汇票有即期付款和远期付款两种。

（四）支票无承兑手续

支票都是即期付款，不需要办理承兑手续；汇票除见票即付外，一般需要办理承兑手续。因此，支票的主债务人是出票人，而承兑汇票的主债务人是承兑人。

（五）职能不完全相同

支票是支付工具，汇票除具有支付工具的性质外，还具有信贷工具的职能。

本章小结

本章具体介绍了汇票、本票和支票的基本内容。

汇票是出票人命令他人无条件付款的票据，其基本当事人有三个：出票人、收款人和付款人。支票是一种特殊的汇票，其当事人也是三个，不过付款人为银行。本票是出票人的无条件付款承诺，基本当事人只有两个。

票据的内容分为绝对必要记载事项和相对必要记载事项。绝对必要记载事项不可缺少，否则票据无效。根据我国的《票据法》，票据名称、无条件支付、确定金额、收款人名称（支票可不记载）、付款人（本票为出票人）、出票日期、出票人签名必须记载。收款人抬头有限制性、指示性和来人三种类型。

思考题

1. 票据的基本特征有哪些？
2. 票据的作用有哪些？
3. 汇票、本票和支票的定义是什么？
4. 汇票的必要记载事项有哪些？
5. 汇票的行为有哪些？
6. 汇票与本票有何异同？
7. 汇票与支票有何异同？

案例分析

2017 年 8 月，某市 A 公司与新加坡 B 商人签订了一份进口胶合板的合同。合同总金额为 700 万美元，支付方式为 D/P，允许分批装运。按照 D/P 方式，第一批价值为 60 万美元的胶合板准时到货，经检验后认为质量良好，A 公司甚为满意。当第二批胶合板交货期要到时，B 商人向 A 公司提出："鉴于贵公司资金周转困难，为了帮助贵公司，我方允许贵公司采用远期付款。贵公司作为买方，可以给我方开出一张见票后一年付款 700 万美元的汇票，请中国建设银行某市分行承兑。承兑后，贵公司可以放心，一年内我方保证将 700 美元的胶合板都交付贵方。明年的今日，贵公司再付给我方 700 万美元的货款。"A 公司的老总欣然接受了 B 商人的提议。他认为现在不付款，只开张远期汇票，B 就可以交货，收到货后就可以在国内市场上销售。利用这一年的时间,买胶合板的货款还可以用于炒楼房,明年到期时,再用炒楼挣的钱去支付货款。但是,A公司老总始料不及的是,B商人将这张承兑了的远期汇票在新加坡的美国银行贴现600万美元。由于银行的美元利息低,银行贴现后一年可多收回100万美元,当然是很合算的。于是,美国银行向B商人支付了600万美元的现金,从而成为这张远期汇票的受让人。B商人拿到这笔600万美元的现金后,就一张胶合板都不交给A公司了。不管A公司如何催他发货,B商人就是不交货。事实上,B商人将巨款骗到手后就消失得无影无踪了。一年后,新加坡的美国银行持这张承兑了的远期汇票请建行某市分行付款。该分行的业务员认为:“卖方未交货,我凭什么付款?”美国银行的业务员告诉他:“这张汇票上没有写什么胶合板,只有一句话:见票后一年付700万美元。卖方未交货,你应该去找B商人,与我们美国银行毫无关系。B商人交货没有,他骗了你们没有,我们不知道。我们是向B商人付了600万美元才接受了这张远期汇票。我们是善意的付了对价的受让人。”由于本案金额巨大,后报请国务院批准,由建行某市分行付给美国银行600万美元而结案。

分析问题:

(1)本案中买方的重大失误在哪里?

(2)商人为什么要建行某市分行承兑?

(3)结合各国票据法分析,作为支付工具的票据本身有什么特点?

操　作　题

1. 根据给定条款制作跟单汇票。

汇票金额: USD 250 700.00

汇票号码: 9845034

付款人:CBI DORWIN LTD., FREDERIKSBERG ALLE 68, ROTTERDAM

出票人:HARBIN MORNIG STAR CORPORATION

收款人:BANK OF CHINA HEILONGJIANG BRANCH

付款期限:AT 30 DAYS AFTER SIGHT.

汇票地点和日期:HARBIN,JAN. 10, 2019

BILL OF EXCHANGE

No. ________________ Exchange for ________________ ________________, ________________

At ________________ sight of this First of Exchange (Second of the same tenor and date unpaid)

Pay to the order of ____________________ the sum of ____

Drawn under AMROBANK NEDERLAND N. V. letter of credit NO. 752058/2534 dated DEC. 5, 2018

TO: ____________________

____

For ____________________

2. 下列哪些汇票是有效的?

①Pay to ABC Co. providing the goods they supply are complied with contracts the sum of ten thousand US dollars.

②Pay to ABC Co. out of the proceeds in our No. 1 account the sum of one thousand US dollars.

③Pay from our No. 2 account to ABC Co. the sum of one thousand US dollars.

④Pay to ABC Bank or order the sum of ten thousand US dollars and charge/debit same to applicant's account maintained with you.

⑤Pay to the order of ABC Co. the sum of one thousand US dollars plus interest calculated at the rate of 6% per annum from the date hereof to the date of payment.

⑥Pay to the order of ABC Co. the sum of one thousand US dollars converted into sterling equivalent.

⑦Pay to the order of ABC Co. the sum of one thousand US dollars converted into sterling at current rate of exchange.

⑧At 30 days after date pay to the order of ABC Co. the sum of one thousand US dollars by ten equal consecutive monthly installments.

⑨Pay to the order of ABC Co. the sum of one thousand US dollars by installments.

第三章 国际结算中的单据

本章导读：

国际结算必须借助一定的载体，即单据来完成。本章介绍了国际结算中的主要单据：商业单据、运输单据、保险单据和官方单据，还介绍了相关单据的含义、特点、内容、应用等。

国际贸易结算的大多数交易都是以先交单再付款的结算方式进行的。不论是信用证还是托收，多数都是跟单信用证和跟单托收。当今最流行的国际保理业务等也是单据的买卖。由此可见，单据在国际结算与融资中是非常重要的，单据反映了交易的整体情况，体现了贸易当事人之间的契约关系，是出口商获取销售货款的重要前提，是银行办理国际结算业务的主要依据之一。

单据(Documents)是指交易过程的一系列证明文件，有的也是物权凭证，如有的单据是证明货物的产地、货物的质和量的；有的直接代表货物本身；有的则代表货币；还有的是为了承担货物在途中可能出现的风险等。单据的制作可以用复写、影印自动处理或计算机处理，如用这种方法制单时，要在单据上加注“正本”字样，将其作为正本单据。单据的签字，可以采用手签、传真、穿孔、印戳、符号或任何其他机械或电子证实的方法。副本单据不要求必须签字。从用途及单据反映的契约关系的角度划分，单据包括商业单据、官方单据、运输单据、保险单据及其他相关单据。在一笔国际有形贸易中，进出口商通常根据合同标的的性质及交易的具体条件，选择使用相关的单据。

基本概念：

商业单据(Commercial Documents)　商业发票(Commercial Invoice)　海运提单(Ocean Bill of Lading)　航空运单(Airway Bill)　铁路运单(Railway Bill)　多式联运提单(Multimodal Transport Document)　保险单(Insurance Policy)

第一节 商业单据

商业单据简称单据，是指国际贸易和国际结算中直接说明货物有关情况的商业凭证。

它通常是由出口商制作或取得后通过银行转交给进口商,交单是出口商履约的重要环节和内容。在现代国际结算中,出口商的交货是通过交单来完成的。

一、商业发票

出口贸易中,发票是卖方向买方发送货物或提供服务的凭证,是买卖双方收付货款和记账的凭证,是买卖双方报关纳税的凭证,也是卖方缮制其他出口单据的依据。买方一般通过信用证规定卖方提供某种类型的发票,未明确发票类型的,则一般指商业发票。

商业发票(Commercial Invoice)是出口商在发出货物时开立的凭以向进口商索取货款的价目清单。商业发票是货运单据的中心和装运货物的总说明,是出口商必须提供的基本单据之一。

(一)商业发票的形式和内容

商业发票没有统一的格式,一般由出口商自行设计使用,但商业发票的内容应能准确、无误地描述合同标的及交易细节。

1. 首文

首文(Heading)是指以下内容。

(1)发票的名称、编号、出具日期及地点。

(2)发票的出具人,一般为出口商。

(3)发票的抬头人,一般为进口商。

(4)合同或订单号码,由于发票上所载内容反映了出口商的履约状况,同时为便于进口商通过发票核实出口商交运的货物是否符合合同规定,因此,应在合同上注明合同或订单号码。

(5)货物的装运状况,包括运输工具及名称,装运港(地)、卸货港(地)及转运港(地)等。

2. 本文

本文(Body)是指以下内容。

(1)唛头:即运输标志,是承运人和收货人用于识别、运送及收取货物的重要标志。

(2)货物描述:通常列明货物的名称、质量、规格、尺寸、外观等项目。

(3)货物数量:须以恰当的计量单位和度量衡制度体现货物的数量,其描述须符合合同或信用证的规定。

(4)包装状况:关于货物包装状况的描述须符合合同或信用证的规定,并采用适合货物特性的包装形式及包装材料。

(5)贸易术语:所列贸易术语须符合合同或信用证的规定。

(6)单价与总额:单价即货物的单位价格,其表述应采用国际贸易货物单价的表示方法,即包括币种、单位价格、计量单位和贸易术语;总额即货物单价乘以货物数量的所得金额,通常即合同金额。

3. 结文

结文(Complementary Close)是商业发票的结尾部分,通常包括出口许可证号码、海关税则号、出口商签章(字)等。

(二)商业发票的作用

(1)卖方向买方发运货物或履约的证明文件。发票反映了合同标的的基本状况,详尽地描述了货物的名称、数量、规格、单价等状况,是反映出口商履约情况的主要书面证明。

(2)买卖双方的记账凭证,各国的企业均凭发票来记账。

(3)报关完税的依据。发票中关于货物的描述、货价、产地等是海关确定税额、税率的依据。

(4)可以代替汇票。在信用证不要求汇票(为免征印花税)的情况下,开证行就根据发票的金额来付款,因此,发票可代替汇票作为付款凭证。托收时,也有这种能代替汇票的发票。

(5)结汇单据中的中心单据。商业发票是基本单据,是交易和结算中不能缺少的,其他的单据均是按照发票来制作的。在信用证项下,确定各单据是否一致时,主要是看各种单据是否分别与发票一致,因此商业发票是银行重点审核的单据,它在全部单据中起着核心作用。

二、形式发票

形式发票也称预开发票,它是出口商在货物出运前向进口商开立的供其申请进口许可证和外汇的发票。

形式发票在外表上与商业发票的唯一差别是格式上有"形式"字样。它的作用是:一是作为交易的卖方向可能的买方报价的一种形式,即充当交易的发盘,以供进口商参考;二是在外汇管制较严的国家,买方要用形式发票来申请外汇及进口许可证。

形式发票不是表示债务的单证,出口商不能凭形式发票托收或在信用证下议付货款。但它具有合同的效力,有时比合同还重要。在某些国家,虽然有了买卖合同,但进口商必须有形式发票才可以申请开立信用证。如伊朗银行在开立信用证时,将形式发票直接附在信用证后作为信用证的一个组成部分。

形式发票上除必须写明抬头人、品名、数量、单价、总值、交货期、有效期外,还应当注明"此发票仅供商人申请进口许可证用,本交易以卖方最后确认为效",以此条款来约束进口商。

按照国际惯例,如果达成交易,出口商所开出的正式发票与成交前所开的形式发票应相符合。因此,国外来证中,有时加列一项条款,要求受益人在正式发票中加注书面声明,声明正式发票中的内容与形式发票相符。出口商开具形式发票要慎重,银行审核更须小心谨慎。

三、证实发票

证实发票是根据信用证的要求,在发票上加注一个声明证实商业发票的真实性的发票。通常会有如下的条款在发票上出现:"We hereby certify that goods to which this invoice relates are of... origin. And that the value stated is correct and true."即需要证明以下几项内容:货物符合某项合同或形式发票;货物是或不是某特定的国家所有;买方要求卖方在发票上加注的其内容真实的证明。一般用这样的证明文句“We hereby certify the contents of this invoice true and correct”(发票的内容是真实和正确的),并将“错误当查”(E. & O. E)划去。有的证实发票具有一定的格式,这种发票在向进口相关部门提供时,能作为货物清点时课征较低关税或免税必需的证明。

有时证实发票还需出口国家具体、独立的机构如商会等加以签证。若信用证没有规定由谁签证时,可由出口国商会在商业发票上盖章签字并加注证明文句做签证。商会签证的一般又叫做签证发票,有宣誓文字的又叫宣誓发票,但都属于证实发票之类。

在一般情况下,商业发票出票人自己加注证明文句或宣誓文句说明发票内容真实即可。

四、装箱单、重量单和尺码单

(一)装箱单

装箱单(Packing List)主要标明出口货物的包装形式、规格、数量、毛重、净重、体积等有关事项。装箱单一式几份,由买方提出,卖方按要求填制。

装箱单的内容,因货物不同而各异,但一般包括:合同号码,发票号码,唛头,货名及品质,容积及重量,进口商或收货人名称及地址,船名,目的地等。装箱单的内容应与实际货物包装一致,必须严格符合信用证规定。虽然包装说明、详细包装单等与装箱单内容基本一致,但必须按信用证要求办理,不得擅自变动。

信用证中对包装有特殊规定时,必须在装箱单中充分显示这些特殊规定,如信用证规定每打装一纸盒,每 20 个纸盒装一纸箱,装箱单就必须注明:“Packing: One dozen to a cardboard box and then 20 cardboard boxes to a carton.”

除此以外,装箱单的内容还必须与商业发票、领事发票、运输单据等结汇单据所列内容绝对一致,否则就会被视为“单单之间表面不符”而被银行拒收。

(二)重量单

重量单(Weight List),一般列明每件货物的毛重、净重,是对按装货重量成交的货物,在装运时由出口商向进口商提供的重量证明,它是出口方结汇、船公司计算运费,并证明出口商履约的依据。

这项单据一般由商检机构、公证行、重量鉴定人或丈量公司出具,其内容必须与信用证、发票、运输单据等相一致。

(三)尺码单

尺码单表示每个包装单位的容积,或用“长×宽×高”表示,或以“立方米”(m^3)表示货物体积。船公司可按重量或按容积计算,通常以高者作为计费标准,因此每批货运应该制作尺码单,算出货物容积,以便计费。

这三种单据并非在一次交易中都要用,一般根据进口方来证的要求而定,但它们都起着补充发票内容不足的作用,便于进口商在货物抵港后报关、验货和核对之用。因此,其内容要与发票及其他单据的内容一致。重量单应注意不能漏列箱(件)号数,重量单上的各箱(件)重量的总和应与总重量相一致,各单据上的总件数应与发票一样并与实际包装相符。

第二节 运输单据

国际货物运输是国际有形贸易中不可或缺的重要环节,货物能否完好无损地抵达进口国最终用户所在地,运输方式的选择和运输条件的确立极为关键。进出口商在进行谈判时,运输条件的磋商是一项重要内容。在这一过程中,运输单据发挥着极为重要的作用。运输单据(Transport Documents)是证明货物载运情况的单据,当出口商将货物交给承运人办理装运时,由承运人签发给出口商的证明文件,证明货物已发运或已装运上运输工具或已接受监管。由于运输方式不同,运输单据的种类有很多,主要有海洋运输单据,空运运输单据,公路、铁路运输单据,专递和邮寄单据和多式联运单据等。

一、海洋运输单据

(一)海运提单的定义和作用

1. 海运提单的定义

海运提单(Marine Bill of Lading/Ocean Bill of Lading,简称 B/L),它是承运人在收到货物或货物装船后签发给托运人、约定将该项货物运往目的地交予提单持有人的物权凭证。

《汉堡规则》的定义是:提单是指证明海上运输合同和货物由承运人接管或装载,以及承运人保证凭此交付货物的单据。

从以上定义中,可以看出:第一,提单由承运人签发,并在签发后交予托运人(可能是出口商,也可能是进口商);第二,承运人签发提单的时间是在接管货物或货物装船以后;第三,承运人保证将货物运到目的地交提单持有人。

2. 海运提单的作用

海运提单有三个方面的作用。

1)海运提单是货物收据

承运人签发提单后,表明他已经接管或收到了提单所列货物,并且货物已经装船或准备装船;托运人持有单据,表明他已经将提单货物交付给承运人。根据海运传统,承运人要对装船提单上描述的货物负责,并在目的地将提单上描述的货物交提单持有人。不过提单持有人的身份不同,其享有的权利是不同的。如果提单持有人是托运人,那么提单对他只是初步证据,即如果承运人有相反证据,就可推翻提单上的描述,这就意味着托运人不一定能完全得到提单货物。如果提单持有人是善意的受让人,那么提单就是终结性证据,承运人无权对受让人就提单上的记载提出抗辩,他一定要向受让人交出提单上描述的货物。

2)海运提单是运输合同证明

承运人之所以为托运人运送货物是因为他们之间订有运输合同,提单则是承运人和托运人履行运输合同的证明。不能把提单看成运输合同,因为:第一,在提单签发之前,双方已订有运输合同;第二,提单内容不是完整的合同内容;第三,如果提单记载的内容与事先约定(合同)的不一致,托运人可要求承运人赔偿损失。

3)海运提单是物权凭证

提单是代表货物所有权的凭证,或者说提单代表了货物。谁拥有和控制了提单,谁就拥有和控制了货物,因此承运人通常只是将货物交给提单持有人。不具有物权凭证性质的运输单据不能叫提单。只有包含海洋运输的运输单据才是物权凭证,只有具有物权凭证性质的单据才能叫提单,因此,海运、物权凭证、提单是三位一体的关系。

提单一般是可以转让的,转让提单的目的就是为了转让货物。

(二)海运提单的关系人

1. 承运人

承运人(Carrier)是指与托运人签订运输合同的关系人,根据具体情况可能是船舶所有人即船东,也可以是租船人,并不要求承运人一定拥有运输工具。

2. 托运人

托运人(Shipper/Consignor)是与承运人签订运输合同的关系人,根据不同的贸易条件,可能是发货人,也可能是收货人。FOB、CFR、CIF 等条件下,出口商是发货人、托运人;EXW 等条件下,进口商是托运人、收货人(也可以转让给他人)。

3. 收货人

收货人(Consignee)是提单的抬头人、持有人或记名提单载明的特定人。收货人一般是进口商。收货人在目的港凭提单向承运人提取货物。托收项下的提单,一般做成空白指示或托运人指示提单,由托运人背书后送交托收银行。信用证项下,必须严格按信用证规定缮制。

4. 被通知人

被通知人(Notify Party)是货物到达目的港时,船方发送到货通知的对象,可以是进口商自己或其代理人(如进口银行)等。

5. 受让人

受让人(Transferee or Assignee)是经过背书或交付转让接受提单的人,有向承运人要求提货的权利。只要抬头许可,提单是可以转让的。

6. 持单人

提单是物权凭证,可以转让。持单人(Holder)是经过正当手续持有提单的人,可凭单领取货物。持单人为收货人或单据受让人。

(三)海运提单的内容

海运提单的内容反映了货物的运输状况,涉及托运人、承运人、收货人多方面的权益和责任。尽管提单一般由各航运公司自行设计并印就,但为了避免和减少纠纷,提单的内容应明确、具体、详尽,并应符合国际惯例。根据国际海运实践,提单的内容一般包括以下内容。

1. 提单的正面记载

1)托运人填写部分

该部分由托运人在货物装运前,在从承运人处取回的空白提单上填写,主要包括:托运人、收货人或被通知人的名称和地址;承运人的名称、地址、电话、电报挂号等;提单号码;船名、船籍及船次;装运港和目的港;货物名称;装船件数、毛重、体积;运输标志;包装方式;全套正本提单份数等。

2)承运人或其代理人填写的部分

该部分由承运人在对托运人的实际装货情况进行核验后填写,主要有:运费交付状况,如列明运费已付(Freight prepaid)、运费待收(Freight to be collected)、运费在目的港支付(Freight payable at destination)等;提单签发的日期与地点;船公司的签章;船长及其代理人的签章;等等。

3)契约文句

契约文句即承运人关于接受委托承运货物的带有契约性质的若干声明,通常包括四方面的内容。

(1)收货(装船)条款:旨在表明船方已收到货物,或已将货物装载上船,如"上列外表状况良好的货物(另有说明除外),已装在船上,将运往目的港卸货"。

(2)内容不知悉条款:旨在表明船方不知货物状况,对托运人所填列的关于货物的重量、数量、包装等项目的正确与否,不负核对之责,如"重量、尺码、标志、件号、品质、内容和价值是提单上的托运人提供的,承运人概不知悉"。

(3)承认接受条款:用以声明只要托运人接受了提单即等同接受了提单上的一切记载,包括接受提单背面的印定条款、规定及免责事项等,如"托运人、收货人和本提单持有人兹明白表示接受并同意本提单和它背面所载的一切印刷、书写或打印的规定、免责事项和条件"。

(4)签署条款:旨在表明提单的份数及效力,如"兹证明以上各承运人或其代理人签发正本提单一式六份,其中一份凭以提货,其余各份即行失效"。

2. 提单的背面条款

提单背面的印就条款规定了承运人的义务、权利和责任豁免范围,是托运人与承运人处理争议时的重要依据。根据《跟单信用证统一惯例》的规定,银行在信用证业务中,不负责审核提单条款。

(四)海运提单的种类

根据不同的标准,提单可以分成不同的种类,不同种类的提单,其效力是不同的。

1. 按提单签发时货物是否已经装船区分

按照提单签发时货物是否已经装船分为已装船提单和备运提单。

1)已装船提单

已装船提单(Shipped B/L)是指轮船公司已将货物装上指定船舶后所签发的提单。提单上必须表明货物、货物所装船舶的船名、装船日期、船长或其代理人签字。

货物装载在船只上,可分为置于舱面(即甲板上,loaded on deck)与置于舱内(即甲板下,loaded under deck)。若在提单中载有 on deck、loaded on deck 或 stowed on deck 等批注,这类提单称为甲板货提单(On deck B/L),它表示货物装载于甲板上。一般收货人都不喜欢其货物置于甲板上,因甲板上之货物易遭雨淋水浸,或卷入海中等损失,比甲板下货物有较大的危险性,对买方不利。除非发货人同意,承运人将不属于甲板货(deck cargo)的普通货物装载于甲板上,以致发生毁损或灭失,必须承担赔偿责任。如果提单上载有上述批注,表示该项装载已获托运人同意。

《UCP600》规定,除非信用证另有规定,银行将接受下列运输单:如果是海运或多于一种运输方式但包括海运时,没有注明货物已装或将装于舱面的运输单据;或者是单据内有货物可能装于舱面的规定,但没有特别注明货物已装或待装舱面的运输单据。

因此,银行一般拒收正面写明货装舱面的提单,除非信用证另有规定。

2)备运提单

备运提单又称收讫待运提单,指船运公司已收到托运货物等待装运期间所签发的提单,提单上不写明装船日期和肯定的船名。

信用证一般规定提交装船提单,因此对备用提单银行一般不接受。

但如货物确已装上预定船舶,就可以对备用提单进行加注,使其成为装船提单,进而被银行接受。加注内容必须包括:已装船批注;承运人或其代理人签章;货物实际装船船名与起运港;装船日期。

2. 按承运人有无对货物外表状况的不良批注区分

按承运人有无对货物外表状况的不良批注可分为清洁提单和不清洁提单。

1)清洁提单

根据《UCP600》的规定,清洁提单是指不带有明确宣称货物及包装缺陷状况的条文或批注的运输单据,亦即指货物装船时"表面状况良好"。承运人对运输的全部货物承担责任。

2)不清洁提单

不清洁提单,又称"瑕疵提单",是指带有承运人附加的关于货物外表状况不良或包装不当或存在缺陷等批注的提单。承运人对不良包装下货物的损坏不承担责任。除非信用证另有规定,否则银行不接受不清洁提单。

但按国际航运公会规定,下列三种内容的批注不能视为"不清洁"。

(1)没有说明货物或包装不能令人满意,只是批注"旧包装""旧箱""旧桶"等。

(2)强调承运人对货物或包装性质所引起的风险不负责任。否认承运人知悉货物内容、重量、容积、质量或技术规格等。

(3)对于出口商通过出具保函而换取的"清洁提单",银行只负责单据表面的审核,并不考虑这种事实的合法性。

3. 按提单抬头与是否可以转让区分

按提单抬头与是否可以转让,提单可分为记名提单、不记名提单和指示提单。

1)记名提单

记名提单,又称收货人抬头提单,提单上的收货人栏内填明特定收货人名称,只能由特定收货人提货,不能转让。在贸易实务中很少使用记名提单,银行也不愿接受记名提单进行议付。

2)不记名提单

不记名提单,又称空白提单或来人提单,指提单收货人栏内没有指明任何收货人,仅填"BEARER"(来人)字样。此提单可转让并不需要任何背书手续,提单持有人凭单可以要求承运人交货。由于风险很大,不记名提单在贸易实务中很少使用。

3)指示提单

指示提单,指抬头带有“Order”(凭指示)字样的提单。指示抬头可分为记名指示和不记名指示。

记名指示如“to the order of...”,在信用证项下记名人可以规定为出口商、进口商、出口地银行或开证行。

不记名指示又称“空白抬头”,如“to order”,由托运人背书后可转让。

指示提单的转让必须背书,提单背书可以是空白背书也可以是记名背书,记名背书的指示文句中不用“PAY”而用“DELIVER”。在实际业务中使用得最多的是不记名指示并经空白背书的提单,习惯称为“空白抬头、空白背书提单”。

4. 按运输过程是否转换运输工具或转换船只区分

按运输过程是否转换运输工具或转换船只,可分为直达提单、转船提单、联运提单和运输行提单。

1)直达提单

直达提单,是承运人或代理人签发的货物在启运港装船后直接运抵目的港卸货的提单。直达提单内只有装运港和目的港,没有“途中转船”等批语。

信用证内若明确表明不准转船,则收益人要求议付时必须提供直达提单。

2)转船提单

转船提单,指船舶在装运港载货后,不直接驶往目的港,而在中途港口转船,把货物转运目的港的提单。转船提单由第一承运人签发,还注明“转船”或“在……港转船”字样,一般在提单正面货名栏下端或目的港栏加注:“With transshipment at... into...”。

对于转运和转船提单,《UCP600》规定:“转运系指根据信用证的规定,在装运港到卸货港的海运过程中,货物从一船卸下并再装上另一船。”“除非信用证条款禁止转运,银行将接受注明货物将转运的提单,只要这一提单包括了海运全程运输。”

即使信用证禁止转运,银行将接受下列单据。

(1)注明了将发生转运的提单,条件为提单证实有关货物已由集装箱、拖车或子母船运输,并且同一提单包括海运全程运输。

(2)含有承运人保留转运权利条款的提单。

3)联运提单

联运提单是指经过海运和其他运输方式联合运输时由第一承运人(海运承运人)签发的包括全程运输的提单。货物到达转运港后,由第一承运人代货主将货物交予下一段航程的承运人,继续运往最终目的地。各承运人的责任只限于其本身负责的航程。

联运的特点如下。

(1)性质上属于海运,但包含两段及两段以上运输且第一段为海运。

(2)第一承运人签发包括全程的提单。同时收取全程费用,代货主安排以后的运输。

(3)各承运人只对本身负责的运输段负责。

联运提单包括转船提单,转船提单属于联运提单中海海联运提单。由首先接到交运货物的轮船公司签发的海陆/海河/海空联运提单,属于已装运提单性质,如信用证未规定是否准许转运时,银行可以接受此种联运提单。

4)运输行提单

运输行提单是运输行以承运人身份签发的运输单据。运输行自身一般没有运输工具。

过去运输行只是替货主代办托运、代为报关提货的机构。运输行给托运人签发运输单据，一般是说明运输行将根据约定将货物发运到目的地的货物收据。运输行只对货物在其管辖时发生灭失负责，当货物交由承运人管辖时责任即告免除。

现在，运输行可以独立签发运输单据，对运输行发出的运输单据，《UCP600》规定："除非信用证另有授权，银行仅接受运输行出具的下列运输单据：注明了作为承运人或多式联运承运人的运输行的名称，并由作为承运人或多式联运承运人的运输行签字或以其他方式证实的运输单据；注明了承运人或多式联运承运人的名称并由作为承运人或多式联运承运人的具名代理或代表的运输行签字或以其他方式证实的运输单据。"

5. 按船舶营运方式不同区分

按船舶营运方式不同可分为班轮提单和租船提单。

1)班轮提单

班轮提单，是指由班轮公司承运货物后所签发给托运人的提单。如果信用证中在价格条件后加注了班轮条件，则受益人必须提交班轮提单给银行才能收汇。

各班轮公司提供的班轮提单内容基本一致，都包括正面内容和背面条款。背面条款是印定的运输条款，一般都以《海牙规则》作为依据，以此来明确承运人和托运人之间、承运人和收货人及持单人之间的权利和义务。托运人只要接受班轮提单，就表明他同意接受背面印定条款，也就证明两者之间运输合约宣告成立。

正面内容和背面条款都齐全的提单称为全式提单。

略式班轮提单保留了全式班轮提单正面的全部内容，而略去背面条款，或仅摘其中重要条款扼要列出，加注"本提单货物的收受、保管、运输、运费等事项，均按本公司全式班轮提单的正面、背面的铅印、手写印章和打字等书面的条款和例外条款办理"等内容。

根据惯例，银行既接受全式提单，也接受略式提单。

2)租船提单

租船提单，指承运人根据租船合约签发的提单。这种提单通常是简式提单，提单上不列详细条款，只列货名、数量、船名、装卸港口等，并批注"运费及其他条件依照租船合约办理"，由于这种提单要受租船合约的约束，所以不是一个完整的文件。

银行或买方在接受租船提单时，通常要求卖方提供租船合约的副本。

6. 按运费的支付方式区分

按运费支付方式可分为运费预付提单和运费到付提单。

(1)运费预付提单：在提单上注明了运费"预付"字样。

(2)运费到付提单：提单上注明"运费到付"的字样。

7. 按提单的时间性区分

按提单的时间性可区分为正常提单(Current B/L)、过期提单(Stale B/L)、预借提单(Advanced B/L)和倒签提单(Ante-Dated B/L)。

1)正常提单

正常提单是指在信用证规定的交单期内提交给银行议付货款的提单。在采用信用证方式支付货款时，银行通常规定一个最迟提交单据的期限，受益人不能误期。如果信用证未规定交单期，必须在提单签发后 21 天内提交给银行，这时提交的单据属于正常提单。

2）过期提单

关于过期提单有两种说法：一种是指晚于货物到达目的港的提单；另一种是指超过提单签发日期 21 天后向银行交付的提单。这两种情况下的提单，都叫过期提单。前一种情况在近洋运输中经常出现，为了使这种过期提单能被接受，故在买卖合同和信用证中应规定“过期提单可以接受”的条款。后一种情况是可以避免的，因此，《跟单信用证统一惯例》规定，如信用证未规定向银行交单的特定期限，银行将拒受迟于出单日期 21 天后提交的单据。

3）预借提单

预借提单是指货物在装船前或装船完毕以前，托运人为及时结汇，向承运人预先借用的提单。船公司签发提单的日期理应是货物全部装船完毕，也就是大副出具收据的那一天，这是一项很严肃的法律行为。因此，预借提单是一种违法的做法。

4）倒签提单

倒签提单是指承运人签发提单时，倒填签发日期的一种提单。由于货物实际装船日期晚于信用证上规定的日期，如按实情签发提单，势必不能结汇。为使提单日期与合同规定的装运期限相符，承运人应托运人的请求，按信用证规定的装运日期签发提单，这种做法与预借提单一样属于欺骗行为，是一种违法的做法，对于托运人和承运人来说都有很大风险。

（五）管辖海运提单的国际公约

为确定承运人的责任范围，保障货主的利益，从 20 世纪 20 年代起，开始了对提单的统一立法。迄今为止，先后产生了 3 个管辖提单的国际公约。

1.《海牙规则》

《海牙规则》（*The Hague Rules*）全称是《统一有关提单的若干法律规则的国际公约》（*International Convention for the Unification of Certain Rules Relating to Bills of Lading*），是世界上最早制定的有关提单的国际规则。由于该公约草案于 1921 年在荷兰海牙通过，故称《海牙规则》。1924 年，欧美 26 个主要航运国家在布鲁塞尔通过该公约，1931 年 6 月《海牙规则》正式生效。现有 80 多个国家或地区承认并采用了该公约。我国也于 1981 年承认了该公约。

《海牙规则》规定了承运人的最低责任限度，它的产生在一定程度上改变了提单条款完全由船方任意规定、货方的利益完全没有保障的状况，使提单下货方的利益在一定程度上获得了一些安全保障，同时使各国的提单内容基本趋于一致。

2.《维斯比规则》

《维斯比规则》（或《布鲁塞尔议定书》）的全称是《修改统一提单若干法律规则的国际公约的议定书》。《维斯比规则》并未对《海牙规则》的基本原则做出实质性修改，只是提高了货物损害赔偿的最高限额，明确了集装箱和托盘运输中计算赔偿数量的单位，扩大了公约的适用范围。

《维斯比规则》是一些保守的海运国家为了阻碍根本性地修改《海牙规则》的产物，该公约于 1977 年 6 月生效，仅获得 10 多个国家的承认。

3.《汉堡规则》

由于《海牙规则》过于偏向承运人的利益,发展中国家和地区积极主张对其进行全面实质性的修改,同时,由于海洋运输技术的迅速发展和集装箱运输的广泛使用,《海牙规则》的某些规定已不合时宜。因此,联合国国际贸易法委员会经过多次讨论和修改,于 1976 年 5 月草拟了《海上货物运输公约草案》,随后于 1978 年 3 月在汉堡召开的有 78 个国家参加的全权代表大会上,正式通过了这个公约,定名为《1978 年联合国海上货物运输公约》(U. N. *Convention on the Carriage of Goods by Sea,1978*),简称《汉堡规则》(*Hamburg Rules*)。该公约已于 1992 年 11 月正式生效。

《汉堡规则》的积极作用在于将《海牙规则》中偏袒承运人利益的 17 项免责条款全部废除,以及对承运人的责任期间、赔偿责任、责任限度等作了重大调整和修改。该规则在较大程度上保护了货方的利益,使船、货双方的权利和义务基本对等。

(六)银行审核提单的要点

银行在审核提单时,应着重注意以下几方面的问题。

1. 提单与信用证是否相符

提单正面记载的基本内容必须逐项审核,必须与信用证规定相一致,信用证内没有规定的,以《UCP600》为标准,而且还必须符合国际标准银行惯例。《UCP600》未尽事宜,则以有关国际公约为标准,但不得与《UCP600》的原则相抵触。

2. 提单与其他单据是否相符

提单正面记载的基本内容,不得多填、漏填,还必须与汇票、发票、保单、装箱单等相同的内容完全一致。

3. 提单的性质

提单上批注的内容必须符合信用证规定,如已装船("Shipped"或"On Board")、运费支付情况、货物及包装外表良好等。对于不符合信用证规定的批注或是"不清洁"提单,银行拒绝接受。只有在信用证不禁止租船提单时,银行才接受租船提单。

4. 签字、盖章

若信用证规定了手签的,必须是手签,不得以其他方式代替,凡需背书的提单,背书不能遗漏。

5. 交单日期与提单份数

交单日期与提单份数应与信用证相符,或符合有关规定。如果是过期提单,银行不应该接受。

二、陆运单据

(一)铁路运单

1. 铁路运单的定义

铁路运单(Railway Bill)是国际铁路运输中使用的单据,是由铁路承运人或其代理人签发的证明托运人与承运人运输合约的凭证。铁路运输也是现代运输业的主要方式之一,与其他运输方式比较,具有运量大、速度快、受气候自然条件影响小、安全可靠、运输成本低等优点。因此,在国际货物运输中,铁路运输成为仅次于海洋运输的主要运输方式,海洋运输的进出口货物,也大多是靠铁路运输进行货物的集中和分散的。

铁路运输可分为国际铁路运输和国内铁路运输两种,但在国际贸易中,铁路运输主要是以联运方式进行的。国际铁路货物联运是指在两个或两个以上国家铁路运送中,使用一份运送单据,并以连带责任办理货物的全程运送,在由一国铁路向另一国铁路移交货物时,无须发、收货人参加的运输方式。根据发货人托运的货物数量、性质、状态、体积等条件,国际铁路货物联运的种别包括整车、零担和大吨位集装箱。根据《国际货协》的规定:凡按一份运单托运的一批货物,按其体积或种类,需要单独车辆运送的,作为整车货物;凡按一份运单托运的一批货物,质量不超过 5 000 千克,且按其体积或种类又不需单独车辆运送的,作为零担货物;大吨位集装箱是指按一张运单办理的用大吨位集装箱运送的货物或空的大吨位集装箱。

2. 关于国际铁路货物联运的国际公约

国际铁路货物联运具有国际性。采用国际铁路货物联运,有关当事国事先必须要有书面协定。目前,调整国际铁路货物联运的国际公约有两个,即《国际货约》与《国际货协》。

《国际货约》(CIM),全称是《国际铁路货物运送公约》,它是 1890 年欧洲各国在瑞士首都伯尔尼举行的各国铁路代表大会上制定的,后经多次修改,于 1938 年 10 月 1 日生效。目前参加该公约的国家有德国、奥地利、比利时、丹麦、西班牙、法国、希腊、意大利、列支敦士登、卢森堡、挪威、荷兰、葡萄牙、英国、瑞典、瑞士、土耳其、芬兰、爱尔兰、伊朗、伊拉克、叙利亚、黎巴嫩、突尼斯、阿尔及利亚、摩洛哥、阿尔巴尼亚、保加利亚、匈牙利、波兰、罗马尼亚等。

《国际货协》(CMIC),全称是《国际铁路货物联运协定》,它是由苏联、波兰、匈牙利、罗马尼亚等 8 个东欧国家于 1951 年签订的,1954 年 1 月 1 日,中国、朝鲜、蒙古参加了该协定,越南于 1956 年 5 月 1 日随后加入,目前,欧亚大陆共有 12 个国家参加了《国际货协》。

《国际货协》与《国际货约》均规定可发往任何一个参加国的任何一个铁路车,并可办理不同国家间的铁路联运,而只需办理一次托运手续,使用一份运输单据,由一国铁路部门向另一国铁路部门移交货物。

3. 铁路运单种类和内容

1)国际铁路联运单

该单由发货人在托运货物时填写,通常一式数份,签字后交货物发运站,由其加盖戳记。国际铁路联运单的正本随货物从始发站到目的站逐段转送,直至目的地作为收货人的提货通知。国际铁路联运单只是运输合约的证明和货物的收据,不是物权凭证,因此,其只能做成记名抬头式,即同航空运单一样,一律记名,不得转让。以《国际货协》为例,铁路运单的主要内容有:当事人名称、地址,开立日期,托运站与收货站,货物的品名、件数及毛重,运费及支付情况,发货人与承运人签字等。运单由五联组成。

(1)第一联为运单正本。它记载了货物全程的费用,以便收货人了解或支付有关的部分。运单正本随货物自始发站到收货站,在收货人付清运单上所记载的应付费用后,连同货物到达通知单(第五联)和货物一起交给收货人。

(2)第二联为运行报单。它是参加联运的各铁路部门办理货物交接、划分责任、确定费用负担等的原始证据。

(3)第三联为运单副本。由承运人在始发站加盖承运日期戳记后交给托运人。托运人凭此向银行办理结汇、变更运输要求,以及在货物和运单全部灭失时凭此提出索赔要求。

(4)第四联为货物交付清单。作为货物已交付收货人的凭证,它随同货物至到达站,并留存在到达站。

(5)第五联为货物到达通知单。它随同货物至到达站,并同运单正本一起交给收货人。

2)承运货物收据

该收据是由承运人(中国对外贸易运输公司)签发的、出口商凭以结汇的铁路运输单据,通常使用在我国港、澳地区出口货物的铁路运输业务中。此外,承运货物收据还可用于公路、航空等其他运输方式。承运货物收据具有类似海运提单的三项作用:承运人的货物收据,承运人运输契约的证明,以及货物的所有权凭证。

承运货物收据的主要内容有:承运人的名称;承运收据的中、英文名称;编号、发票号码、合同号码;关系人的名称和地址;起运地及过境地和目的地;签发日期、装运日期;车号、唛头、件数、货名、大写件数;运费支付地点、提货地点;货运代理名称、签字盖章、押汇银行签收、承运简章(背面)等。

(二)公路运单

公路运单(Roadway Bill)是利用汽车运输时,由承运人或代理人签发的,作为收到货物的收据和运输合同的证明。汽车运输主要用于货物的集港和疏港运输、边境公路的过境运输等,具有灵活、简便、快捷、直达的特点,能深入偏远的地区。但运量有限,费用较高。

公路运单一式四联,第一联为托运单,第二联为承运单,第三联为车辆调配单,第四联为结算统一账单。

有关公路运输的公约是《国际公路货物运输合同公约》,简称 CMR,它是 1956 年在日内瓦由欧洲 17 个国家一致通过签订的。该公约规定了适用范围、承运人责任、合同的签订与履行、索赔和诉讼等。按 CMR 规定签发的公路运单,是为国际上接受和认可的不可转让的运输单据,它适用于由公路运送货物经过或到达 CMR 的会员国家。对于公路运输,还有一个协定,即《依据 TIR 手册进行国际货物运输的有关关税的协定》,TIR 是《国际公路车辆运输规定》(Transport International Routine)的简称。根据规定,对运输集装箱的公路运输承运人,如持有 TIR 手册,允许由发运地到目的地,在海关铅封下,中途不受检查,不支付关税,也可不提供押金。

三、空运运输单据

空运运输单据是空运时使用的单据。它是由承运人或其代理人根据运输合同签发给托运人的,表明接受了特定的货物并将经航空运至目的地的单据。航空运输是一种现代的运输方式,与海洋、陆地运输相比,具有速度快、货物周转时间短、途中受损率小的优点,但运量小、费用高,并要受气候条件的影响,因此,比较适合于易损货物、贵重商品、急需物资及鲜活商品的运输。在第二次世界大战前,主要用于价值高、体积小的商品,如钻石、黄金、工艺品等。二战后,空运费逐渐降低,空运的商品越来越多。

(一)空运运输单据的作用

空运运输单据(简称空运单据)是航空公司或其代理人承认收到货物,并负责将其运至指定目的地并交与收货人的证明。

空运单据的作用主要体现在以下几方面。

(1)作为承运人与托运人之间订立运输合同的证明。

(2)作为承运人向托运人出具的货物收据。货物发运后,承运人或其代理人将空运单的一份正本送发货人,作为承运人已接受货物的证明和货物的收据。

(3)作为航空运费的账单及报关的基本单据之一。

(4)作为投保的依据。在发货人办理货物保险,或经发货人要求由承运人为货物保险时,空运单则是货物投保的依据。

(5)作为议付单据。它是受益人向有关银行证明货物已按信用证要求交付的凭据。在信用证项下,受益人须向议付行提交空运单作为议付的单据之一。

由此可见,空运单与海运提单的根本区别在于:一是空运单是收货凭证而不是提货凭证,空运提货不以交出运单为条件,而是承运人直接通知空运单上的收货人签字提货;二是空运单是货物已装运的证明,而不是物权的凭证,故不能背书转让,是不可转让单据,所以有些航空公司在空运单上特别表明“Not negotiable”。

(二)空运运输单据的种类

目前,国际航空运输组织主要有:国际民用航空组织(International Civil Air Organization,ICAO),成立于 1947 年 4 月 4 日,是联合国所属专门机构之一,也是政府间的国际航空机构,总部在加拿大的蒙特利尔;国际航空运输协会(International Air Transport Association,IATA),于 1945 年 4 月在哈瓦那成立,它是各国航空运输企业的联合组织,会员必须是国际民用航空组织成员国的空运企业;运输代理行国际联合会。根据空运组织的不同,空运单据有航空运单和分行空运单两种。

1. 航空运单

航空运单(Air WayBill,AWB)在航空货运界又称为总运单(Master Air WayBill)是航空公司签发的空运单据。按照 IATA 的规定,这种空运单一式 12 份,其中第 1~3 联为正本,第一联正本注明“Original 1(For the Carrier)”,由托运人签字后,承运人自己留存;第二联正本注明“Original 2(For the Consignee)”,由承运人和托运人双方签字,航空公司随即交给收货人;第三联正本注明“Original 3(For the Shipper)”,由承运人在接受货物后签字,交给托运人,作为接收货物的证明。其余第 4~9 联为副本,由航空公司按规定或根据需要分发,分别用于中转、报关、财务、结算等环节。第 10~12 联为附加副本,在必要时使用。如果信用证要求受益人提交航空运单,则只能是第三联正本,因为作为托运人只能得到这一张。

由于航空运单不是物权凭证,在信用证下,为了掌握货权,开证行可以要求自己作为收货人。

2. 分行空运单

分行空运单(House Air WayBill,HAWB)即运输代理行运单,又称分运单,是航空代理货运公司在办理航空货物集中托运业务时向货主签发的空运单据。供运输行办理集中托运、联运等运输时使用,航空代理货运公司将不同托运人的货物合并成一整批后交给航空公司。由于航空货运代理公司以承运人身份签发运输单据的有效性已被普遍承认,所以分行空运单的作用和航空公司的空运单是一样的。

(三)航空运单的内容

航空运单的正面通常列有号码、航线、日期,货物名称、数量、包装、价值,收货人名称与地址,发货人名称与地址,运杂费等项目;背面则印有关于托运人与承运人双方责任、权利和义务等的规章条款。

需要说明的有以下两点。

(1)空运单上要表明货物收妥待运。当信用证要求实际起运日时,应另作批注,该批注日就是装运日。空运单上"for carrier use only"一栏中注明的飞行日期和航班号不能作为实际起运日的批注。但不要求实际起运日时,则空运单上的签发日就是起运日,不必再批注。空运单还要表明信用证规定的起运机场和目的地机场。

(2)空运单上表明的转运是指从一架飞机卸下再装上另一架飞机。因为不是每个地方都有国际航班,有时需从内陆机场转到国际机场。即使信用证禁止转运,银行也将接受表明货物将被转运的空运单,条件是同一空运单包括运输全程。

四、专递收据和邮寄收据

专递收据和邮寄收据(Courier Receipt and Post Receipt)是快递公司和邮局签发给寄件人的寄件收据,也是双方邮寄合同的证明。邮政运输具有广泛的国际性,因其运输过程一般需要经过两个或两个以上国家的邮局和两种或两种以上的运输方式的联合作业才能完成,但托运人只须向邮局办理一次性手续,邮件的运送、交接、保管、传递等均由各国的邮局负责办理,托运人无须自己办理,邮件到达目的地后,收件人可在当地就近邮局提取邮件,对托运人和收件人极为方便。但这种运输只适用于少量的物品,且邮件的外观尺寸、重量等都有限制。

同航空运单一样,邮寄收据也不是物权凭证,不能凭以提货。货物是直接按地址投送给收货人,或另发通知书由收货人去邮局领取,一般不通过银行。因国外的邮政部门不太愿意保存以银行为收货人的邮包,而银行本身也往往没有合适的储藏场所。

专递收据和邮寄收据通常包括下列内容。

(1)邮局的印章。邮戳上的日期即是装运日期。如果是快邮,则要注明快递公司的名称,收货日就是装运日。

(2)邮局审核人员的签字。

(3)邮包上表示的收件人的姓名和地址。

(4)与其他单据一致的装运唛头和件数。

(5)已付邮资。

(6)寄送人姓名和地址。

由于每个邮包的装货量有限,发件人一次往往要寄好多包裹,在同地同一天邮出的邮包作为同一批。

我国虽然不是邮政联盟的成员，但与世界上大多数国家有双边邮政协定，中国邮局受理国际包裹邮寄业务的委托。我国经营专递（快递）的公司有：国际特快专递（EMS）、DHL（DHL Carrier Service）、UPS（United Parcel Service）、OCS（Overseas Carrier Service）等。

五、集装箱提单

集装箱提单（Container B/L）指根据集装箱运输方式订立运输合同而签发的提单。集装箱运输是将一定数量的单件货物装入特制的标准规格的集装箱内，以集装箱为运送单位而进行的运输。与传统的散货运输相比，集装箱运输具有运量大、成本低、效率高、节省货物包装费用、防止货损货差、缩短货物装卸及船舶停泊时间的明显优势，已成为国际货物运输的主要手段。

集装箱运输，尤其是海运集装箱，目前已成为全世界普遍采用的一种重要的运输方式。以集装箱为媒介，能够连接各种运输方式，进行大量、快速、廉价、安全的连贯运输，可以产生多方面的运输经济效果，这不仅对于运输本身，而且对于与运输有关的国际贸易、金融、法律和惯例、海关监管等方面的理论与实务也带来了很大影响。集装箱运输被认为是“运输领域里的一次革命”。

集装箱运输有两种方式：一种是使用 FOB、CFR、CIF 贸易术语实行“港港交货”，这是传统的运输交货方式；另一种是使用 FCA、CIP、CPT 贸易术语，实行“门到门”的运输交货方式。现在，国际贸易中普遍使用后一种方式，因为它能给发货人和收货人带来诸多便利。

在集装箱运输中，如果同一货主运往同一目的地的货物，能装满一个集装箱的，由货主自行将货物装箱，称为整箱货（Full Container Load，FCL），然后运往集装箱堆场（Container Yard，CY）交给承运人，采用此种运输方式时，提单上往往要注明“FCL”字样。如果货主的货物不足一个集装箱，可将货物运至集装箱货运站（Container Freight Station，CFS），由承运人将货物与其他运往同一目的地货主的货共同拼成一个集装箱，称为拼箱货（Less than a Full Container Load，LCL），待装满箱后运往集装箱堆场发运。采用拼箱时，提单上往往要注明“LCL”字样。集装箱运输多实行门到门（Door to Door）服务，即发货人在自己的仓库、工厂等处交出货物托运，承运人则通过海陆或加上其他运输方式，一直负责把货物运到收货人的仓库或工厂为止。

集装箱提单具有如下特点。

（1）由于承运人多在内陆地区收取货物后即签发提单，故集装箱提单多属于收讫待运提单。但当货物装载上船后，承运人可根据事实在提单上加注“Shipped on board”字样，即使其由收讫待运提单转化为已装船提单。

（2）由于集装箱运输采用专用集装箱货轮，有相当数量的集装箱需装载在舱面甲板之上，若货物因此而发生灭失或损坏，承运人不负有责任。所以，集装箱提单背面通常印有舱面装货的选择条款，用以明确这一责任事项。

（3）由于集装箱运输多从内陆地区即开始起运，故集装箱运输提单的承运人所承担的责任风险随之扩大。

世界各大船公司都有自己的集装箱提单格式。20 世纪 90 年代，集装箱船呈现联营趋势,一些船公司联营后统一使用一种提单,托运人可以任意选择其中一家船公司承运,由该公司签发提单,也有联营后仍各自使用自己提单的。一些公司联营后都使用标准集装箱船,这些船不是由一家公司揽载,而是由几家公司同时揽载的,各公司将自己的集装箱同交一条船承运。因而,有几个国家、几个船公司共用一种格式提单的,也有同一条船用不同格式提单的。普通提单也可以用于集装箱运输,但承运人须在提单上说明货装集装箱。凡声明货装集装箱的提单即为集装箱提单。

六、国际多式联运单据

多式联运单据(Multimodal Transport Document,MTD)由多式联运经营人签发,证明多式联运合同、联运经营人接管货物并按合同条款妥善交付货物,以及在货物的运输过程中负担一种以上运输方式的全程运输责任的一种货运单据,又称联合运输单据(Combined Transport Document)。

多式联运单据的作用:是多式联运经营人已经收到并接管货物的货物收据;是多式联运合同的证明;若多式联运单据做成不记名抬头或指示性抬头时,其便构成了物权凭证;是多式联运业务货物交接时,表明货物数量、品质、外观状况的重要凭证;是托运人向银行办理结汇的重要凭证。

多式联运是随着集装箱运输的推广而发展起来的一种综合运输方式。使用集装箱运输,货物起运地到目的地常常要使用一种以上的运输工具,如果在使用每一种运输方式时,都要出具一份相应的运输单据,不仅手续复杂,而且各个承运人的责任也难以划分,为适应这种运输方式,产生了这种包括全程的运输单据——多式联运单据。签发此单据的人称为联运经营人(Combined Transport Operator,CTO),他一般不掌握运输工具,他一方面以承运人的身份向货主揽货,另一方面又以托运人的身份向实际承运人托运。对托运人来说,它是总承运人,负责完成全程运输并负责赔偿货物在运输过程中发生的灭失和损坏。所以多式联运单据的特点如下。

(1)一张单据。即全程运输只要一份运输单据。

(2)一人签发。只由多式联运经营人签发,而不需要每个承运人签发。

(3)一个多式联运航程。尽管需要几种运输方式、使用几种运输工具,将货物从一个国家运送到另一个国家,但只作为一个航程对待。

(4)一人负责整个航程的完成。即由多式联运经营人负责自收货地到交货地的运输。

(5)一人负责灭失与损坏。即由多式联运经营人负责在运输过程中的灭失与损坏。

国际多式联运(International Multimodal Transport)是在集装箱运输方式基础上发展起来的一种新型的运输方式,它把过去陆、海、空、公路、江河等互不关联的单一运输有机地结合起来,完成一笔进口或出口货物在国际间的运输。具体做法是由多式联运经营人(Multimodal Transport Operator,MTO)根据多式联运合同以至少两种不同的运输方式将货物从一国境内的接管地点运至另一国境内指定的交付地点。

国际多式联运的主要特点是:不管路途多远、运程中手续多么复杂,货主只办理一次托运,支付一笔运费,取得一张联运单据,如货物在运输途中发生货损或灭失这类问题,只找一头解决,也就是说多式联运经营人(或称之为承运人)对全程运输总负责。这种运输方式具有手续简便、安全准确、运输迅速、节省包装等优点,是目前国际上许多国家广泛采用的运输方式。

第三节　保险单据

由于长距离的运输、多次装卸、存储、运输工具发生意外事故等原因,货物在跨越国界的转移中,很有可能遭遇自然灾害和各种外来风险,并由此造成货物的灭失或损坏。为了保障货物安全,货主通常需要投保运输货物保险,一旦货物在运输途中发生约定范围内的损失,可向保险公司索赔,从而获得经济上的补偿。长期的实践表明,保险作为一种有效的风险转嫁手段,在国际贸易中发挥着不可或缺的重要作用。

根据运输方式的不同,国际运输货物保险划分为不同的货物保险类型,如有海上运输货物保险、陆上运输货物保险、航空运输货物保险、邮政运输货物保险及多式联运保险等。投保人可根据选用的运货方式及合同或信用证的规定,选择投保适用的货运保险。当投保人投保了某一种类的货运保险并缴纳保费以后,保险公司将向其出具保险单据,保险单据对投保人、保险人及被保险人均具有重要的经济与法律意义。

一、海上运输货物保险

(一)海上风险

根据《1906 年英国海上保险法》的解释,海上风险是指由航海为起因或随附着航海而发生的风险,其范围包括:海上所固有的危险、火灾、战争危险,海盗、劫持者、船员的恶意行为等造成的危险。中国人民保险公司 1981 年修订的《海洋运输货物保险条款》规定,海上风险主要分两类,即一般海上风险和外来风险。

1. 一般海上风险

一般海上风险仅指自然灾害和意外事故,不包括海上的一切危险。

1)自然灾害

自然灾害(Natual Calamities)是指由非常的自然力量,如恶劣气候、暴风雨、雷电、海啸、洪水、地震等所造成的灾害。

2)意外事故。

意外事故(Fortuitous Accidents)是指非意料之中的原因或不可抗拒的原因,如搁浅、触礁、碰撞、沉没等造成的事故。

2. 外来风险

外来风险是指外来原因引起的损失。根据造成损失的严重程度不同,外来风险又可分为以下两种。

1)一般外来风险

一般外来风险是一般外来原因所导致的风险,主要包括偷窃、雨淋(淡水)、短量、破碎、渗漏、受潮受热、玷污、串味、包装破裂、钩损、锈损等。这些风险属于运输过程中如在装卸、储运、操作等阶段中发生的意外事故。

2)特殊外来风险

特殊外来风险是指货物在运输过程中遭受政治因素、战争、敌对行为、罢工、进口国拒绝进口以及拒绝提货等特殊外来因素的影响而产生的风险。

(二)海上损失

海上损失按照损失的程度划分,有全部损失和部分损失两种。

1. 全部损失

全部损失(Total Loss)又称全损,它又可以区分为实际全损和推定全损两种形式。

1)实际全损

实际全损(Actual Total Loss)又称绝对全损,构成被保险货物的实际全损主要有以下四种情况。

第一,被保险货物的实体已经完全灭失。例如,货物被大火全部焚毁。

第二,被保险货物遭到严重损害,已丧失了原有的用途和价值。例如,水泥被海水浸泡成硬块。

第三,被保险人对保险货物的所有权无可挽回地被完全剥夺。例如,船货被海盗劫持,货物被敌国扣押等。

第四,载货船舶失踪,已达到一定期限。按我国《海商法》的规定,船舶失踪 2 个月即可视为全损。

2)推定全损

推定全损(Constructive Total Loss)又称商业全损,是指被保险的货物在海上运输中遭遇承保风险后,虽然还没有达到完全灭失的程度,但是可以预见到它的全部损失将不可避免;或者为了避免全损,需要支付的恢复费用加上继续将货物运抵目的地的费用已超过保险价值。

在推定全损状况下,被保险人获得的补偿情况有两种:一种是获得部分补偿;另一种是获得全部补偿。如果被保险人想要获得全部损失的补偿,必须办理委付(abandonment)手续,将被保险的货物无条件地委付给保险人(即保险公司)。委付是指被保险人在保险标的处于推定全损状态时,提出书面申请,愿将保险标的一切权益包括财产权以及由此而产生的权利与义务转让给保险人,而要求保险人按全部损失给予赔偿的行为。

2. 部分损失

部分损失(Partial Loss)是指被保险货物的损失没有达到全部毁损或灭失的程度,又称分损。部分损失按性质的不同可区分为共同海损和单独海损。

1)共同海损

共同海损(General Average,G. A.)是指载货船舶在航运途中遇到危难,威胁到船、货等各方面的共同安全,船方为了维护船、货的共同安全,或者为了使航程能够完成,有意地、合理地采取挽救措施所做出的一些特殊牺牲或支出的额外费用。

共同海损牺牲范围内的牺牲及特殊费用,均可通过共同海损的理算,由有关获救的船方、货方、运费收入方按获救价值比例分摊。如保险人承保了共同海损赔偿责任,被保险人可根据保险条款的规定,从保险人处获得相应的赔偿。

共同海损成立必须具备以下条件：

第一，危险必须是确实存在或不可避免的，不是主观臆断的。

第二，危险必须危及到船、货的共同安全。

第三，挽救措施必须是有意采取的而且是合理的。

第四，损失和费用必须是特殊性质或额外的。

第五，牺牲或费用的支出必须有效果。

第六，牺牲或费用的支出必须是共同海损行为造成的直接后果，不包括间接损失。

以上六个条件必须同时具备，缺一不可，否则不能构成共同海损。

2）单独海损

单独海损（Particular Average）是指被保险货物受损后，尚未达到全损的程度，且这种损失不属于共同海损，由各受损者单独承担的损失。单独海损纯粹是偶然性的意外事故所致，并无人为因素在内。单独海损只涉及受损船舶或货物所有人的自身利益，并不涉及船、货、运费收入方的共同利益。

（三）海上费用

海上运输中被保险的货物在遭遇保险责任内的风险时，除使保险标的毁损外，还会产生一些费用损失，这些费用损失仍由保险人负责赔偿，主要有施救费用、救助费用和特别费用等。

1. 施救费用

施救费用（Sue and Labor Expenses）是指被保险货物在遭遇承保责任范围内的灾害事故时，被保险人或其代理人为了避免或减少货物损失，采取各种抢救和防护措施所支出的合理费用。构成施救费用必须具备以下条件。

（1）进行施救的人必须是被保险人或其代理人、受让人，其目的是为了减少损失，其他人采取此项措施必须是受被保险人的委托。

（2）保险标的遭受的损失必须是保险单所承保的风险造成的。否则，被保险人对其进行抢救所支出的费用，保险人不予赔偿。

（3）施救费用的支出必须是合理的。

2. 救助费用

船舶在海上航行时，发生严重的海损事故，仅靠遇难船上人员的抢救往往不能使船舶脱险，这就需要其他船舶前来协助，因此支出的救助报酬称为救助费用（Salvage Charges）。

二、海上运输货物保险的险别

保险险别是确定保险人和被保险人权利和义务的条款，也是保险人承保责任大小和收取保费多少的依据。

保险险别是根据造成损失的原因和损失的类型确定的。保险险别可分为基本险和附加险两类。

（一）基本险

基本险又称主险，是保险人对承保货物所负担的最基本的保险责任，它是投保人必须投保,并且是可以单独投保的险别。

就海运险而言,基本险可分为平安险、水渍险和一切险三种类型。

中国人民保险公司适应我国对外经济贸易的发展需要,结合我国保险工作的实际情况并参照国际上的一般做法,于 1981 年 1 月 1 日起实施《中国人民保险公司海洋运输货物保险条款》,这个条款明确了中国人民保险公司承保的责任范围、除外责任、责任起讫、被保险人的义务和索赔期限五项内容。

我国海洋货物运输保险条款的承保范围是通过承保险别明确的,包括基本险和附加险两大类。

1. 平安险

平安险(Free from Particular Average,F. P. A.)的责任范围包括以下内容。

(1)被保险货物在运输途中由于恶劣气候、雷电、海啸、地震、洪水等自然灾害造成的整批货物的实际全损或推定全损。

(2)由于运输工具遭遇搁浅、触礁、沉没、互撞、与流冰或其他物体碰撞以及失火、爆炸等意外事故造成的货物的全部损失与部分损失。

(3)在运输工具已经遭遇搁浅、触礁、焚毁、沉没等意外事故的情况下,货物在此前后又在海上遭受恶劣气候、雷电、海啸等自然灾害造成的部分损失。

(4)在装卸或转船时由于一件或数件货物落海造成的全部或部分损失。

(5)被保险人对遭受承保责任内危险的货物采取抢救、防止或减少货损的措施而支付的合理费用,但以不超过该批被救货物的保险金额为限。

(6)运输工具遭遇海难后,在避难港由于卸货所引起的损失以及在中途、避难港由于卸货、存仓以及运送货物所产生的特别费用。

(7)共同海损的牺牲、分摊和救助费用。

(8)运输契约中订有的“船舶互撞责任”条款,根据该条款规定应由货方偿还船方的损失。

2. 水渍险

水渍险(With Particular Average,W. P. A.)除包括上列平安险的各项责任外,还包括被保险货物由于恶劣气候、雷电、海啸、洪水等自然灾害所造成的部分损失。

3. 一切险

一切险(All Risks)除包括平安险和水渍险的各项责任外,还包括被保险货物在运输途中由于外来原因所造成的全部或部分损失。

(二)附加险

附加险是不能单独投保的,既使被保险人要求投保,保险公司也不会接受。附加险只有在投保了基本险后,才可加保。附加险分为一般附加险和特殊附加险。

1. 一般附加险

一般附加险共有 11 种,其承保责任范围虽包括在一切险责任范围之内,但被保险人可在投保平安险、水渍险基础上,根据需要单独加保其中的任何种类。

(1)偷窃、提货不着险(Theft Pilferage and Non-Delivery,T. P. N. D.)。

(2)淡水雨淋险(Fresh Water and Rain Damage)。

(3)短量险(Risk of Shortage)。

(4)混杂、玷污险(Risk of Intermixture and Contamination Risks)。

(5)渗漏险(Risk of Leakage)。

(6)碰损、破碎险(Risk of Clash and Breakage)。

(7)串味险(Risk of Odor)。

(8)受潮受热险(Damage Caused by Sweating and Heating)。

(9)钩损险(Hook Damage Risk)。

(10)包装破裂险(Breakage of Packing Risk)。

(11)锈损险(Risk of Rust)。

2. 特殊附加险

特殊附加险承保的是由于特殊外来原因引起的特殊风险。由于这种特殊附加险不具有普遍性,与一般附加险相同,只能在投保基本险的前提下才能投保。特殊附加险主要有以下几种:

(1)交货不到险(Failure to Delivery Risk)。

(2)进口关税险(Import Duty Risk)。

(3)舱面险(On Deck Risk)。

(4)拒收险(Rejection Risk)。

(5)黄曲霉素险(Aflatoxin Risk)。

(6)战争险(War Risk)。

(7)罢工险(Strike Risk)。

(8)出口货物到港澳(包括九龙在内)存仓火险责任扩展条款(Fire Risk Extension Clause for Shortage of Cargo at Destination Hongkong, Including Kowloon, or Macao)。

三、其他货物运输保险

其他货物运输保险指海上货物运输保险以外的各种运输保险。

(一)陆上货物运输保险

中国人民保险公司1981年1月1日修订的《陆上运输货物保险条款》规定:陆上运输保险分为陆运险和陆运一切险两种基本险别。

1)陆运险

陆运险(Overland Transportation Risk)是指保险公司承保暴风、雷电、洪水、地震等自然灾害和运输工具遭受碰撞、倾覆、出轨,或隧道坍塌、崖崩,或失火、爆炸等意外事故所造成的全部或部分损失。

陆运险的承保责任范围与海洋运输货物保险条款中的“水渍险”相似。

2)陆运一切险

陆运一切险(Overland Transportation All Risks)除上述陆运险的责任范围外,还包括运输途中,由于外来原因造成的短量、偷窃、渗漏、碰损、破碎、钩损、雨淋、生锈、受潮、受热、发霉、串味、沾污等全部或部分损失。

陆运一切险的承保责任范围与海洋运输货物保险条款中的“一切险”相似。

陆上货物运输保险的附加险有陆运战争险和陆运罢工险。

(二)航空货物运输保险

中国人民保险公司1981年1月1日修订的《航空运输货物保险条款》规定:航空运输保险分为航空运输险和航空运输一切险两种基本险别。

1)航空运输险

航空运输险(Air Transportation Risk)指保险公司承保恶劣气候、雷电、碰撞、失火、爆炸、坠落或失踪等自然灾害和意外事故所造成的全部或部分损失。

航空运输险的承保责任范围与海洋运输货物保险条款中的“水渍险”相似。

2)航空运输一切险

航空运输一切险(Air Transportation All Risks)除上述责任范围外,还包括运输途中,由于一般外来原因造成的短量、偷窃、渗漏、碰损、破碎、钩损、雨淋、生锈、受潮、受热、发霉、串味、沾污等全部或部分损失。

航空运输一切险的承保责任范围与海洋运输货物保险条款中的“一切险”相似。

航空货物运输保险的附加险有:航空运输战争险和航空运输罢工险。

(三)邮运包裹保险

中国人民保险公司1981年1月1日修订的《邮政包裹运输货物保险条款》规定:邮政包裹运输保险分为邮包险和邮包一切险两种基本险别。

1)邮包险

邮政运输主要采用陆、空、海等常用的运输方式。因此,邮包险(Parcel Post Risk)的责任范围包括“水渍险”、“陆运险”和“航空运输险”的责任范围。

2)邮包一切险

邮包一切险(Parcel Post All Risks)的责任范围包括“一切险”、“陆运一切险”和“航空运输一切险”的责任范围。

邮政包裹运输保险的附加险有:邮包战争险和邮包罢工险。

保险公司对各种运输方式下的货物保险都订有相应的专门条款,由于海运的主要地位,使得海上运输货物保险成为实务中最常处理的险别。

四、保险单据

保险单据是由保险人向被保险人出具,体现保险人与被保险人之间建立契约关系的正式凭证。保险单据既是保险公司对被保险人的承保证明,又是双方之间权利和义务的契约文件。在保险标的遭受约定范围内的损失时,保险单据是被保险人索赔和保险人理赔的主要依据。由于保险单据具有权利凭证的性质,故可像票据与海运提单的转让一样,经过背书将其转让给权利受让人。

在国际货物运输保险业务中,常用的保险单据有以下几种。

1. 保险单

保险单(Insurance Policy)是保险人与被保险人之间建立保险契约关系的正式凭证,用于承保一个指定航程内保险单载明的货物所发生的损失。保险单的主要内容包括正面记载和背面记载两项。

1)正面记载

正面记载的主要内容有:投保人(通常即被保险人)名称;保险人名称;发票及保险单号码;承保货币及金额;承保险别;载货船名;起讫地及预计起运日期;货物描述、运输标志及件数;出单日期;理赔代理人、检验理赔地点;保险人签章。

2)背面记载

保险单背面均印有保险契约的全部合同条款,包括:承保的基本险别条款内容;保险人的责任范围、责任起讫界限及除外责任;保险人与被保险人各自的权利、义务等。在保险单背面还可以粘贴附加条款小条,用以表明承保的附加险别条款内容。

2. 保险凭证

保险凭证(Insurance Certificate)是保险单的简化形式,其只列有保险单正面的基本内容,但背面未印制保险合同条款全文,保险人与被保险人的权利、义务以保险公司的正式保险条款为准。目前除少数国家外,一般认为保险凭证与保险单具有同等的法律效力。

3. 预约保险单

预约保险单又称开口保险单(Open Policy/Open Cover),是保险人与被保险人就一定的业务范围签订的长期性保险合同,有效期一般为1~3年,其规定了承保的货物范围、保险责任、险别、保险费率、每次出运货物的最高保险金额、总保险金额等,凡属预约保险单承保范围内的货物一经装船或出运,被保险人应立即通知保险公司,后者则按照既定的条件予以承保。预约保险单尤其适用于在一定时期内有多笔进出口业务的贸易商人。

4. 承保证明

承保证明(Risk Note)又称联合凭证(Combined Certificate),是一种更为简化的保险单据:保险人不另行出具保险单据,而是在出口商签发的商业发票上加列承保险别、承保金额、期限、编号、保险人、理赔代理人名称等,并正式签章,即作为货物已保险的证明。承保证明不可转让,其使用受到限制,目前仅用于我国内地对港、澳地区部分华商的出口贸易。

第四节　官方单据

在国际贸易活动中,政府行为对交易的过程及结果均会产生重要影响。政府的对外贸易政策及对本国进出口贸易的宏观管理,可通过官方单据的应用加以体现。官方单据的使用是否得当、准确,将直接关系到贸易国及进出口商的利益。

一、进口许可证

进口许可证(Import License)是国家有关部门批准的商品可以进口的证明文件。国家对某些商品禁止进口或控制进口时,常常规定没有进口许可证不得进口。其内容主要包括证号、进口商品的国别、货物名称、数量、金额及有效期限等。其作用一是限制某种商品的进口,以保护国内市场,二是作为海关入境的凭证,同时也是进口国银行开立信用证的依据。

从进口许可证与进口配额的关系看,可分为有定额的进口许可证和无定额的进口许可证。进口配额是一国政府在一定时期内,对于某些商品的进口数量或金额的直接限制。在规定的期限内,配额以内的货物可以进口,超过配额不准进口或者征收较高的关税或罚款。有定额的进口许可证是指有关机构预先规定有关商品的进口配额,然后在配额的限度内,根据进口商的申请,对于每一笔进口货物发给进口商有关商品一定数量的进口许可证。无定额的进口许可证不与进口配额相结合,预先不公布进口配额,在个别考虑的基础上发放。由于是个别考虑的,没有公开的标准,所以起的限制作用更大。

二、出口许可证

出口许可证(Export License)是国家有关部门批准的商品可以出口的证明文件。对进口国有配额限制的商品、控制出口或不准出口的商品,均需申请出口许可证才能装船出口。出口许可证的使用目的:可以控制国内供应不足的一些商品的出口或生产所需原材料的出口;可以有计划地分配市场,以防止某种商品的出口总量超过对方国家市场的容纳量;它也是出口国海关放行、进口国海关入境的凭证;有时还兼作商业发票。

常见的一种出口许可证是国内使用的出口许可证,需申请出口许可的商品在我国经贸部所发的文件中都有详细的目录。对这样的商品,在买卖合同签订后,必须填写出口货物申请书和经贸部统一制定的出口许可证。许可证的内容要与合同相符,不能私自涂改、转让和倒卖。出运时,海关在背面作好记录,盖上关章,正本由海关收存,银行留副本一份。

另一种是国外需要的纺织品出口许可证,此许可证与国内使用的格式不一样,它采用双方都认可的国际间比较通用的格式,不仅在尺寸大小上有规定,纸张的颜色、每平方米的重量、水纹图案也都有规定。出口时,要向进口国提供。

出口许可证在货物出运之前缮制,内容应与发票一致。若信用证规定许可证作为结汇单证之一的,则通过银行寄去;若信用证规定由出口商自寄,则出口单位自己办理,但要向银行提供寄单证明或邮据。

目前我国对外提供的出口许可证主要有以下几种:对美国出口的纺织品出口许可证、对欧盟出口的纺织品出口许可证、对加拿大出口的纺织品出口许可证、对芬兰出口的纺织品出口许可证和对瑞典出口的纺织品出口许可证。

其中对美国出口的纺织品出口许可证格式的标头为"纺织品出口许可证/商业发票"(Textile Export License/Commercial Invoice),即把两种单据融为一体。美国海关对出口许可证的审核十分严格,若出现问题,则商品不能放行。其正面有扭索图案,浅蓝色的用于配额类别,草绿色的用于非配额类别。正本只有一份,交进口商报关。副本五份:一份用于海关放行;一份用于计算机统计;第三份是发证机构留底用的;另两份退还给出口公司。

三、海关发票

海关发票(Customs Invoice)是指国外出口商按照进口国海关部门提供的特定格式填写的、报关时必须提交的一种特殊发票。有时,国外进口商要求提供估价和原产地联合证明

(Combined Certificate of Value and Origin)、根据既定国家海关法规的证明发票(Certificate Invoice in Accordance with... Customs Regulations),它们习惯上也称海关发票。它的作用体现在四个方面:一是作为进口国海关对进口货物估价完税的重要依据;二是由进口国海关核定货物的原产地,并根据进口国对不同国家的差别待遇政策对进口货物征收关税;三是由进口国海关核查进口货物在出口国的市场售价,用以核定出口商是否具有商品倾销之嫌,并依此决定应否对出口商提出倾销指控,核检进口货物有无出口国政府补贴,以决定应否征收反补贴关税;四是作为进口国海关统计的重要依据。

海关发票的内容与商业发票差不多,且相关的内容要一致。但海关发票一定要注明货物在出口国市场的销售价格、出售给进口商的价格及包括运输费、保险费在内的各种费用的详细状况,且 FOB 价、运费、保险费三者的总和应与 CIF 的货价相等;产地部分要求注明货物产地和制造地,其是进口国海关实行差别税率政策的依据。

海关发票在银行业务中已不多见,目前,要求提交海关发票的进口国家主要有美国、加拿大、新西兰、澳大利亚等国。

四、领事发票

领事发票(Consular Invoice)是经由进口国派驻出口国的领事签证的发票。有的领事发票由出口商按进口国领事提供的固定格式填制,再交该领事签证;有的则由领事直接在商业发票上进行签证。出口商将领事发票提交进口商,供进口商凭以办理报关手续。

领事发票的作用也体现在四个方面:一是作为进口国海关对货物继续估价完税的依据;二是作为核定货物原产地,实行差别税率政策的依据;三是作为核查出口商有无商品倾销行为,以决定是否采取反倾销措施的依据;四是限制或禁止某些非必需品和未经批准商品的输入。

对于领事发票,各国有不同的规定并设计各自的格式,由出口商从进口国家的大使馆获得,详细填列后送大使馆盖章并支付费用。近年来,许多国家取消了领事发票,但仍有少数国家保留了这一制度。某些拉丁美洲国家和少数其他国家需要此类单据供官方使用。某些进口国不需要领事发票,只有在出口商的商业发票上由进口国的领事盖章即可,这叫"领事签证发票",其作用与领事发票相同。

五、原产地证明书

原产地证明书(Certificate of Origin)的简称是产地证,是一种证明货物原产地或制造地的证明文件。它是出口商应进口商的要求而提供的,在国际贸易领域广泛应用,是必不可少的重要单据之一。目前约有 120 多个国家在进口商品时,要求出口国或出口商提交原产地证明书。

原产地证明书的作用体现在四个方面:一是证明货物的产地或制造地,以禁止从某些国家或地区进口货物;二是用来证明货物的价格;三是用来通关计税;四是当交易双方以商品的产地作为品质标准并凭以买卖时,原产地证明书可作为交货品质的证明。

从各国的实践来看,原产地证明书一般可由各国的官方机构、商会出具,也有出口商和厂商自行出具的情况。中国国际贸易促进委员会、中国进出口商品检验局等是我国出具原产地证明书的官方机构。

原产地证明书的种类有以下几种。

(1)出口商的产地证。手续最为简便,由出口单位自行签发,便于更改或更换,不须支付费用。

(2)贸促会产地证。贸促会相当于西方的行业性商会或类似的民间组织。

(3)普惠制产地证。普惠制(GSP)是发达国家给予发展中国家贸易上的优惠待遇,主要是减免关税,这种减免是单方面的,而非互惠。取得普惠制待遇后,必须向给惠国提供受惠国政府有关部门签署的 GSP 产地证,即 Form A。只有两个国家例外:一个是新西兰,不用 Form A,而是 Form 59 A;另一个是澳大利亚,不用 Form A,而是在商业发票上加注有关声明即可。

(4)欧盟纺织品专用产地证(European Economic Community Certificate of Origin Textile Products),简称 EEC 纺织品产地证。对欧盟国家出口配额品种,须提供出口许可证和 EEC 纺织品产地证两种证书,它是针对品种的配额和类别而设计的。

(5)对美国出口的原产地声明书(Declaration of Country Origin)。这种声明书有三种格式。

①格式 A:单一国家声明书(Single Country Declaration),声明商品的原产地只有一个国家。

②格式 B:多国家产地声明书(Multiple Country Declaration),声明商品的原材料是由几个国家生产的。

③格式 C:否定式声明(Negative Declaration),凡对美输出纺织物,其主要价值或主要重量属于麻或丝的原料,或其中所含羊毛量不超过 17% ,可用此格式。

我出口纺织品除来料加工、进料加工有时需使用格式 B 外,一般产品都属本国原料,本国生产、加工或制造的,故大量使用的是格式 A。

六、商品检验证明书

(一)商检证书的定义

商品检验证明书简称商检证书(Inspection Certificate),是指进出口商品经商检机构检验、鉴定后出具的证明文件,在交易中,经买卖双方同意,也可由出口商品的生产单位或进口商品的使用单位出具证明,该项证明也起检验证书的作用。

(二)商检证书的作用

一般说来,商品检验证书的作用主要有以下几方面。

(1)货物通关的凭证。商品检验机构签发的检验证书,是对进出口商品实施法定检验的国家的贸易商办理报关的必需证件,没有获得检验证书或检验不合格的商品,海关不予办理通关手续。另外,进口国有特别要求时,商品检验证书也可作为进口国海关准许有关商品进口的证件。

(2)海关计征关税的凭证。检验机构出具的数量和重量检验证书,是多数国家海关凭以计征从量关税的有效凭证;一般产地证书和价值检验证书,则是进口国海关对不同国家进口商品实行差别待遇、减税、免税及计征关税的有效凭证;进口商品的残损检验证书,还可以作为进口国海关退货的依据。

(3)出口商凭以议付货款的有效证件。在国际贸易业务中,贸易双方在签订的支付条款内都要规定卖方向银行议付货款时必须出具的各种单证,商品检验证书就是其中的一种有效证件。如果出口商在交货以后,不能按时提供符合合同(或信用证)要求的商品检验证书,议付银行有权拒收单据,有权拒付货款。

(4)贸易双方交接货物的依据。国际贸易的买卖双方,相距遥远,当面交接货物困难重重,因此,通常以双方在合同中约定的商品检验机构出具的检验证书作为双方交接货物的有效依据。如果双方约定在出口国进行检验,则出口商出具的工厂检验证书或装船前检验证书即可作为卖方交货的最后依据。

(5)计收货物运输费用的依据。检验机构出具的重量检验证书和货载衡量证书均可以作为承运人向托运人收取货物运输费用的有效依据。另外,这类检验证书还可以作为港口计算装卸量、仓租费的有效依据。

(6)索赔、仲裁及诉讼的凭证。在国际贸易中,当进口商发现进口货物的品质、重量、包装等条件与贸易合同或信用证不符时,可向检验机构提出申请,要求验货出证,并以此证的检验结果作为向有关贸易关系人(如承运人、保险人、出口商等)提出索赔的有效依据。另外,检验证书也是仲裁或诉讼时向仲裁庭或法庭举证的重要证据。

(三)商检证书的内容

我国的商检证书由五个部分组成。

1. 局名头

局名头包括局名、标志、地址、电话和电报挂号。

2. 证书种类名称

证书种类名称包括正、副本字样,证书号码和签证日期。

3. 商品识别部分

商品识别部分表明证书证明批次商品的各有关项目,如发货人、收货人、商品名称、报检重量/数量、标记号码、运输工具、发货港、目的港等。

4. 证明内容

证明内容指检验、鉴定结果和评定结论部分。

5. 签署部分

签署部分包括检验日期和地点、签证机构印章和签署人的签字。只有经过签署人签字和盖有商检机构签证印章并加盖钢印章的证书才是有效的。

出口商品检验证明,一般用英文签发。如合同、信用证均为中文本或客商要求使用中文本的,也可用中文签发。如进口国有法令规定或客商要求使用其他文种的,也可使用其他文种证书。

商检机构对外签发证书,一般只签发一份正本,并根据报检人需要签发若干份副本。

(四)商检证书的种类

常见的检验证书主要有:

(1)品质检验证书(Inspection Certificate of Quality)。

(2)重量检验证书(Inspection Certificate of Weight)。
(3)数量检验证书(Inspection Certificate of Quantity)。
(4)包装检验证书(Inspection Certificate of Packing)。
(5)兽医检验证书(Veterinary Inspection Certificate)。
(6)卫生检验证书(Sanitary Inspection Certificate)。
(7)消毒检验证书(Disinfecting Inspection Certificate)。
(8)熏蒸检验证书(Inspection Certificate of Fumigation)。
(9)温度检验证书(Certificate of Temperature)。
(10)残损检验证书(Inspection Certificate of Damaged Cargo)。
(11)船舱检验证书(Inspection Certificate on Tank/Hold)。
(12)价值检验证书(Certificate of Value)。

七、黑名单证书

黑名单证书(Blacklist Certificate)是指一个国家与其他国家政治关系恶化、紧张或某国处于战争状态时,要求对一些事项进行证明。如:货物产地不属于某特定国家;有关各方(制造商、银行、保险公司、船公司等)不属于黑名单之列;装货船只或飞机不停靠此类国家港口、挂此类国家的旗帜等。阿拉伯国家将与以色列有往来的船舶列入黑名单,不允许这些船只与阿拉伯国家发生业务关系。许多国家的有关机构,特别是商会设法抵制提供此项证书。

本章小结

本章主要阐述了国际结算中涉及的商业单据:商业发票、运输单据和保险单据。

现代国际结算是跟单结算,单据对进出口商和银行都具有重要意义,信用证业务更是被称为单据业务。

国际结算中的单据很多,根据作用可分为基本单据和附属单据。基本单据包括运输单据、保险单据和商业发票。跟单汇票也被看成是基本单据。

合格单据要求其形式和内容都合格。

国际贸易运输方式有海运、铁路、公路、内河、航空、邮政、多式联运运输。相应的运输单据有:海运提单、铁路运单、航空运单、邮包收据、多式联运单据。

海运单据是最重要的运输单据,不仅因为它使用最普遍,而且因为它具有物权凭证性质。

管辖提单的国际公约主要有《海牙规则》和《汉堡规则》。

海运提单种类很多,但银行只接受装船提单、清洁提单、正常提单;信用证不禁止时,可接受分装与转运提单、租船提单。

铁路运单、航空运单、邮寄收据不具有物权凭证性质,不是提单,不能转让。

思　考　题

1. 合格单据的基本要求有哪些?
2. 海运提单的定义和作用是什么?
3. 海运提单的种类有哪些?
4. 与海运提单相比,铁路运单、航空运单和邮寄收据有何特点?
5. 银行审核海运提单的要点有哪些?

第四章 国际结算方式(一):汇款与托收

本章导读:

汇款与托收属于商业信用。商业信用的支付方式是指债权人的收款不是取决于银行而是取决于企业或个人的资信。国际结算方式从资金的流向和结算工具的传送方向来划分,可分为顺汇和逆汇两大类。顺汇是由债务人主动向债权人付款,资金和票据的运动方向是一致的,如汇款就属顺汇;逆汇是由债权人向债务人收款的形式,资金和票据的运动方向不一致,托收属于逆汇。

基本概念:

汇款(Remittance) 电汇(Telegraphic Transfer,T/T) 信汇(Mail Transfer,M/T) 票汇(Demand Draft,D/D) 托收(collection) 托收申请书(Collection Application) 托收指示(Collection Instruction) 即期付款交单(Documents against Payment at Sight) 远期付款交单(Documents against Payment after Sight or Date) 承兑交单(Documents against Acceptance,D/A) 《托收统一规则》(Uniform Rules for Collection)

第一节 汇 款

一、汇款的定义

汇款(Remittance),是指银行接受客户的委托,通过其自身建立的通汇网络,委托国外联行或代理行将客户的款项交付给收款人的一种结算方式。汇款是商业银行最传统的业务之一,也是最古老、最简单、最灵活的结算方式。汇款因其便利、灵活、收费低廉等特点,在贸易及非贸易领域中广泛应用。

二、汇款的当事人和相互关系

(一)汇款的当事人

1. 汇款人

汇款人(Remitter)是申请汇出款项的一方。在国际贸易中,汇款人为负有债务的进口方。

汇款人在委托汇出行办理汇款时,首先,要出具汇款申请书(Application for Remittance),汇款申请书的格式与内容参见式样4-1。此申请书是汇款人和银行之间的一种契约。汇款申请书一般一式两联:一联为汇款申请书,另一联为汇款回执。在申请书中汇款人应标明收款人的名称、地址、国别,以及收款人账号、汇款货币与金额、使用的汇款方式等项内容。其次,要交付与汇款金额一致的汇出款项及办理汇款的手续费。如以人民币汇出外币时,除应交付等值的人民币现金或支款凭证外,还应提交按国家规定准许使用外汇的证明;如以他行支票汇款者,应待汇出行通过交换等途径收妥后才能办理汇出手续。凡是汇款申请书填制的错漏以及应交款项与外汇证明手续上的错漏、延误而引起的后果概由汇款人负责。

2. 汇出行

汇出行(Remitting Bank)是受汇款人委托而汇出款项的银行。在国际贸易中,汇出行通常是进口方所在地的银行,多为进口方的开户银行。

一旦接受汇款人的汇款申请书,汇出行与汇款人之间的委托契约就宣告成立,并发生效力。因此,汇出行必须严格按汇款人在汇款申请书中委托的内容,缮制支付授权书(Payment Order,以下简称P. O.,支付授权书的格式与内容参见式样4-2),选择好汇款线路,指示其在收款人所在国的联行或代理行(即汇入行),办理该项汇出汇款的解付,直到收款人从汇入行那里收妥汇款为止。

3. 汇入行

汇入行(Paying Bank)也称解付行,是接受汇出行委托并将款项支付给收款人的银行。汇入行通常是汇出行设在收款人所在地的联行或与之有代理协议的代理行。在国际贸易中,汇入行通常是出口商所在地的银行。

汇入行的主要责任是解付汇款给收款人,在解付款项时应注意以下事项。

(1)所有解付汇入款必须严格按照汇出行的P. O. 办理。如因擅自改变P. O. 内容而引起的任何后果,均由汇入行负责。若对P. O. 有疑惑,需联系汇出行以加押电报确认后再办。

(2)坚持收妥解付的原则。在汇款头寸收妥的情况下,凡是P. O. 上规定收款人户名账号直接收账者,经核实确在本行开有所列账户的,当即收账;凡是P. O. 上指定收款人名称、地址者,按地址进行通知,待收款人来领款时办理解付。

(3)凡因种种原因不能及时解付的汇入款,应及早通知汇出行并告之原因,并等待汇出行进一步指示后视情况办理。

式样 4－1　　汇款申请书

汇 款 申 请 书

APPLICATION FOR OUTWARD REMITTANCE

（请用正楷填写及在合适的方格内用“×”记号标明）

（PLEASE FILL IN BLOCK LETTERS AND TICK APPROPRIATE BOXES）

日期（Date）：________

□电汇（Telegraphic Transfer）

□信汇（Mail Transfer）

□票汇（Demand Draft）

□付款地点（drawn on）：________

敬启者

Dear Sirs

本人（等）已详阅、了解和同意列于此页背面的各条款，兹委托贵行根据该等条款代办下列汇款。

We hereby request you to effect the following remittance subject to the conditions overleaf, to which I/we have read, understood and agreed.

收款人 Beneficiary		
收款人账号 A/C No. of Beneficiary		
收款行名称及地址 Name & Address of Beneficiary's Bank		
收款行之代理行 Correspondent of Beneficiary's Bank		
汇款人 Remitter		
汇款货币及金额 Currency & Amount		国外银行费用由“X”支付，如未注明，则由收款人负担（All foreign bank's charges are for “×” account. If not specified, all charges are to be borne by beneficiary.） 收款人（Beneficiary） 汇款人（Remitter）
密押 Test key		
附言 Message		

* 汇往境外汇款，请以英文填写汇款申请书。
* 开立汇票，请注明取票人姓名及有效证件号：________

有关上述汇款的总额，兹

In payment of the above remittance and charges

请付本人（等）账户号

Please debit my/our account No. ________ with you.

____

申请人签署（Applicant's Signature）

姓名

Name ________

身份证明文件号码

Identity Document No. ________

地址

Address ________

电话

Tel. No. ________

银 行 专 用（For Bank Use Only）

式样 4 – 2　　**支付授权书**

中国农业银行
支付授权书
Payment Order

信汇号码
MT Ref. 180MT920667

敬启者
Dear Sirs
下列汇款请即解付,如有费用请内扣。
Please advise and effect the following payment to the debit of out/our head office account, less your charges if any.

汇出地点时期
Place and Date: Changsha, Aug. 12, 2004

此致　Kincheng Banking Corp.
To　Hong Kong
敬礼

收款人 Beneficiary	Multi-Profit Co. Ltd	金额 Amount
地址或账号及收款银行 Address or A/C No. & Beneficiary's Banker	A/C No. 234567 with your fine bank	HKD 500 000.00
大写金额 Amount in words	Hong Kong Dollars Five Hundred Thousand Only	
汇款人 By Order of	China Native Produce and Animal By-products I/E Corp.	
附言 Details of Payment	Freight under B/L No. JPXM008	

IN CASE OF CASH PAYMENT, KINDLY SEND US THE BENEFICIARY'S RECEIPT

For THE AGRICULTURAL BANK OF CHINA
Authorized Signatures

4. 收款人

收款人(Payee)是汇出款的最终接受者。在实务中,收款人通常是某项交易中的债权人。当收款人接受了解付的汇款后,意味着该笔款项支付或债权债务清偿的完成。在国际贸易中,收款人通常是拥有债权的出口方。

收款人在接到汇入行的通知时,应该查明该款项是否属于自己,或者作为债权人在收到这笔款项后,核对这笔债权已经全部或部分得到清偿。若对汇款内容不明,或汇款金额不够了结全部债权时,应及时向汇入行提出,由其转给汇出行向汇款人查询,待得到满意答复后再予收款。如果银行完全按汇款人的汇款申请书办理了该笔汇款,款项已入收款人账户或收款人已根据汇款通知接受了款项并未提出任何异议,这笔汇款对汇出行和汇入行的责任则终止,汇款人与收款人之间的其他纠纷应另行解决。

(二)当事人之间的相互关系

综上所述,可以看出汇款的当事人之间的相互关系如下。

汇款人与汇出行之间是委托与被委托的关系。汇款人委托汇出行办理汇款时,要出具汇款申请书。这是当事双方委托与接受委托的契约凭证,它明确了双方在该项业务中的权利与义务。

汇出行与汇入行之间既有代理关系,又有委托与被委托的关系。一般代理关系在前,即两行事先签有业务代理合约或有账户往来关系,在代理合约规定的业务范围内,两行各自承担所尽之责。就一笔汇款业务而言,汇出行通过汇款凭证,传递委托之信息,汇入行接受委托承担解付汇款之义务。

收款人与汇入行之间通常表现为账户往来关系,即收款人在汇入行开有存款账户。此外,它们两者也可以没有关系,汇入行有责任向收款人解付该笔款项。

汇款人与收款人之间的相互关系表现为两个关系:一是在非贸易汇款中,由于资金单方面转移的特性,使汇、收双方表现为资金提供与接受的关系;二是在贸易汇款中,由于商品买卖的原因,使汇、收双方表现为债权债务关系。

三、汇款的种类及业务处理

根据汇款业务所使用的结算工具和汇兑手段的不同,银行可提供若干种汇款方式,客户可根据需要自行选用。在不同汇款方式项下,尽管款项最终均可汇至收款人,但汇兑的速度、成本及便利程度等却有不同。按款项汇出方式的不同有电汇、信汇和票汇三种。

(一)电汇

电汇(Telegraphic Transfer,T/T)是汇出行应汇款人的申请,通过加押电报或电传的方式指示汇入行解付一定款项给收款人的方式。汇出行在发电后,为防止传递电文有误,通常还以航空信件形式向汇入行寄发“电汇证实书”(Cable Confirmation),供汇入行查对。随着电讯手段、信息技术在银行业务领域中的广泛应用,电汇所使用的电讯工具日益多样化,已由电报、电传、电话、海底电缆等传统方式,逐步过渡为利用电子通信手段。如在国际金融业务中发挥重要作用的环球银行金融电讯协会(SWIFT),目前已成为银行受理国际电汇业务的主要通信手段。随着网上银行业务的开发,通过网上银行服务实现资金在国际间的转移、汇兑将成为可能。图 4-1 所示为电汇业务程序。

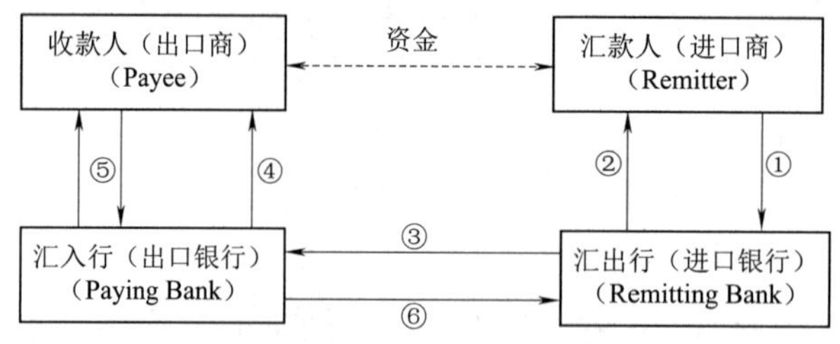

图 4-1 电汇业务程序

图示说明:

①汇款人填写汇款申请书,声明采用 T/T 方式汇款并交款付费。

②汇出行接受汇款委托后,向汇款人出具 T/T 回执。

③汇出行按汇款申请书的要求缮制 P. O.(注明为电汇),然后用电报或电传等方式通知汇入行解付款项给收款人。

④汇入行核对 P. O. 上的密押,无误后缮制电汇通知书,通知收款人取款。

⑤收款人在电汇通知书上签章,汇入行解付汇款。

⑥汇入行付款后,将付讫借记通知书寄给汇出行。

电汇业务的特点如下。

(1)资金汇兑速度快。由于电汇采用电讯和电子通信手段,电汇指令的发出至送达仅需短暂的时间,故电汇曾主要用于大金额或紧急款项的支付。但随着电子通信手段的广泛应用,客户出于效率、利率、汇率及风险规避等项考虑,尽管电汇成本高于其他汇款方式,利用电汇转移资金或支付款项者越来越多,电汇已逐渐成为一种主要的汇款方式。

(2)安全系数高。由于 SWIFT 已成为银行办理电汇业务的主要通信工具,又为国际银行同业所专用,具有较高的安全、保密性能,故杜绝了在其他汇款业务中因邮递差错所导致的汇款遗失、泄密等意外事故。

(3)银行难以利用汇款资金。在银行汇款业务中,电汇优先级别较高,均当天处理。汇款信息和支付指令从发出至到达只需极短暂的时间,故银行难以占用客户的在途资金,这也是电汇汇费相对较高的原因之一。

(4)电汇汇率是一种基础汇率。由于电汇汇率极少受到利率及汇率波动的影响,故其一向被示作汇率的基础。如果银行买卖外汇,需先确定电汇汇率,外汇市场上所显示的汇率通常即电汇买卖汇率,其他外汇汇率的确定以电汇汇率为基准。

(二)信汇

信汇(Mail Transfer,M/T)是指汇出行应汇款人的申请,通过信函指示汇入行解付一定款项给收款人的方式。

信汇的业务程序与电汇业务程序基本一致,所不同的是,信汇采用的以信函形式的委托支付书(Payment Order)或信汇委托书(M/T Advice),其由汇出行出具后,通过航空寄递至汇入行,后者据此向收款人解付汇款。图 4-2 所示为信汇业务程序。

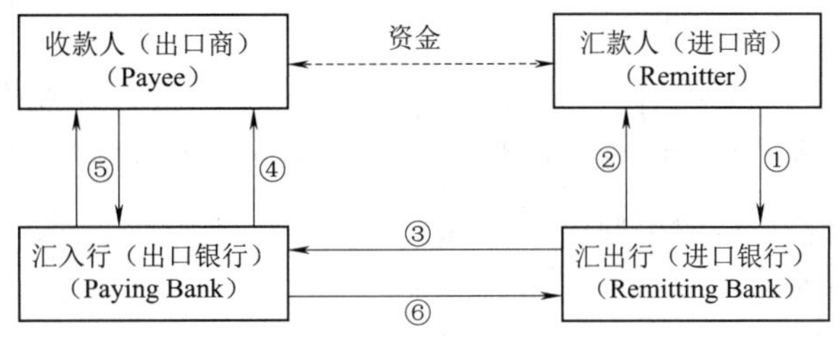

图 4-2　信汇业务程序

图示说明:

①汇款人填写汇款申请书,声明采用 M/T 方式汇款并交款付费。

②汇出行接受汇款委托后,向汇款人出具 M/T 回执。

③汇出行按汇款申请书的要求缮制 P. O. (注明为信汇),然后以信函方式通知汇入行解付款项给收款人。

④汇入行核对 P. O. 上的印鉴,无误后缮制信汇通知书,通知收款人取款。

⑤收款人在信汇通知书上签章,汇入行解付汇款。

⑥汇入行付款后,将付讫借记通知书寄给汇出行。

信汇与电汇相比具有节省费用的特点,因为用信函通知汇款比用电报或电传通知所发生的直接成本低,而且资金在途时间长,因此银行收取的手续费较低。但信汇汇款所需时间比电汇要长,这直接影响收款人的收款时间,同时,银行有机会占用客户的在途汇款资金。因此,信汇在国际贸易中使用不如电汇广泛。

(三)票汇

票汇(Demand Draft,D/D)是汇出行应汇款人的申请,开立以汇入行为付款人的银行汇票,交汇款人由其自行携带出国或寄给收款人凭票取款的汇款方式。票汇中汇出行的委托付款指令是一张以汇出行为出票人,以指定解付行为付款人的即期银行汇票。由于汇票的流通转让性,只要抬头允许,汇款人既可以将汇票带到国外亲自取款,也可以将汇票寄给国外收款人;收款人既可以自己取款,也可以经背书而转让汇票;持票人既可以向汇入行一家取款,也可以将汇票卖给任何一家汇出行的代理行而取得现款。由于票汇以即期银行汇票作为结算工具,故其与电汇及信汇的业务程序有很大的不同。图 4 - 3 所示为票汇业务程序。

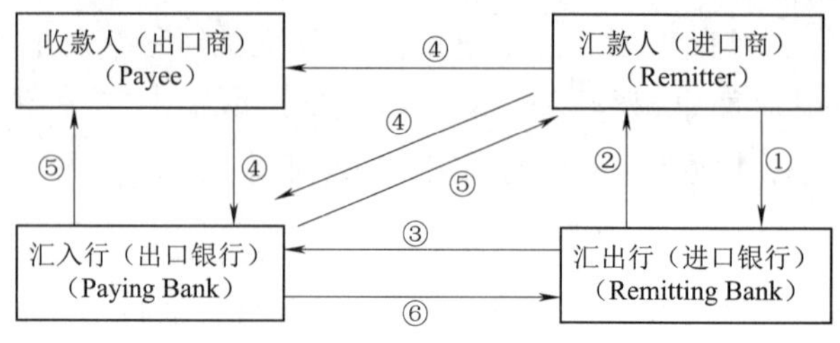

图 4 - 3　票汇业务程序

图示说明:

①汇款人填写汇款申请书,声明采用 D/D 方式汇款并交款付费。

②汇出行开出以汇入行为付款人的银行汇票交给汇款人。

③汇出行缮制 P. O. (注明为票汇)通知汇入行向持票人付款。

④汇款人将银行汇票寄给收款人,由其凭票取款,或自行携带出境上门取款。

⑤收款人或汇款人向汇入行提示汇票,汇入行核对无误后付款。

⑥汇入行付款后将付讫借记通知书寄给汇出行。

票汇与其他汇款方式相比较,其特点如下。

(1)票汇具有较大的灵活性。根据汇款人的需要,汇出行签发不同抬头的银行汇票。汇款人可将汇票带到国外亲自取款,也可以将汇票寄给国外的债权人由其取款;票汇的汇入行无须通知收款人前来取款,收款人自行持票到汇入行取款。

(2)汇票可代替现金流通。票汇的收款人可以通过背书转让汇票,而电汇和信汇方式下因不签发汇票,在汇入行付款前不存在票据的流通转让问题,且由于票汇使用的汇票是银行汇票,经收款人背书后,可以在市场上流通,如果汇票在到达汇入行要求其付款前,经过多次的转让,那么银行就可以利用这期间的汇款资金。汇票在流转时持续的时间愈长,对银行就愈有利,所以,票汇为银行提供了更多的利润。

(3)票汇的汇兑速度取决于汇款人寄发汇票的时间及邮递速度,银行通常可占用在途汇款资金。此外,票汇汇费与信汇汇费水平大体一致。

四、汇款的偿付

汇出行委托汇入行解付款项,应及时将汇款金额拨交汇入行,这叫汇款的偿付,也叫头寸偿付,俗称“拨头寸”。按照国际惯例,汇出行在发出支付授权书的同时,必须将头寸拨付给付款行,使付款行不致因执行付款指示而垫付头寸。因此,每一笔汇款必须注明拨付头寸的具体指示,即每一笔汇款必然引起一笔相同金额的头寸的偿付业务。有的银行在相互建立代理关系时,在代理合约中订明汇款头寸偿付的方法,有的银行则采取在逐笔汇款委托书中注明汇款头寸如何调拨。

在实务运作中,头寸拨付有两种方式:一种是先拨后付,即汇出行在受理一笔汇款业务后,先将头寸拨给汇入行,汇入行收到头寸后才同收款人进行解付,这是最主要的头寸拨付方式;另一种是先付后拨,即汇出行受理汇款业务后,先将汇款通知寄给汇入行,汇入行根据通知先垫付资金给收款人,然后向汇出行索偿。第二种方式对汇入行来说存在着一定的风险,除非汇出行与汇入行间事先订有先解付、后拨头寸的代理合约,否则不能采用。

根据汇出行与汇入行之间账户设置的状况,汇款头寸偿付的转账方法有如下几种。

(一)汇出行和汇入行之间建立了往来账户关系

在此种情况中,汇款头寸可通过两家银行间的账户直接划转,这是最为理想的头寸拨付方式。

1. 汇入行在汇出行开立账户

汇出行委托汇入行解付汇款时,应在支付授权书中注明如下头寸拨付方式:

“In cover, we have credited the sum to your account with us.”

汇入行在接到该支付授权书后,即确认已收妥头寸,并用该头寸向收款人解付汇款。

2. 汇出行在汇入行开立账户

汇出行委托汇入行解付汇款时,应在支付授权书中注明如下头寸拨付方式:

“In cover, please debit the sum to our account with you.”

汇入行接到该支付委托书后,即凭以借记汇出行在汇入行开立的账户,并向收款人解付汇款。

(二)汇出行与汇入行在同一第三方银行开立账户

在此种情形中,汇款头寸的拨付需通过该第三方银行的介入才可实现。

汇出行委托汇入行解付汇款时,应在支付委托书中注明如下头寸的拨付方式:

“In cover, we have authorized... Bank to debit our account and credit your account with them.”

与此同时,汇出行应主动通知或授权该第三方银行从自己的账户中将汇款头寸拨付至汇入行的账户。汇入行在接到该支付委托书及第三方银行的头寸贷记报单后,即确认已收妥头寸,可向收款人解付汇款。

(三)汇出行与汇入行在不同的银行开立账户

在此种情形中,汇款头寸的拨付需通过其各自账户行的介入才可实现。汇出行必须了解汇入行在其他银行开立账户的情况,以便向该账户拨付汇款头寸。

汇出行委托汇入行解付汇款时,应在支付委托书中注明如下头寸拨付方式:

"In cover, we have instructed A Bank to pay the proceeds to your account with D Bank."

与此同时，汇出行应主动通知其账户将汇款头寸拨入汇入行在其账户行开立的账户。汇入行接到其账户的头寸贷记报单后，即确认已收妥头寸，可向收款人解付汇款。

汇款头寸拨付的方式决定着资金转移和汇款解付的速度，汇出行应尽可能利用最为直接的汇款头寸的拨付路径。

另外，在实务中还存在用汇款偿付汇款头寸的做法。如汇出行在发出支付授权书时，随付一张以付款行为收款人，以自己的账户行为付款行的相同金额的汇票，以偿付汇款头寸。或由汇入行解付汇款之后，再开一张汇票向汇出行收款，该汇票的付款人是汇出行，收款人是汇入行。这种重复开票的方式，是英国银行常用的做法，称为 Redrawn。此类汇票一般可以在市场上进行资金融通、抵押或转让。

五、退汇的处理

汇款在未解付之前，有可能被撤销而将款项退回给汇款人，这称作退汇。退汇的原因可以归为两类：一类来自收款方，例如收款人因故而拒领，或因死亡、迁移、公司倒闭等原因使汇入行无法通知收款人；另一类来自汇款方，汇款人因故欲撤回资金等。汇款方和收款方都可能因票汇的汇票遗失、被窃或毁损等原因向汇入行要求挂失、止付或重开新票。

（一）电汇和信汇方式下的退汇

如果退汇原因来自收款一方，汇入行可以将 P. O. 退回汇出行，并说明原因，然后由汇入行通知汇款人前来办理退款手续。

如果退汇原因来自付款一方，情况比较复杂一些。汇出行应立即通知汇入行停止解付而退汇。若汇入行在接到退汇通知前尚未解付，便会立即止付；若汇入行在接到退汇通知前已经解付，银行不负其他责任，汇入行不需也不能向收款人追索，汇款人只能与收款人交涉要求退款。

（二）票汇方式下的退汇

不论退汇的原因来自何方，只要申请退汇人能交出汇票，问题就简单多了。例如退汇原因来自收款一方，收款人只需将汇票寄还汇款人，由汇款人自己去汇出行办理退汇手续。又如汇款人在未将汇票寄交收款人之前欲撤回资金，则将汇票交还汇出行注销汇款即可。

如果申请退汇人无法交出汇票，汇出行可能拒绝退汇。因为汇出行是汇票的出票人，如果票据仍在市场上流通转让，汇出行对任何合法的、善意的持票人无条件担负保证付款的责任，所以不能退汇。若汇票因遗失、被窃或毁损等原因而丧失，汇款人可向汇出行申请挂失止付。根据我国有关规定，汇款在银行受理挂失前被冒领，银行概不负责。遗失的汇票在付款期满后一个月，确未被冒领，可以办理退款手续。挂失止付是我国特有的补救性制度。国外关于票据丧失的补救办法大体有三种：英国等国的票据法规定，失票人应提供担保，要求出票人给予副本或交付新票；法国等国的法律规定，失票人应提供担保，请求法院作出命令止付或返还的裁决；德国、日本、瑞士等国的法律规定，失票人应作出止付通知，并请求法院作出公示催告和除权判决，即请求法院以公告的方式通知不明的利害关系人限期申报权利，逾期未申报者，则权利失效，法院通过除权判决宣告所丧失的票据无效。所以有些银行对不能交还汇票情形下的申请退汇，要求申请人向银行出具担保书并作出公示催告。

六、汇款方式的应用

在国际贸易中,以汇款方式结算贸易双方的债权债务时,根据货款汇款和货物运送时间顺序的不同,可将汇款区分为先付款后交货和先交货后付款两种类型。前者称为预付货款,后者称为货到付款。

(一)预付货款

1. 预付货款的定义

预付货款又称先结后出,是指进口商先将部分或全部货款通过银行汇交出口商,出口商收到货款后再发货。随订单付现(Cash with Order,C. W. O.)就是其中的一种典型方式,买方于发出订单时,或于买卖双方订立合同后即将部分或全部货款用汇款的方式付给对方。

2. 预付货款的特点

预付货款对出口商是最有利的,他可以收款后再发货,从而掌握主动权,甚至收款后再购货发运,从而做一笔无本钱生意。而进口商则有钱货两空的风险,或资金长期被他人占用而损失利息。当然,为了降低风险,进口商也会采取相应的措施,如要求出口商提供银行保函等保证出口商按合同规定交货。

3. 预付货款的适用范围

预付货款是建立在买卖双方签订的贸易合同基础上的,一般在下列情况下经常使用这种方式。

(1)对于紧俏的、买方急需的商品,进口商为了尽快实现买卖成交,或不得不答应对方要求而预付货款,或作为竞争性的手段,主动以此为优惠条件吸引对方成交。

(2)出口商是跨国公司的子公司、母公司或分公司,或出口商是信誉极好,极为可靠的大公司、大企业,或进出口双方是长期合作伙伴,关系十分密切,互相依赖。

(3)进口商信誉不佳,或出口商对进口商的资信不了解,为了避免承担风险,须先付款才发货,以此为条件,如果进口商不履行合同,出口商即可没收预付款。

(4)出口商资金匮乏,须先收货款才能购买原材料组织生产或购买商品转卖给进口商。

(5)在成套设备、大型机械、大型运输工具如飞机、船舶等交易中,或在工程承包交易中,或者在专为进口商生产的特种商品交易中,出口商往往要求预付一定比例的预付货款作为定金(Down Payment),或采用分期付款方式,定金和分期支付的款项采用汇款。

(二)货到付款

1. 货到付款的定义

货到付款又称先出后结,是指出口商先发货,待进口商收到货物后再付款。交货付现(Cash on Delivery 简称 C. O. D.)就是其中的一种典型方式,货到目的地后进口商立即用汇款方式将货款付给对方。但也有双方协议货到后一定时限才汇付货款,或经过货物检验后才汇款的。

2. 货到付款的特点

货到付款对进口商是最有利的,他不但掌握了依货付款的主动权,货物不符合合同要求就可拒绝付款,而且不用承担资金风险,如果他收货后并不及时付款,实际上就是占用了出口商的资金。而出口商则有货款不能收回、不能全部收回或不能及时收回的风险。

3. 货到付款的适用范围

货到付款方式常用于以下两种业务。

(1)售定。售定是进口商收到货物后按事先订妥的货物价格付款。所以货价是确定的,付款时间通常是货到即付,在合同规定的时间内汇款。使用售定方式通常有下列情况:快销商品,如鲜活商品,使提货方便快捷;一般性日用消费品,可简化手续或节省费用;出口商对进口商的诚信有怀疑。

(2)寄售。寄售是指出口商出运的货物委托进口商代卖,价格未定,进口商可以自定价格出售货物,等到货物卖出后,扣除佣金,再将货款汇给出口商。寄售对出口商最为不利,价格涨落的风险由他承担,当然他也可以规定一个最低售价。为了推销商品,出口商有时也愿意这样做。使用寄售方式通常有下列情况:出口商在国内销路不佳或市场有限的商品,为了在国外市场促销;新产品在国外试销,为了打开国外市场;参加国外商品交易会、博览会或展示会后展品的处理等。

此外,在国际经济贸易、金融活动中,出于各种原因和需要,会产生形形色色的费用,形成债权债务关系。因此,费用的支付或债务人通常利用银行的国际汇兑服务,支付费用、清偿债务。

七、汇款的特点

(一)汇款属于商业信用

汇款的主要特点是以银行信用为中间媒介,清算进出口双方的债权债务。汇出行和汇入行在汇款业务进行的全过程中承担收付委托款项的责任,并因此享受汇出汇款的费用。银行参与进出口双方货款清算的过程,但并不介入双方的买卖合同。对合同双方的责任、义务等的履行不提供任何保证,甚至不代办货运单据的移交。在汇款方式下货运单据的移交一般由出口方自行转交给进口方。因此,汇款属于商业信用,汇款的应用取决于交易一方对另一方的信任,即:或卖方向买方提供信用,或买方向卖方提供信用,因此交易中提供信用的一方必然承担着较大的风险。

(二)汇款属于顺汇

顺汇的特点是汇款资金的流动方向与支付工具的传递方向相同。在汇款业务中,汇款人主动将款项交给银行,委托银行通过信汇/电汇委托书或银行汇票等支付工具,转托国外银行将款项付给国外收款人,这种结算方式下的资金流向与支付工具的传递方向是一致的,因此属于顺汇。

八、汇款的风险与防范

实务中汇款方式应用的增加,有其自身的一些特殊的原因。因为其他结算方式,如信用证结算,是以社会经济结构稳定、经济秩序良好、银行体系完善、企业经营正常为前提的,没有这个前提,这种结算方式难以普遍使用。因此,在缺乏银行信用可用的地方,如发展中国家,商业信用只好唱主角。

从贸易角度来看,如果贸易双方互相缺乏足够的信任,又对对方的资信不够满意,采取汇款方式的风险是很大的,因此,企业对汇款风险的防范首先在于加强信用风险的管理,同时,为了保障其权益,减少风险,可以在买卖合同中规定保障条款,以获得银行信用担保或第三方的商业信用加入。例如在买卖合同中可规定卖方收取货款时必须提供银行保函,由银行担保卖方如期履行交货义务,保证提供全套装运单据等。

从银行角度来看,国际间资金偿付作为银行的基本业务在整个业务流程中环节较多,涉及面广,加强风险防范与控制,是一项非常重要的基础工作。银行收到付款指示时,由计算机系统自动识别与控制,对指示行所有的付款指示在确认已收妥相应的头寸后方予以解付,以避免风险的发生。对于经常发生头寸风险问题的国外汇款银行,应格外注意。当退汇发生时,银行要注意按国际惯例办事,防范头寸风险。

第二节　托　　收

托收(Collection)是委托收款的简称,是指债权人为向国外的债务人收取销售货款或劳务报酬,开具以债务人为付款人的汇票,委托其所在地银行通过其在国外的联行或代理行向债务人收取款项的行为。

一、托收的定义

国际商会1996年修订的《托收统一规则》(简称《URC522》)第2条(a、b款)对托收的定义是:“托收”指银行根据收到的指示(托收指示)处理金融单据和/或商业单据,以便取得付款和/或承兑;凭付款和/或承兑交单;按照其他条款和条件交单的一种结算方式。定义中的“金融单据”是指汇票、本票、支票或其他类似用以取得款项的凭证;“商业单据”是指发票、运输契约或其他类似单据,或除金融单据以外的任何其他单据。

从定义中可以看出,在托收业务中,银行只是债权人的代理人。在国际贸易中常用的跟单托收实务中,出口商将作为货权凭证的商业单据与汇票一起通过银行向进口商提示,进口商一般只有在付款之后才能取得货权凭证,使交易银货两讫。所以,托收方式是一种由债权人发起向债务人收取债款的支付方式,它具有单据和资金对流的特点。

二、托收的当事人及其责任

(一)托收的当事人

在托收这种国际结算方式中,需要银行及其国外联行或代理行的参与才能完成,因此托收方式涉及的基本当事人有委托人、托收行、代收行、付款人、提示行。

1. 委托人

委托人(Principal)指的是签发汇票并委托银行向国外的债务人收取票款的当事人,又称出票人(Drawer)。在国际贸易中,委托人即出口方。

2. 托收行

托收行(Remitting Bank)指的是接受委托人委托,并通过国外联行或代理行完成收款业务的银行,又称寄单行。在国际贸易中,托收行即出口方所在地银行,且多为其开户行。

3. 代收行

代收行(Collecting Bank)指的是接受托收行的委托,向债务人收取款项的银行,一般为托收行设在债务人所在地的国外联行或代理行。在国际贸易中,代收行为进口方所在地的银行。

4. 付款人

付款人(Payer)即债务人,在国际贸易中,付款人即进口方。

以上四个是托收的主要当事人,在此基础之上,国际商会还规定了提示行和需要时的代理作为托收结算方式的当事人。

5. 提示行

提示行(Presenting Bank)指的是跟单托收中向付款人提示汇票和单据的银行,也称交单行。一般情况下,代收行可以委托与付款人有往来账户关系的银行为提示行,也可以由自己作为提示行。

6. 需要时的代理

需要时的代理(Principal's Representative in Case-of-Need)指的是委托人为了防止因付款人拒付,而发生无人照料货物的情形,在付款地事先指定的代理人。此代理人通常被授权当发生拒付时代为料理货物的存仓、保险、转售或运回等事宜。按国际惯例,委托人如拟指定需要时的代理,必须在托收委托书上写明此项代理人的权限。如在委托书中对代理人的权限未作规定,代收行可以不受理代理人的任何指示。超过规定权限的指示,代收行也可不予受理。

(二)当事人的责任

1. 委托人的责任

在国际贸易中,委托人实际上就是出口商。在托收业务中,他一方面与进口商建立买卖关系,另一方面与托收行建立委托代理关系。

作为出口商,委托人应履行的责任是:严格按合同约定向进口商按质、按量及时交运货物;向进口商提交符合合同规定的各种单据。

作为委托人,出口商与托收行依据托收申请书(Collection Application)建立委托代理关系。托收申请书是委托人与托收银行之间关于该笔托收业务订立的契约性文件,也是银行进行该笔托收业务的依据。从履行与托收行签订的代理合同的责任来看,委托人的职责是明确托收申请书中的各项指示。一般说来,托收申请书的内容主要包括:

(1)申请人的名称和地址。

(2)付款人的名称和地址,或开户行名称、地址和账号。

(3)托收的金额和币种。

(4)交单方式(D/P 或 D/A)。

(5)所附单据的名称、种类和份数。

(6)款项收妥后通知或划款办法。

(7)如遇拒付时应采取的必要措施,如是否要做成拒绝证书等。

(8)托收费用由谁负担。

(9)托收时的其他有关要求等。

关于托收费用由谁负担,业务中的规定有:委托人应负担受托银行办理托收的手续费和代垫的各项费用和开支,如仓租、保险费、电讯费和做成拒绝证书等费用,除付款人支付的以外,即使委托人没有收到托收款项,委托人也应该支付这些费用。《URC522》第 11 条规定,银行为了执行委托人的指示而使用另一银行或其他银行的服务时,其费用和风险由委托人承担。而且,代收行保留向托收行要求预付手续费及费用以支付其执行托收行指示而产生的费用的权利,代收行在收到这些预付手续费及费用以前保留不执行指示的权利。也就是说委托人可能要预付代收行为执行其安排交货的指示所应支付的大笔费用,如进口关税和运费等。式样 4-3 所示为托收申请书。

式样 4-3 **托收申请书**

银行填写

日期________

托收申请书

致　　银行

敬启者:兹附下列单据请贵银行与通汇银行按下列项目予以托收。

金　额________

受票人________

地　址________

装　船________

由________至________载船名称

应附单据

海运提单	发票	保险单	装箱单	原产地证明书

指　示

受票人付款交单/承兑交单

未获承兑或付款,免作拒绝证书,采用电挂/航邮方式通知

委托人所指派代表查询处

所需银行费用由托收申请人/受票人承担

当款额收讫采用电挂/航寄汇出

特别指示________

在运用条款前方格作“×”标记		请转递托收汇款并将托收款额记入申请人账户
		请购买托收汇款并将托收款额记入申请人账户

本申请人向银行偿付由受票人应付而未付的全部银行费用。

兹同意并授权选择其代收银行,依上述所列事项予以托收。贵银行对代收银行及其分理行的任何疏忽行为,不履行责任。延迟、无力偿还债务或倒闭等,不承担责任。

本申请书依《托收统一规则》(1995 年国际商会出版物第 522 号)开立

授权签章________

2. 托收行的责任

(1)执行委托人的指示。托收行在托收业务中完全处于代理人的地位。作为代理人,托收行必须按委托人的指示办事,具体体现为严格按照委托人的托收申请书缮制托收指示(Collection Instruction)。托收指示是寄送托收单据的面函(Covering Letter),是由托收行根据托收申请书缮制,授权代收行处理单据的法律文件。其过去称之为托收委托书,现由国际商会正式更名为托收指示。在《托收统一规则》中,国际商会就银行与托收指示的关系阐述如下:一切托收单据必须附有一项单独的托收指示书;代收行必须仅依托收指示办事;银行将不从审核单据中获得托收指示;除非托收指示中另有授权,银行对来自委托一方/银行之外的任何一方/银行的指示将不予理会。在实际操作中,托收指示应包括如下几项内容:托收行、委托人、付款人及提示行的行名、邮政地址、联系方式等;托收金额及货币种类;所寄单据的清单及每一种单据的份数;取得付款或承兑的条款和条件以及交单条件;应收到的费用,同时须注明该费用是否可以放弃;应收取的利息,同时也须注明该费用是否可以放弃;付款方式和付款通知书的形式;发生不付款、不承兑或其他不符时的指示。式样4-4为托收指示。

(2)按托收申请书核实单据。托收行必须核实所收到的单据种类和份数与托收申请书所列是否相符,至于单据内容与合同是否相符,银行对此没有审核义务。但在实务中,为了确保托收款项能顺利收回,托收行出于善意,也为了提高银行的竞争力,常常主动为出口商审单,但这完全是银行对客户提供的一种服务,而不是应尽的义务。托收审单的内容包括:单据之间内容是否一致;单据是否符合习惯做法和要求;单据是否做成空白抬头和空白背书等。

(3)承担过失的损失。银行办理业务应谨慎从事,凡是应该做的而未做成或未做好的,银行就有过失,应付过失责任。例如,托收行收到代收行发来的拒付通知后未及时通知委托人并要求其指示,结果使货物未能及时处理而遭受损失,托收行就有过失责任。又如,托收行将单据寄给代收行时寄错地址,属于托收行的过失。但对因寄送途中的延误、丢失、残缺以及翻译或解释上的错误所引起的后果,不承担义务和责任。

3. 代收行的责任

(1)对托收行指示的处理。代收行没有处理托收或执行托收指示或其后相关指示的义务。但如果代收行同意代收,应按托收行指示办理。如果托收行不明确,代收行应征求托收行意见,不能擅自处理。若托收指示执行有困难,代收行可以不照办。例如,托收指示要求代收行在货物到达后代为存仓,假如目的港仓库已满,难以租到仓位,代收行可以不执行这一指示。

代收行在履行代收义务时,仅仅依据托收行的指示行事,无义务从单据中寻找托收指示。在业务中,任何托收单据中都不得载有托收指示,即便载有,银行也不予理会。比如,托收指示中未注明要求付款人应付利息,但托收票据中的汇票上却载有要求付款人支付有关利息的规定。对此,代收行对汇票上的该项规定不予理会,仅凭托收指示行事,而不要求付款人支付利息。

式样 4－4

托收指示

Collection Instruction

To:　　　　　　　　　　　　　　　　　　　　　　　　　　　　　　　　Date:

We hand you the under mentioned items for disposal in accordance with the following instructions and subject to the items and conduction set out overleaf for

☐ COLLECTION　　　　☐ Please advance against the bill/documents

☐ NEGOTIATION under　　☐ Please do not made any advance

Documentary Credit

Please make number of DOCUMENTS ATTACHED

Draft	B/L	Airway Bill	Cargo Receipt	Commercial Invoice	Cert. Quality and Quantity	Cert. Of Origin	Ins. Policy

OTHER DOCUMENTS

OUR A/C NO.

DRAWEE

ISSUING BANK　　　　DOCUMENTARY CREDIT NO.

TENOR　　　　DRAFT NO. /DATE　　　　DRAFT AMOUNT

FOR"BILLS NOT UNDER L/C", PLEASE FOLLOW INSTRUCTIONS MARKED "×"

☐ Deliver documents against PAYMENT

☐ Deliver documents against ACCEPTANCE

☐ Acceptance/Payment may be deferred pending arrival of carrying vessel

Collection charges outside HONG KONG for account of Drawee

☐ Please collect interest at　　% p. a. from Drawee

☐ Please waive interest/charge

☐ Do not waive interest/charge if refused

In the event of dishonor

Please warehouse and insure goods for our account

☐ Please do not protest　　　☐ Protest

☐ Advise dishonor by　　　☐Airmail　　☐Cable

☐ In case of need refer to ________ who will assist you to obtain acceptance/payment but who has no authority to amend the terms of the bill

☐ Designated Collecting Bank (if any)

PAYMENT INSTRUCTIONS

☐ Please credit proceeds to our A/C NO.

☐ Others

OTHER INSTRUCTION

In case of any queries, please contract our Mr. /Miss

________________________________　Tel No. __________

(2)对单据的处理。代收行处理单据的责任主要包括以下两项内容。

①确认所收到的单据与托收指示书所列的是否一致。如果单据缺少或与托收指示书所列的不一致,应毫不拖延地用电讯或其他快捷方式通知托收行。《URC522》第12条规定:“银行对单据的有效性免责,即对单据的形式、完整性、准确性、真实性或法律效力,或对单据上规定的或附加的一般和/或特殊条件不负责任;对单据所代表的货物的描述、数量、重量、质量、状况、包装、交货等,或对货物的发货人、承运人、收货人或其他任何人的诚信、行为和/或失职、偿付能力等也不负责任。”这一规定也适用于托收行。

②代制单据。有时,托收行指示由代收行或付款人代制托收中未包括的单据。例如,委托人/托收行可能要求凭付款人出具的本票或信托收据交付商业单据。此时,如委托人/托收行收到该种单据后发现与其要求的不符,则可能为时已晚,以至于无法再改正或替换单据,便指示代收行代制。有鉴于此,《URC522》首次规定:“当托收行指示由代收行或付款人缮制代收中未包括的单据(如汇票、本票、信托收据或其他单据)时,托收行须提供此类单据的式样及用词,否则代收行对其或付款人自行制作提供的任何此类单据的式样及用词不负责任。”

(3)对货物的处理。银行在托收业务中只处理单据,而与货物或买卖合同无关。银行既不是承运代理人,也不是仓库保管员,发货人若将货物直接运交代收行,或以代收行或其他指定的人为收货人,必须事先征得代收行同意。如果事先没有征得代收行同意,代收行没有提货的义务,货物的风险及责任由发货人承担。对于跟单项下的货物(包括其存仓和保险),即使作了托收指示,代收行亦无义务采取任何行动。只有在代收行同意且在同意的限度以内,银行才采取这样的行动。然而,倘若代收行为保护货物,不论是否得到指示就采取行动时,对于货物的处境、状况、受托保管及第三者的行动和疏漏不负责任。但代收行必须将所采取的行动立即通知托收行,所代垫的手续费和/或其他费用由托收委托方承担。

(4)无延误地付款。代收行必须将收妥的款项按托收指示无延误地拨交给托收行。在实务中,按托收指示书中的收款指示完成,托收主要有以下三种。

①托收行在代收行开立账户时,收款指示可写明:请收妥款项后贷记我方在你方的账户,并以电报或航邮通知我行。当代收行将收妥的款项贷记托收行账户后,发给托收行贷记报单。托收行收到贷记报单后,可立即贷记委托人在托收行开立的账户,从而完成此笔托收业务。

②当代收行在托收行开立账户时,收款指示可写明:请收妥款项后以电报或航邮授权我行借记你行在我行的账户。代收行在收妥款项后向托收行发出支付委托书,授权托收行借记自己在托收行的账户。托收行收到支付委托书后,立即借记代收行的账户,并取出款项以贷记委托人在托收行开立的账户,从而完成此笔托收业务。

③如托收行与代收行没有账户关系,则可选定一家账户银行(例如A银行),收款指示写明:请收妥款项后,将款项汇至A银行以贷记我行在该行的账户,并请以电报或航邮通知我行。当代收行将收妥的款项汇至A银行以贷记托收行账户后,托收行在收到账户行贷记报单后,即可立即贷记委托人在托收行开立的账户,从而完成此笔托收业务。

(5)通知收款情况。代收行应按照托收指示书中规定的方式,及时向托收行通知代收的情况。如无明确的指示,代收行可自行选择通知方式,费用由托收行承担。代收行应无误地向托收行寄交:

①承兑/付款通知。在付款通知中详细列明收妥的金额、扣减的手续费和/或支出和/或费用及处理款项的方法。

②拒绝付款或拒绝承兑通知,并说明拒付的理由。如果进口商收到代收通知而不去银行验单,或验单后发现单据有误,拒绝付款或承兑的,或承兑后拿走单据提货,但到期不付款,都构成拒付。代收行确认进口商拒付后,根据托收指示书上的要求(如有此要求)办理拒付证书,并无误地对托收行作拒付通知。《URC522》规定:"代收行在发出此项通知 60 天以内仍未收到托收行有关单据处理方面的指示,可将单据退回托收行而不负任何责任。"

4. 付款人的责任

托收项下付款人的主要责任是履行贸易合同项下的付款义务,在出口商向他提交了足以证明出口商已经履行了合同义务的单据时,按合同规定汇款。当付款人收到代收行的付款提示时,由于代收行与付款人之间并不存在契约关系,所以,付款人对代收行是否付款,完全根据他与委托人之间所订立的契约义务而决定,即以委托人提供的单据足以证明委托人已经履行了合同下的义务为前提。如果付款人在规定期限内不付款或承兑,必须向提示行说明理由,否则便构成违约。付款人在付款前,有权按照合同审核单据,如有不符合合同要求的,有权拒付。

综上所述,可以确定托收业务中当事人之间的相互关系。托收业务可分为委托和收款两个阶段。委托人、托收行、代收行与付款人之间的关系主要有两种:即委托代理关系和债权债务关系。

委托人与托收行之间是委托代理关系。当托收行接受委托人的托收申请书后,双方委托与被委托的契约关系便正式成立。托收行与代收行之间是也是委托代理关系。代收行在收到托收行的托收指示书并同意代理收款时,双方的委托代理关系便正式成立。代收行应按托收指示书载明的要求向付款人收款。

委托人与付款人之间的关系是债权债务关系。作为出口商的委托人与作为进口商的付款人签订了贸易合同,出口商按照合同的规定向进口商发运货物,由此双方构成了货物的买卖关系,在这个关系中,出口商是债权人,进口商是债务人。

需要指出的是,代收行与付款人之间不存在委托代理关系或契约关系。代收行向付款人收取款项是受委托人和托收行的委托,而不是付款人的委托;付款人是否向代收行付款,依据的是它与委托人之间的债权债务关系,而不是对代收行应该履行的义务和责任。

三、托收的种类及业务处理

托收有两种类型,即光票托收和跟单托收。

(一)光票托收

光票托收(Clean Collection)是指委托人仅凭金融单据而不附商业单据,委托银行代为收款的托收方式。常见的金融单据有银行汇票、本票、支票、旅行支票和商业汇票等。

光票托收不随附货运单据,不直接涉及货物的转移和处理,银行只需根据票据收款即可,业务处理比较简单。光票托收的程序与跟单托收的程序并没有大的区别。在国际贸易中,光票托收的金额一般都不大,这种方式主要用于收取货款的尾数及样品费、佣金、代垫费用、赔款等贸易从属费用。

(二)跟单托收

跟单托收(Documentary Collection)是指附带商业单据(主要指货运单据)的托收。这种方式可以附带金融单据(如汇票),也可以不附带金融单据。通常所说的托收多指跟单托收,它在国际贸易中使用最广。

跟单托收根据交付单据的条件不同,可以分为付款交单和承兑交单两种。

1. 付款交单

付款交单(Documents against Payment,D/P)是指委托人指示代收行在付款人付清款项后将单据交出。即付款人"付款在先,取单在后",付款是取单的先决条件。付款交单按委托人所开出的汇票的付款期限的不同又可分为即期付款交单和远期付款交单两种形式。

(1)即期付款交单(Documents against Payment at Sight,D/P at Sight):指委托人开立即期汇票,代收行收到单据和汇票,立即向付款人提示,付款人审单无误付清票款后,代收行交出单据。采用这种方式,原则上代收行第一次提示单据时,付款人就应立即付款。但实际业务中,进口方有时为减少风险,往往坚持在货物到达后再履行付款义务。对此,出口方为避免延期收款,在委托银行收款时,应对付款交单的时间做出严格的限定。图4-4所示为即期付款交单业务流程。

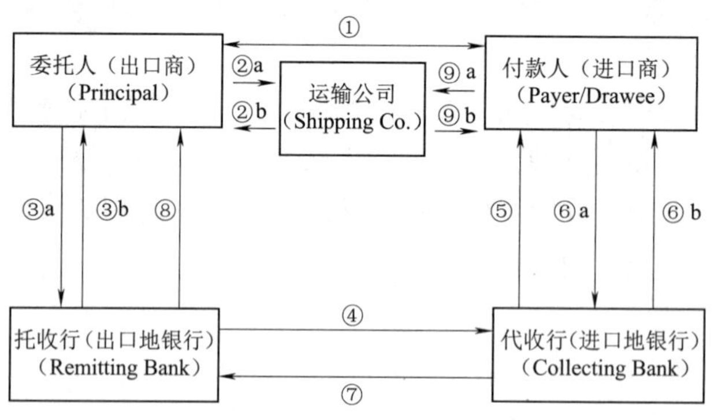

图4-4 即期付款交单业务流程

图示说明:

①进出口双方签订贸易合同,约定采用即期付款交单的方式结算货款。

②a 出口商按合同规定向运输公司发运货物;②b 运输部门收到货物后向出口商签发运输单据。

③a 出口商缮制符合合同规定的各种单据,开立即期汇票,填写托收委托申请书(Application for Collection),声明"即期付款交单",连同全套货运单据交托收行委托其代收货款;③b 托收行审单无误后,向委托人出具回单,作为收到汇票及单据的凭证。

④托收行缮制托收委托书(Collection Order),连同汇票、货运单据等交代收行委托其代收货款。

⑤代收行按托收委托书向进口商提示单据和汇票。

⑥a 进口商审核单据付款;⑥b 代收行交单给进口商。

⑦代收行根据托收委托书的指示,通知托收行款已收妥。

⑧托收行将收妥的款项付给出口商。

⑨a 进口商携单据到指定的运输部门提货;⑨b 运输部门付货。

(2)远期付款交单(Documents against Payment after Sight or Date, D/P after Sight or Date):指委托人收到远期付款的汇票和单据后,立即向付款人提示,付款人见票先办理承兑手续,汇票到期代收行再行提示,付款人付清货款后代收行交出单据。在远期付款交单下,付款人承兑了汇票,但还不能拿到代表物权的单据,在汇票到期支付前这一段时间,所有单据都由代收行保管,出口方仍可以通过代收行控制物权。

与即期付款交单相比,远期付款交单有以下特点。

其一,出口商出具的是远期汇票。即期付款交单中,出口商出具的是即期汇票,也可以不出具汇票。远期付款交单中,出口商出具的是远期汇票,并且通常必须出具汇票。采用远期付款交单的目的是给进口商一段时间以准备或筹集资金。

其二,进口商应先承兑。在代收行提交远期汇票和单据时,进口商应先予承兑,承兑后的汇票及单据由代收行收回。即期付款交单无此业务环节。

需要说明的是,在远期付款交单条件下,当货物与单据均已到达进口地,但付款期限未到,代收行可以允许进口商在付款之前凭出具的信托收据(Trust Receipt,简称 T/R),向代收行借取货运单据,提货并销售,到期时再将货款偿还代收行换回信托收据。信托收据是进口商表示愿意以代收行受托人的身份先行提货,并承认货权属于银行,保证在汇票到期时向银行付清货款的一种书面信用担保文件。在远期付款交单条件下,进口商要求代收行对其提供资金融通时,必须提供这种担保文件。有关利用信托收据融资的业务将在第八章中详述。

2. 承兑交单

承兑交单(Documents against Acceptance, D/A)是指委托人开立远期汇票,代收行收到汇票和单据,立即向付款人提示,付款人承兑后,代收行即交出单据,俟汇票到期进口方再履行付款义务。

承兑交单与付款交单的最大区别是:代收行交出单据的先决条件是付款人在远期汇票上作承兑表示,而不是付款。这样,如果付款人凭承兑取得单据并将货物提走后,汇票到期时不履行付款义务,委托人就可能因此遭受"钱货两空"的风险。因此,承兑交单的风险远远大于付款交单,委托人使用这种方式时一定要谨慎。图 4-5 所示为承兑交单业务流程。

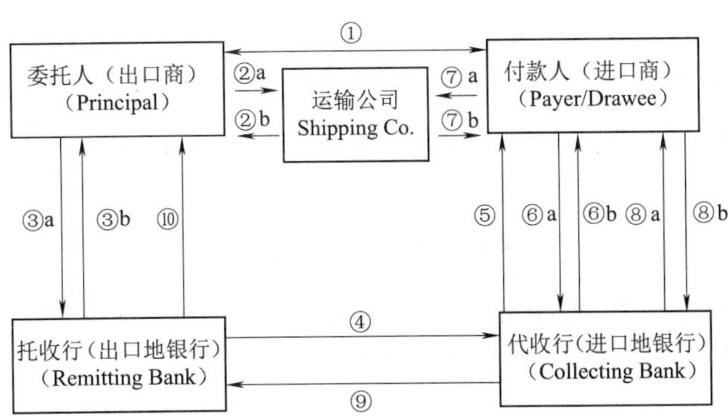

图 4-5　承兑交单业务流程

图示说明：

①进出口双方签订贸易合同，约定采用承兑交单方式支付货款。

②a 出口商按合同规定发运货物；②b 运输部门向出口商签发运输单据。

③a 出口商缮制符合合同规定的各种单据，开立远期汇票，填写托收委托申请书，声明“承兑交单”，连同全套货运单据交托收行；③b 托收行向委托人出具回单，作为收到汇票及单据的凭证。

④托收行缮制托收委托书，连同汇票、货运单据等交代收行委托其代收货款。

⑤代收行向付款人提示单据和汇票。

⑥a 进口商审核单据并承兑远期汇票；⑥b 代收行交单。

⑦a 进口商到指定的运输部门提货；⑦b 运输部门付货。

⑧a 汇票到期时，代收行再次向进口商提示汇票；⑧b 进口商根据承兑付清票款。

⑨代收行根据托收委托书的指示，通知托收行款已收妥。

⑩托收行将收妥的款项付给出口商。

综上可见，不同的交单方式对进出口双方的影响是不同的。对出口商而言，最理想的结算方式是即期付款交单，其次是远期付款交单，最后是承兑交单。

四、《托收统一规则》

《托收统一规则》（Uniform Rules for Collection，简称 URC）是国际商会编写并出版的众多出版物之一，是国际贸易和国际结算方面的重要国际惯例。

（一）《托收统一规则》的产生与发展

1958 年，国际商会为调解托收业务中各当事人之间的矛盾，促进贸易和金融活动的开展，就草拟了《商业单据托收统一规则》（Uniform Rules for Collection of Commercial Paper, Publication No. 192），简称《URC192》，建议各国采用。1967 年，国际商会重新订立和公布了这一规则（简称《URC254》），使银行在进行托收业务时，有了一套统一的术语、定义、程序和原则，也为出口商提供了一套在委托代收货款时可以遵循的统一规则。1978 年，国际商会又根据托收实践的变化和发展，对该规则进行了修改和补充，并更名为《托收统一规则》（Uniform Rules for Collection, Publication No. 322，简称《URC322》）。1996 年 1 月 1 日，新的《托收统一规则》（Uniform Rules for Collection, Publication No. 522，简称《URC522》）正式生效和实施。

《托收统一规则》公布实施以来，对减少当事人之间在托收业务中的误解、争议和纠纷等方面发挥了很大作用。我国银行在采用托收方式结算时，也参照这个规则的解释和原则办理。

（二）《托收统一规则》（《URC522》）的主要内容

《托收统一规则》分为“总则和定义”“托收的形式与结构”“提示的形式”“义务和责任”“付款”“利息手续和开销”“其他条款”7 个部分，共 26 条，其主要内容如下所述。

1. 基本精神

银行承办托收业务时，应完全按照委托人的指示行事，银行对在托收过程中遇到的一切风险、开支费用、意外事故等均不负责,这些概由委托人承担。

2. 银行的义务与责任

银行的责任就是按照托收委托书的指示行事,如果无法照办,应立即通知委托的一方。在接受委托时,银行必须核实所收到的单据与托收委托书所列单据是否表面一致,如有不符或者遗漏,应立即通知委托人,银行没有义务审单。对下列情况银行不承担义务和责任:

(1)由于任何信息、信件或单据在寄送途中延误或丢失。

(2)由于电报、电传、电子传送系统在传送中延误、残缺或其他延误。

(3)由于专门性术语在翻译上的错误及其所产生的一切后果。

(4)由于天灾、暴动、骚乱、战争或银行本身所无法控制的其他任何原因。

(5)由于罢工或停工致使银行营业间断所造成的一切后果。

此外,还规定:除非事先征得银行同意,货物不应直接运交银行;如果货物直接运交银行或者以银行为收货人,银行无提货义务,此项货物仍由发货人承担风险与责任。

3. 关于提示、付款、承兑等手续

提示、付款、承兑等手续如下:

(1)银行应按交来的单据原样对付款人发出提示。

(2)如果是即期付款的单据,银行必须毫不迟延地提示付款人付款。

(3)如果是远期付款的单据,银行必须毫不迟延地提示承兑,当要求付款时,必须不迟于到期日提示付款。

(4)如果跟单托收中有远期付款的汇票,托收委托书中必须指明在承兑或付款后将单据交给付款人,如无此规定,单据在付款后交付。

4. 改变委托与拒付处理

改变委托与拒付处理需要做下列几方面的工作。

(1)委托人在委托银行办理托收之后,可以通知银行改变托收金额和托收条件。

(2)如果托收遭拒付,代收行应立即通知托收行,后者接到拒付通知后,应及时给予进一步处理的指示。如代收行发出拒绝通知60天内未接到指示,可以将单据退回托收行。

(3)对代收行遭拒付时是否需做拒绝证书一事,托收指示书中应有明确指示。无此项指示,银行无义务做拒绝证书。

五、托收的特点

(一)托收属于商业信用

出口商发运货物后能否收到货款,完全取决于进口商的商业信用。无论是托收行还是代收行,他们都是代理人,对能否收到货款不负责。因此,在托收方式中,出口商要承担很大的风险。在托收业务中,出口商可能承担的风险主要有:

(1)进口商经营不善,无力付款。

(2)进口商拒不付款。

(3)进口商借口货物质量、规格、包装等不符合合同规定,拒不付款或要求降价。

(4)进口地货价下跌。

(5)进口商未领到进口许可证或未申请到进口所需外汇。

虽然,托收方式对出口商有很大风险,但在当前出口竞争日益加剧的情况下,出口商为了争夺市场和推销产品,也不得不采用此种方式。

托收的商业信用不仅表现在对出口商的诸多不利,对进口商来说也要承担一定的风险。进口商的风险表现在:出口商不按时发货;出口商不按合同规定的数量、质量和规格发货,使进口商的销售与加工计划落空。

(二)资金负担不平衡

采用托收方式,出口商发运货物在先,进口商付款在后,因而出口商的资金负担较重,而进口商则不占用自己的资金。在托收业务实践中,由于出口商所在地银行可以对出口商叙做出口押汇,可使出口商在货款收回以前获得银行提供的资金融通。在采用远期付款交单时,进口商可以利用信托收据,在付款前得到提货的单据,也可以获得银行提供的资金融通。

(三)结算简单、迅速,费用较低

托收与汇款结算都属于简单、迅速的结算方式。

从以上三方面的特点可以看出,托收是一种相对有利于进口商而不利于出口商的结算方式。

六、托收的风险与防范

(一)出口商的风险与防范

出口商为了防范托收方式的风险,减少坏账损失,应注意以下几方面。

(1)考察进口商的条件、资信与经营作风,必须选择资信比较好的,与己方有多年合作历史的,证明有付款能力的客户使用托收方式。

(2)明确各种托收方式的操作要点与分析控制的关键点。要按照票据的金额、性质及对客户的控制程度选择恰当的托收方式,且在贸易合同中将支付条款完整地规定出来。并要求银行在托收指示书中注明托收方式。

(3)严格按照买卖合同的规定发货和制作单据,保证单据的完整性、准确性、真实性,以防进口商从审单中找到拒付的借口甚至提出索赔。

(4)托收的金额不宜太大,远期托收的期限不要太长,一般不要超过 90 天;签订合同时,对价格的计算要将利息考虑在内。

(5)了解进口国的贸易管制和外汇管制的政策。在有进口管制和贸易管制的国家,如果进口商事先未得到进口许可证或未申请到外汇,不能发货,以免承担货物到达目的地被禁止进口或被没收处罚的风险,对一些外汇比较紧张的地区的进口商,尽量少用托收方式。

(6)了解进口国的法律和惯例。《URC522》第 11 条指出,一方委托另一方提供服务时,应受外国法律和惯例规定的义务和责任的约束,并对受托方承担该项义务和责任的赔偿之责。即出口商必须受进口国的法律和惯例的约束。例如,北欧和拉丁美洲的许多国家往往有“货到地头死”的习惯,货进公仓后 60 天内无人提取即允许公开拍卖,因此出口商应掌握好发货的时间,使之不至于在付款日前过早地到达进口国,或预先找好"需要时的代理",以防付款人拒付。

(7)争取以 CIF 或 CIP 价格条件成交,由出口商办理租船、保险。但是,一些亚、非、拉发展中国家规定,进口商只能在他们国家办理保险。我国出口商可另行向中国人民保险公司投保卖方利益险,这一险种设立于 1978 年,是一种海上运输保险的附加险,是专门针对某些国家对进口货物限定在本国投保而我国出口企业必须采用托收方式情况的,在买方不支付受损货物的货款时才予赔偿。目前这种以偶然利益(即买方付款,则卖方不存在可保利益;若买方拒付,卖方才拥有可保利益)为基础的保险在国际贸易中被出口商普遍采用。

(8)在应用光票托收方式时,要了解进口国有关光票托收业务的具体规定、习惯做法与运作规则。近年来,国外银行开发新的托收方式,由于我方不了解情况而遭受损失的事情时有发生。

(二)进口商的风险与防范

从进口商角度而言,应用托收方式应注意以下几点。

(1)必须事先对出口商的资信、经营作风有深入的了解。作为收货一方,最怕的是货物与合同不符,甚至以假单据进行诈骗。

(2)对进口货物的销售趋势和市价趋势要进行预测和了解。从订立贸易合同起到收到货物止这一周期可能会很长,这一期间国内市场形势的变化直接影响进口商的收益。如果货物价格下跌,可能会使进口商预期的利润全部消失,甚至亏本。

(3)严格审单。单据与合同、单据与单据之间必须严格一致才能接受单据。

(4)订立贸易合同时视对方的资信、财力以及进口货物的市场销售预测形势而选择对己有利的交单条件和价格条件。

(三)银行的风险与防范

从银行角度而言,托收方式的风险防范应着重于以下几个方面。

(1)严格按照委托人的托收申请书各项要求办理。如果办不到,应立即向前手或委托人提出,再根据委托人的书面答复重新考虑。不能自作主张,擅自改变委托人的委托要求,否则,后果自负。对于特别批注条款更应小心谨慎,要看清、看懂,不能想当然。

(2)虽然托收业务项下银行并无付款承诺,但银行可能由于自身工作的疏忽、迟误,甚至执行不当而造成损失和责任。因此,在办理托收业务时,必须争取时效,加强复核及业务全过程的监管。

(3)托收项下融资对银行的风险最大,而且要比信用证项下的打包放款、出口押汇等融资风险大得多,银行在做这类业务时应格外小心谨慎。关于提供融资时应注意的风险防范事项,前面在托收项下的融资问题中已有叙述。作为托收行,只有对出口商的资信情况了解清楚并认为满意时,才为其提供出口托收的融资便利。作为代收行,要根据进口商的资信决定是否接受其提交的信托收据,在借出单据后,应加强对货物存仓、保险、出售、收款,直到赎回信托收据的一系列的监控手段,绝不能放任自流,以免造成货、款两空的后果。

本章小结

汇款和托收是传统的国际结算方式，在现代国际结算中仍有重要作用。

汇款结算简单、迅速、成本低，使它很受某些贸易商人的喜爱。托收结算的特点与汇款基本相同，结算简单、迅速、成本低，但出口商收款风险较大且资金负担较重。

根据汇出行的委托指令传递方式不同，汇款可分为信汇、电汇和票汇三种类型。根据货款汇款和货物运送时间顺序的不同，可将汇款区分为预付货款和货到付款。

托收方式涉及的基本当事人有债权人、债务人、债权人所在地的银行和债务人所在地的银行。

跟单托收根据交付单据的条件不同，可以分为付款交单和承兑交单两种。

《托收统一规则》（Uniform Rules for Collection，简称 URC）是国际商会编写并出版的众多出版物之一，是国际贸易和国际结算方面的重要国际惯例。

思考题

1. 汇款的主要当事人有哪些？
2. 汇款的三种方式各有何特点？
3. 汇款业务主要应用于哪些领域？
4. 托收的主要当事人有哪些？他们之间形成了何种业务关系？
5. 托收的特点是什么？
6. 出口商应采取哪些托收风险防范措施？

案例分析

1. 天津 M 出口公司出售一批货物给香港 G 商，价格条件为 CIF 香港，付款条件为 D/P 见票 30 天付款。M 公司同意 G 商指定香港汇丰银行为代收行。M 公司在合同规定的装运期内将货物装船，取得清洁提单，随即出具汇票，连同提单和商业发票等委托中国银行通过香港汇丰银行向 G 商收取货款。五天后所装货物安全运抵香港，因当时该商品的行市看好，G 商凭信托收据向汇丰银行借单，提取货物并将部分货物出售。不料因到货过于集中，货物价格迅速下跌，G 商以缺少保险单为由在汇票到期时拒绝付款。

分析 M 公司应如何处理此事？说明理由。

2. 某农产品进出口公司出口一批冻鲜对虾，买方为普里瓦特有限公司。合同对支付条款规定："payment by draft drawn on buyer payable at sight，documents against payment."农产品进出口公司根据合同规定的装运期，于 9 月 15 日备妥货物即进行装运。买方普里瓦特有限公司于 7 月曾经向农产品进出口公司发函通知该公司迁移地址，但农产品进出口公司经管该商品的业务员因公出差，工作未交接清楚，未将买方普里瓦特有限公司迁移地址的情况通知单证人员。所以单证人员制单时仅依据合同上规定的买方旧地址缮制提单"被通知人"栏和托收委托书。农产品进出口公司为了安全收汇,货权能掌握在银行手里,所以提单收货人做成商业银行(代收行)指示的抬头,即 to order of the Commercial Bank。9 月 18 日托收行办理托收后即向国外寄单。商业银行于 9 月 28 日收到单据后,根据托收指示所规定的付款人向其发出通知。但通知却无法投递,于 10 月 10 日被邮局退回,因该地址查无此人。货物到港后因提单被通知地址有误,无法按其地址通知提货,船方又通知提单的收货人商业银行,而商业银行不予置理。船方将货临时卸入仓库暂时保存。商业银行于 10 月 11 日将无法查找付款人的情况通知托收行。农产品进出口公司即于 10 月 13 日又将买方的新地址通知托收行,托收行即发出更正托收指示要求商业银行速向付款人提示付款。如此周折直至 10 月 20 日,商业银行才向付款人普里瓦特有限公司提示汇票和单据。但买方拒付票款,不接受单据。理由是货早已到港,因未及时提取货物,货已卸船入库,又因库内温度不适合,货已部分软化。最终农产品进出口公司委托目的港其他客户在当地挑选加工,将部分可销售的货物削价处理,损失惨重。

分析问题:

(1)农产品进出口公司这次事故损失的主要原因是什么?

(2)提单收货人做成凭代收行指示是否有助于控制物权?

(3)案例中普里瓦特有限公司是否有责任?

3. 东方贸易公司向非洲地区 C. D. 有限公司出口一批冻野味食品。合同规定支付条款为:"payment by draft payable 30 days after sight, documents against acceptance."东方贸易公司按合同规定在装运期内于 3 月 5 日进行装船。3 月 8 日即向托收行办理 D/A 30 天托收。4 月 17 日东方贸易公司接到托收行转来代收行电:"你第××号托收单据于 3 月 17 日已收到,我行当天即向付款人提示,付款人承兑后并于当时交出全套单据。由于 3 月 17 日为付款人承兑日,我行于 4 月 16 日向付款人第二次提示要求付款,但付款人提出拒付。其理由是商业发票不符合我当局规定,无法通关。"东方贸易公司于 18 日也接到买方来电:"第××号合同项下的 185 吨冻野味食品,你托收单据中因商业发票内容和形式不符合我当局规定,我无法通关,货在保税库中暂存,无法提取。因此我也无法付款。"东方贸易公司接到代收行和买方上述电文后,设法补寄新商业发票,但对方又没有说明需要怎样改正才能符合当局的要求。东方贸易公司随即联系托收行,托收行查找该地区曾经开来的旧信用证。经对照曾有规定商业发票上要签署原产地和价格声明。东方贸易公司根据托收行所提供的资料重制新发票,即在发票末端增加了原产地和价格声明。东方贸易公司补寄去新发票后,4 月 30 日买方又提出:"你补寄来的发票已收到,我即持发票向海关申报,海关仍然不接受,因你发票上虽然已经证明了有关文句,但发票必须由法语填写。据了解货物在保税库期间的高昂保管费,已将接近货值的三分之二,如果你方不能弥补我方损失,我亦难接受该货物,速告知如何处理。"东方贸易公司经研究,为了避免更大的损失,最后只好委托我驻外机构直接与买方 C. D. 有限公司谈判。经了解才知道其实货物早已被买方提取并销售,只因买方亏损严重,暂时无力付款才以此为借口。最终该批货物被杀价 25%,货款在第二年分四次偿还而结案。

分析问题:

(1)托收项下的制单是否比信用证项下容易?

(2)本案中买方资信存在哪些问题?

4. 我某贸易有限公司向国外某客商出口货物一批,合同规定的装运期为6月份,D/P支付方式付款,合同订立后,我方及时装运出口,并收集好一整套结汇单据及开出以买方为付款人的60天远期汇票委托银行托收货款。单据寄抵代收行后,付款人办理承兑手续时,货物已到达了目的港,且行情看好,但付款期限未到,为及时提货销售取得资金周转,买方经代收行同意,向代收行出具信托收据借取货运单据提前提货。不巧,在销售的过程中,因保管不善导致货物被火焚毁,付款人又遇其他债务关系倒闭,无力付款。

分析问题:在这种情况下,责任应由谁承担? 为什么?

第五章 国际结算方式(二):信用证

本章导读:

在国际贸易中,进出口双方都面临一定风险,而银行信用的介入能使贸易风险大大降低。信用证是一种建立在银行信用基础上的结算方式,既能解决出口商过分依赖进口商而导致货物出运后款项难以收回的难题,又能免除进口商对货物质量问题的后顾之忧,因而得到进出口商的认可,在国际贸易中广泛应用,并成为国际结算领域中最重要的贸易结算方式。本章主要介绍信用证的性质与作用、信用证的形式与内容、信用证的种类、信用证的操作实务和信用证结算风险的防范等内容。

基本概念:

信用证(Letter of Credit,L/C) 光票信用证(Clean Credit) 跟单信用证(Documentary Credit) 保兑信用证(Confirmed Credit) 不保兑信用证(Unconfirmed Credit) 即期付款信用证(Sight Payment Credit) 延期付款信用证(Deferred Payment Credit) 承兑信用证(Acceptance Credit) 议付信用证(Negotiation Credit) 即期信用证(Sight Credit) 远期信用证(Usance Credit) 预支信用证(Anticipatory Credit) 可转让信用证(Transferable Credit) 不可转让信用证(Non-Transferable Credit) 循环信用证(Revolving Credit) 对开信用证(Reciprocal Credit)

第一节 信用证概述

一、信用证的定义

简单地说,信用证(Letter of Credit,简称 L/C)是银行开立的有条件的承担第一性付款责任的书面文件。具体地说,它是银行(开证行)根据进口方(开证申请人)的要求和指示,向出口方(受益人)开立的,在一定期限内凭符合信用证条款规定的单据,即期或在可以确定的将来的日期,对出口方支付一定金额的书面保证文件。

2007 年修订的《跟单信用证统一惯例》(国际商会第 600 号出版物,简称《UCP600》)第二条对信用证的定义是:信用证指一项不可撤销的安排,无论其名称或描述如何,该项安排构成开证行对相符交单予以承付的确定承诺。

本定义中的承付指:

(1)如果信用证为即期付款信用证,则即期付款。

(2)如果信用证为延期付款信用证,则承诺延期付款并承诺到期日付款。

(3)如果信用证为承兑信用证,则承兑受益人开出的汇票并在汇票到期日付款。

《UCP600》对信用证的定义与以往的《跟单信用证统一惯例》相比,在理解信用证概念时应注意以下两点:一是它强调了信用证存在着以银行自身名义开出这种情况;二是它强调开证行对信用证的义务是付款,或承兑并付款,或授权另一家银行付款或承兑并付款,或授权另一家银行议付。

信用证支付是在托收、汇款等商业信用支付方式基础上演变而来的一种比较完善的支付方式。它与这两者最大的不同是银行充当了进出口方之间转移货运单据和货款的中间人与保证人,因而它解决了进出口方之间互不信任、不愿意冒风险预先发货或预付货款的问题,保证了交易安全。

二、信用证的性质

根据上述信用证的含义及相关国际惯例的规定,可以总结出信用证的以下三个基本特征。

(一)信用证是银行承担第一性付款责任的书面承诺

在信用证付款方式下,开证行以自己的信用作出付款保证,对受益人承担第一性付款责任。根据《UCP600》规定,信用证一经开出,只要受益人提交了符合信用证规定的单据,开证行就对其负有承兑付义务,也就是说只要受益人按信用证规定提交相符单据,就保证能从银行取得货款。所以,出口商发货后,不是向进口商收款,而是向开证行或其指定银行收款。这也正是信用证与汇款、托收两种商业信用支付方式的本质区别。

(二)信用证是一份独立的、自足性的文件

《UCP600》第四条规定:"就其性质而言,信用证与可能作为其开立基础的销售合同或其他合同是相互独立的交易,即使信用证中含有对此类合同的任何援引,银行也与该合同无关,且不受其约束。因此,银行关于承付、议付或履行信用证项下其他义务的承诺,不受申请人基于其与开证行或与受益人之间的关系而产生的任何请求或抗辩的影响。"从上述规定可以看出,信用证是依据货物销售合同或其他合同开出的,但信用证一经开立,即成为独立于此类合同之外的、不依附于此类合同的另一个合同,即使信用证中含有对此类合同的任何援引,开证行也与该合同无关,并不受其约束。因此,银行只对信用证负责,只凭信用证所规定的单据向出口商付款,而不管出口商是否履行买卖合同、所提交的单据是否符合合同的要求。

(三)信用证业务是一种纯粹的单据业务

《UCP600》第五条规定:"银行处理的是单据,而不是单据所涉及的货物、服务及或履约行为。"

《UCP600》第三十四条规定:"银行对任何单据的形式、充分性、准确性、内容真实性、虚

假性或法律效力,或对单据中规定或添加的一般或特殊条件,概不负责;银行对任何单据所代表的货物、服务或其他履约行为的描述、数量、重量、品质、状况、包装、交付、价值或其存在与否,或对发货人、承运人、货运代理人、收货人、货物的保险人或其他任何人的诚信与否、作为或不作为、清偿能力、履约或资信状况,也概不负责。”

从上述规定可以看出,信用证业务实行的是严格的单据相符原则,只要出口商按信用证条款履行交货责任,并向银行提交符合信用证条款的单据,银行必须履行付款义务。反之,如果出口商提交的单据与信用证有不符之处,即使货物完全符合合同要求,银行有权拒付货款,此时出口商只能与进口商交涉。

三、信用证的作用

国际商会出版的《跟单信用证业务指南》一书中将信用证的用途归纳为四种:信用证是为购买国外货物和国外设备融通资金的极好工具;信用证有助于开证行向进口商融通资金,并控制资金用途;信用证是为商业和有关方面在交易中提供信心和安全因素的有效办法;如果不为额外的复杂条款所累赘,信用证将成为保障出口商得到货款的常用工具。根据上述信用证的特点以及用途,可以归纳出信用证的如下作用。

(1)对于出口商来说,信用证是开证行做出的付款凭证。只要出口商严格按信用证条款规定提交合格单据,凭开证行的资信,一般可安全收款,即使进口商有违约现象或出现破产倒闭等,也不影响出口商收汇的安全性。而且,只要单据合格,出口地银行也愿意垫款买入单据(即议付),从而使出口商能尽早收汇。此外,大多数国家为了推动出口贸易,往往鼓励银行对出口商提供信用证项下的打包放款,贷款利率较优惠,并通过对出口商的议付款项扣还打包贷款,所以利用信用证,出口商在货物出运前还可以获得融资,减少资金负担。

(2)对于进口商来说,虽然在申请开证时一般要缴存一笔开证押金,但押金比例往往只占信用证金额的一小部分,与过去申请开立委付购买证时百分之百缴存押金相比,资金负担已大大减轻。如果进口商获得银行的开证授信额度,或者提供其他可被开证行接受的担保或抵押,进口商甚至可以不交押金而开出信用证。而且,进口商可以通过信用证条款控制出口商交货的各个环节,如货物品质标准、数量、包装、运输、保险、商检等,从而尽可能最大限度地降低出口商交货违约风险。另外,一旦进口商付款,就肯定可以获得符合信用证要求或符合进口商本人要求的特权单据,从而控制货物所有权。如果进口商希望在付款前获得资金融通,他可以要求开证行提供进口押汇便利,或允许进口商凭信托收据借单。

(3)对开证行来说,信用证开立时银行并不垫出资金,只是出借自身的良好信用,但可取得开证手续费收入及开证押金。只有当合格的单据向开证行提示时,银行才须支付货款,但可立即获得商业单据,享有物权的保障。开证行会立即要求进口商付款赎单,从而回笼资金。如果进口商提货时发现问题,只能凭合同与出口商交涉,不能将开证行牵涉进去。如果进口商无理拒付或无力清偿货款,开证行可以没收押金,并通过变卖货物或处理单据来收回其余款项,若押金加货款仍不足以弥补开证行垫款及有关利息、费用,就差额部分开证行仍可以债权人身份向进口商索赔或参与其破产清理并优先受偿。

(4)对于其他参与信用证业务的银行来说,如果该银行只负责通知信用证,则并不承担垫款的风险,而只是根据通知服务收取通知费。如果该银行根据开证行的授权或邀请,对符合信用证要求的合格单据垫付了资金,则该银行可以凭信用证从开证行或其指定偿付处获得偿付,同时在垫款时可以预扣垫款利息及手续费。由于此项垫款凭合格单据做出,开证行要承担首要付款责任,因此收取垫款的安全性高。

信用证是国际贸易中较完善的支付工具,但并非尽善尽美,也存在着一定的缺陷与不足。即信用证给予进出口商的保障只是相对的、一定程度的。特别是近年来,利用信用证进行诈骗的犯罪行为屡见不鲜,信用证风险防范已成为银行和进出口商所共同关注的重要课题。此外,由于信用证的业务程序复杂、成本费用较高、受开证条件限制等因素,致使一些贸易商对其弃之不用。

四、信用证的形式和内容

(一)信用证的形式

根据信用证的开立方式及记载内容的不同,可将信用证分为信开本信用证(参见式样 5 -1 和式样 5 -2)和电开本信用证(参见式样 5 -3 和式样 5 -4)两种形式。

式样 5 -1　　信开本信用证中文式样

正本　　__________银行
地址__________　日期__________
致
敬启者
兹开立不可撤销信用证　第______号
受益人__________
开证人________　汇票金额不得超过__________
金额大写__________按_____% 装运下列出口货物之发票金额计算:
自你地________运至________价格为________
☐ 签署发票一式两份
☐ 保险单或保险凭证按发票金额加_____% 装运下列出口货物之发票金额计算:
　☐ 平安险/水渍险/一切险及战争险
　☐ 陆上运输险
☐ 全套清洁“已装运”海运提单作为我行抬头
　注明运费付讫通知开证人
☐ 其他单据
　☐ 产地证明书
　☐ 重量单
　☐ 装箱单
☐ 准许/禁止分批装运　　☐ 准许/禁止转运
装运日期不得迟于__________
本证有效期内不得撤销,其有效期在你地______限至______为止。
凡凭本证所发出之汇票必须载明本证编号及开证日期。
其他条款:__________。
根据本信用证并按其所列条款开具之汇票向我行提示并交出本证规定之单据者,我行同意对其出票人、背书人及正当持票人履行承兑付款责任。
议付银行注意:凭本证议付汇票及单据请直接寄至我行。
开证行名称　　　　　　通知行的通知
__________　　　　　　通知行名称__________
签字__________　　　　签字__________
注:[7]这个记号是经“银行关系合理化”的国际会议提议,通知行收到后应迅速处理的记号。

式样 5 - 2

信开本信用证英文式样

ORIGINAL　　　　　　　　　　＿＿＿＿＿＿ BANK

Address ＿＿＿＿＿＿＿＿＿＿＿＿＿＿＿＿＿＿＿＿　　　Date ＿＿＿＿＿

To

Dear Sirs,

We hereby open our Irrevocable Letter of Credit No. ＿＿＿＿ in favor of ＿＿＿＿ for account of up to an aggregate amount of ＿＿＿＿ .

(say ＿＿＿＿＿＿＿＿ for ＿＿＿% of the invoice value relative to the shipment of:

from your port ＿＿＿＿ to ＿＿＿＿

Draft (s) to be drawn at ＿＿＿＿ days ＿＿＿＿ on our bank & accompanied by the following documents marked "×":

☐ Signed Commercial Invoice in duplicate

☐ Insurance Policy or Certificate for full invoice plus ＿＿＿＿% covering:

☐ FPA/WA/All Risks and War Risks

☐ Overland Transportation Risks

☐ Full set of clean "on board" ocean Bills of Lading made out to our order marked freight prepaid notify accountee.

☐ Other Documents

☐ Certificate of Origin

☐ Weight List

☐ Parking List

Partial shipments are permitted/prohibited.

Transshipment is permitted/prohibited.

Shipment(s) must be effected not later than ＿＿＿＿ .

This L/C is irrevocable and valid in your port ＿＿＿＿ until ＿＿＿＿ inclusive.

Draft(s) so drawn must be inscribed with the number and date of this L/C.

Other condition: ＿＿＿＿＿＿＿＿

We hereby agree with the drawers, endorsers and bona-fide holders of the draft(s) drawn under and in compliance with the terms of this credit that such draft(s) shall be duly honored on due presentation and delivery of documents as herein specified.

Instructions to Negotiation Bank: The draft(s) and documents taken up under this credit are to be forwarded direct to us by you.

Name and signature
of the Issuing Bank

Advising bank's notification
Name and signature
of the Advising Bank

式样 5 – 3 **电开本信用证中文式样**

信 用 证

开证行：× ×银行，上海，中国

通知行：× ×银行，伦敦，英国

开证日：20 × ×年 2 月 1 日

兹开立第 686 号不可撤销的信用证

受益人：伦敦 A 有限公司

开证申请人：中国 × ×进出口公司

最高金额：USD 50 000（伍万美元，允许短交金额以 5% 为限）。本信用证凭受益人开具以我行为付款人按发票金额 100% 计算的即期汇票付款，该汇票一式两份，并须附有下列单据：

——全套清洁、"货已装船"、"运费预付"，空白抬头、空白背书的海运提单，并须注明"通知目的港口国对外贸易运输公司"。

——发票一式五份，注明合同号码和信用证号码，20 公吨（允许短交 5% 为限），每公吨净重为 1 000 千克的化学制品，纯度 90% ~ 99%，净重每千克价格 2. 50 美元 CIF 上海，包装费在内。

——重量单一式四份，载明每箱毛重和净重。

——制造商出具的品质证明书四份。

——保险单（或保险证明书）一式两份，按发票 CIF 价加 10% 投保（伦敦）协会货物（A）海运货物险。

——原产地证书：英国。

——制造商证明：英国 A 有限公司。

——装箱单：货物用适宜海运的新钢桶装。

自英国口岸运往上海。不得分批装运。准许转船，但须交联运提单。装运日期不得晚于 20 × ×年 3 月 15 日。

本证在伦敦议付有效期至 20 × ×年 3 月 30 日截止。所有根据本证开具的汇票须注明："根据中国 × ×银行上海分行第 686 号信用证出具。"

所有根据本证议付的汇票金额必须在本证背面批注。

单据处理办法：本证条件之一是，所有单据应通过两封连续的航空邮件寄交本行。第一次邮寄包括所有各项单据，但如某项单据不止一份者，则留下一份由第二次邮寄。

特别指示：

本行向根据本信用证条款开具汇票的出票人、背书人和合法持有人保证，在单据提交本行时，本行即兑付该汇票。

本证以国际商会《跟单信用证统一惯例》（2007 年修订本）条款为准。

式样 5 - 4

电开本信用证英文式样

CREDIT

From: Bank of × × Shanghai, China

To: Bank of × × London, UK

Date: Feb. 1, 20 × ×

We open an Irrevocable Credit No. 686 in favor of: A Company, Limited, London, for account of: China × × I/E Corporation, to the extent of: USD 50 000 (US Dollar Fifty Thousand, 5% less is allowed). This Credit is available by beneficiary's drafts, drawn on us, in duplicate, at sight, for 100% of the invoice value, and accompanied by the following documents:

—Full set of clean "on Board", "Freight prepaid" Ocean Bill of Lading, made out to order and blank endorsed, marked: "Notify China National Foreign Trade Transportation Corporation, at the port of destination."

—Invoice in quintuplicate, Contract No. &Credit No., 20 metric tons (5% less is allowed) of 1 000 kilos net each of chemicals, purity 90% ~ 99%, USD 2. 50 per kilo net CIF Shanghai including packing charges.

—Weight Memo indicating gross and net weight of each package in quadruplicate.

—Certificate of Origin: United Kingdom.

—Certificate of Quality in quadruplicate issued by manufacture.

—Insurance policy or certificate in duplicate for 110% of invoice Value of CIF covering Institute Cargo Clause (A).

—Manufacture's Certificate: A Company, Limited, UK.

—Packing List: Packed in seaworthy new steel drums.

Shipment from UK port to Shanghai. Partial Shipment is not allowed. Transshipment is allowed, though B/L required. Shipment to be made on or before March 15, 20 × ×.

This Credit is valid in London on or before March 30, 20 × ×, for negotiation and all drafts drawn hereunder must be marked "drawn under Bank of × × Shanghai Credit No. 686".

A mount of drafts negotiated under this credit must be endorsed on the back hereof.

Disposal of Documents: it is a condition of this credit that the documents should be forwarded to us by two consecutive air mails, the first mail consisting of all documents except one of each item of more than one, to be sent by second mail.

Special Conditions:

We hereby engage with the drawers, endorsers and bona fide holders of bills drawn and presented in accordance with the terms of this credit that the bills shall be duly honored on presentation.

This Credit is subject to ICC Uniform Customs and Practice for Documentary Credits (2007revision).

1. 信开本信用证

信用证的英文是 Letter of Credit，这是因为最初的信用证形式是信函(letter)形式。信开本信用证记载的内容比较全面。银行一般都有印就的信用证格式，开立时填入具体内容即可。信开(to open by airmail)一般都开立正本(original)一份、副本(copy)若干份。开证行将信用证正本用邮寄的方式寄给通知行转交受益人，该信用证正本即为有效文件。

2. 电开本信用证

以加注密押的电报或电传形式开立的信用证称为电开本信用证。电开本信用证又有两种。

(1)简电本(Brief Cable)。简电本是指仅记载信用证证号、开证申请人名称、总金额、装运期限及信用证有效期等主要内容的电开本。简电本内容比较简单，其目的是预先通知(pre-advice)出口商，以便其早日备货。因此，简电本一般在电文中都注明“详情后告”或“随寄证实书”(Mail Confirmation to follow)，而且不加押。这种简单电文由于不加押而无法律效力，所以开证行在发出电文后，随后会寄出内容完整的信开本形式的“证实书”。证实书是信用证的有效文本，可以作为交单议付的依据。

(2)全开本(Full Cable)。开证行将信用证的详细内容用电讯方式发给通知行请其转交受益人，该电讯文件即为信用证的有效文件。全开本自身是一个内容完整的信用证，因此是交单议付的依据，不需“随寄证实书”。如果电开本信用证开出后，开证行又邮寄证实的信用证(即信开本)，哪一个为有效的信用证？除非在电讯中声明“详情后告”或声明以邮寄证实书为有效外，均以电讯为有效证。

随着通信技术的发展，内容完整的电开本信用证使用越来越广泛。有些银行根本不用信开本了。过去使用电开本时，都采用电报或电传开证，各国银行标准不一，条款和格式也不相同，而且文字烦琐。现在北欧、美洲和亚洲等国家和地区的银行都普遍使用 SWIFT 开证(参见式样 5-5 和式样 5-6)，使信用证具有了标准化和格式化的特点，且传递速度快，成本大大降低。因此，目前全电开本信用证使用较多。但一些开证行仍然习惯于先以简单的电文指示通知行通知受益人，然后再邮寄证实书。开证行如果准备随后邮寄证实书，简电本中可声明“Details to follow”(详情后告)或“Credit to be effective upon receipt of mail confirmation”(收到证实书后信用证始可生效)等类似措辞，但电文不能加押。《UCP600》第 11 条 a 款第 1 项规定：“如开证行使用经证实的电讯方式指示通知行通知信用证或信用证修改书，该电讯即视为有效的信用证文件或有效的修改书，不应再邮寄证实书。如仍寄证实书，则该邮寄证实书无效。通知行也没有义务将其与以电讯方式开立的有效的信用证文件或有效的修改书核对。”如果在电文中加了密押，就表明该电文已证实作为完整的有效信用证，在这种情况下，即使邮寄来证实书也是无效的。

式样 5 - 5

SWIFT 信用证中文式样

SWIFT 格式 700:信用证的开立

发信银行:××银行

信用证类别:不可撤销信用证

信用证编号:1234

开证日期:20××

有效期及地点:20××,中国

开证申请人:A 公司

受益人:B 公司

币别,金额:美元××

议付银行:任何银行

汇票期限:即期

付款人:××银行

分批装运:准许

转运:准许

装运货物:货物××从 A 运至 B

应付单据:商业发票和提单各一式三份

提示日期:于签发提单后 15 日内须提示单据

保兑指示:无

式样 5 - 6

SWIFT 信用证英文式样

SWFIT MT700: ISSUE OF A DOCUMENTARY CREDIT

FROM: ××BANK

40 A FORM OF DC: IRREVOCABLE

20 DC NO.: 1234

31C DATE OF ISSUE: 20××

31D DATE AND PLACE OF EXPIRY: 20××, CHINA

50 APPLICANT: A COMPANY

59 BENEFICIARY: B COMPANY

32B DC AMT: CURRENCY USD××

41A AVALL ABLE WITH/BY: ANY BANK BY NEGOTIATION

42C DRAFTS AT: SIGHT

42A DRAWEE: ××BANK

43P PARTIAL SHIPMENT: ALWD

43T TRANSSHIPMENT: ALWD

45A GOODS: ××GOODS FR A TO B

46A DOCUMENTS REQUIRED: COML INVO AND B/L IN TRIPLICATE

48 PERIOD FOR PRESENTATION: DOCS TO BE PRESENTED WI 15 DAYS

49 CONFIRMATION INSTRUCTIONS: WITHOUT

(二)信用证的内容

无论信用证的形式、名称有何不同,其主要内容(以 SWIFT 信用证为例)还是基本一致的,根据《UCP600》规定,信用证一般包括以下内容。

(1)信用证的形式 (Form of Credit);

(2)信用证的号码 (L/C Number);

(3)开证日期和地点 (Date of Issue);

(4)有效期和地点 (Date and Place of Expiry);

(5)开证申请人的名称、地址 (Name and Place of Applicant);

(6)受益人的名称、地址 (Name and Place of Beneficiary);

(7)通知行及业务编号 (Advising Bank and Ref. No.);

(8)信用证的金额 (L/C Amount);

(9)指定银行、信用证类型、汇票的付款期限及付款人 (Nominated Bank, Kinds of L/C, Draft at … and Drawee);

(10)是否分批装运 (Partial Shipment Allowed/Prohibited);

(11)是否转运 (Partial Transshipment Allowed/Prohibited);

(12)买方保险 (Insurance Covered by Buyer);

(13)装运港、目的港、装运期 (Port of Loading, Port of Discharge, the Latest Date of Shipment);

(14)特别条款 (Special Terms/Instructions);

(15)货物描述 (Goods Descriptions);

(16)规定的单据 (Stipulated Documents);

(17)商业发票 (Commercial Invoice);

(18)运输单据 (Transportation Documents);

(19)保险单据 (Insurance Policy);

(20)其他单据 (Other Documents);

(21)交单期限 (Documents to Be Presented Within);

(22)对通知行的指示 (Instructions to Advising Bank);

(23)银行间指示 (Bank to Bank Instructions);

(24)信用证的页数 (Sequence of Total);

(25)开证行的名称及签字 (Name and Signature of the Issuing Bank)。

式样 5-7 和式样 5-8 是信用证和 SWIFT 信用证的实例。

式样 5-7　　信用证样例

Letter of credit

0811182152 +
1182152 BAMB IN
3900111CIBJN CN
TO: BANK OF AMERICA, BOMBAY BRANCH
FM: CHINA INVESTMENT BANK
JINAN BRANCH (FORMERLY SHANDONG BRANCH)
85 JINGQI ROAD
JINAN 250001 P. R. CHINA

Form of L/C: Irrevocable documentary credit
L/C No. : 5696125
Date of issuance: March 28,2019
Date and place of expiry: May 15,2019, India
APPLICANT: JINAN YU XIN CO. LTD.
NO. 62 FENG HUANG ROAD
JINAN, CHINA
BENEFICIARY: SURYAVANSHI SPINNING MILLS LTD.
SURYA TOWERS, 6TH FLOOR
SANDRA ROAD
SECUNDERABAD-500 003. A. P. INDIA
TEL: 843333
FAX: 815135
TLX: 0425-6121

Amount: USD 125 550. 00 CFR QINGDAO CHINA (Say: U. S. Dollars one hundred and twenty five thousand five hundred and fifty only)

Credit available with any bank by negotiation of your draft (s) at 90 days after B/L date for ______ percent of invoice value on us marked as drawn under this credit and accompanied by the following documents:

(1) Signed commercial invoice in 4 copies in dictating this L/C No. 5696125 and contract No. 103/99.

(2) 2/3set of clean on board ocean bills of lading made out to order and blank endorsed and marked "freight prepaid" notifying the applicant.

(3) Packing List/Weight Memo in 4 copies showing quantity /gross and net weight for each package.

(4) Certificate of quantity and quality in 2 copies issued by manufacturers.

(5) A copy of cable to accountee advising shipment when it is made.

(6) One set of negotiable shipping documents including one original B/L must be air mailed direct to the applicant within 5 days after dated of B/L and beneficiary's certificate to this effect is required.

Partial shipment: Prohibited
Transshipment: Allowed
Shipment from the port of India to QINGDAO CHINA
Latest shipment date: April 30,2019.

Covering:
20/1100pct cottons carded auto-coned yarn
Quantity: 48 988. 00 kgs (3 ×40 FT FCL)
Unit price: USD 456/bale of 181. 44 kgs CFR QINGDAO CHINA
Total price: USD 125, 550. 00 CFR QINGDAO CHINA
Packing: Seaworthy packing
Country of origin: India

Special instructions:

(1) Documents issued earlier than L/C issuing date are not acceptable.

(2) A USD 50. 00 fee plus all relative cable charges will be deducted from the reimbursement claim for each presentation of discrepant documents under this documentary credit. Notwithstanding any instructions to the contrary, this fee will be for the account of the beneficiary.

(3) All documents to be presented to us in one lot by the available airmail.

(4) All banking charges and interest, if any, outside of the opening bank both are for the beneficiary's account.

We hereby undertake that all drafts and shipping documents drawn under and in compliance with the terms of this credit will be duly accepted on presentation at this office and honored at maturity as per your instructions.

Except so far as otherwise expressly stated this credit is subject to the ICC Uniform Customs and Practice for Documentary Credits-2007 revision-publication 600.

Regards

式样 5－8

SWIFT 信用证

TOKYO BANK, YOKOHAMA BRANCH TO CUSTOMER

022030 00/12/13 018970 191 BH20 0000

- SWIFT -

ADV. BANK: CHINA BANK, SHANGHAI BRANCH

IT700	ISSUE OF A DOCUMENTARY CREDIT:	L/C NO.	KP7021-5468
27	SEQUENCE OF TOTAL:	1/2	
40A	FORM OF DOCUMENTARY CREDIT:	IRREVOCABLE	
20	DOCUMENTARY CREDIT NUMBER:	KP7021-5468	
31C	DATE OF ISSUE:	13-Dec-19	
31D	DATE AND PLACE OF EXPIRY:	22-Jan-19	
50	APPLICANT: K & P TRADING CORP. NO. 3478, SUOPAS STREET, YOKOHAMA, JAPAN		
59	BENEFICIARY: BOFA INTERNATIONAL TRADE CO. NO. 1461 JIANCHUN ROAD, SHANGHAI, CHINA		
32B	CURRENCY COOE, AMOUNT:	USD 119 254.50	
41D	AVAILABLE WITH... BY...: ANY BANK IN CHINA BY NEGOTIATION		
42C	DRAFTS AT QUOTING NO. AND DATE OF THIS LC AND NAME OF LC ISSUING BANK (WHICH MUST ALSO BE INDICATED ON ALL SHIPPING DOCUMENTS REQUIRED)	SIGHT	
42D	DRAWEE: ISSUING BANK FOR FULL INVOICE VALUE		
43P	PARTIAL SHIPMENT: UNPERMITTED		
43T	TRANSSHIPMENT: PERMITTED		
44A	LOADING ON BOARD/DISPATCH/TAKING IN CHARGE AT/FROM: SHANGHAI		
44B	FOR TRANSPORTATION TO: YOKOHAMA		
44C	LATEST DATE OF SHIPMENT:	13-Jan-20	
45A	DESCRIPTION OF GOODS AND/OR SERVICES		

BICYCLE AS PER SALES CONFIRMATION NO.: BF-KP79310

DATED 5-Dec-19 CIF YOKOHAMA

46A DOCUMENTS REQUIRED

1 SIGNED COMMERCIAL INVOICE IN TRIPLICATE SHOWING FREIGHT AND INS. CHARGES

2 SIGNED PACKING LIST IN DUPLICATE INDICATING GROSS WEIGHT/NET WEIGHT AND MEAS. OF EACH PACKAGE AS WELL AS GRAND TOTAL OF EACH ITEM.

3 FULL SET (2/2) MARINE INSURANCE POLICY OR CERTIFICATE, ENDORSED IN BLANK, FOR 110 PERCENT OF FULL CIF VALUE, COVERING ALL RISKS AND WAR RISK AS PER PICC DATED 1/1/1981 SHOWING CLAIMS, IF ANY, ARE TO BE PAID AT DESTINATION IN THE SAME CURRENCY OF THE DRAFTS.

4 FULL SET OF CLEAN ON BOARD OCEAN BILLS OF LADING MADE OUT TO ORDER OF SHIPPER, MARKED "FREIGHT PREPAID", ENDORSED IN BLANK AND NOTIFY APPLICANT WITH FULL ADDRESS.

5 BENEFICIARY'S CERTIFICATE ACCOMPANIED WITH THE RELATIVE FAX COPY CERTIFYING THAT ALL SHIPPING DETAILS HAVE BEEN FACSIMILED TO APPLICANT WITHIN 2 DAYS AFTER SHIPMENT EFFECTED.

6 CERTIFICATE OF ORIGIN FORM A IN DUPLICATE.

五、《跟单信用证统一惯例》

在国际贸易中,跟单信用证是一种重要的支付方式,作为一种国际支付工具,要求信用证的各当事人对信用证条款的理解和解释完全一致。但有关当事人处在不同的国家,法律、习惯、语言不同,误解难免,而且由于信用证本身条款也极具复杂性,许多银行希望能统一解释信用证,于是一些银行开始以民间团体的身份制定一些信用证惯例。例如,1920 年美国出现商业信用证纽约银行协会条款,法国等西欧国家也开始进行国内的统一活动。但信用证是国际业务,作为向国际统一方向迈进的必然结果,国际商会于 1930 年拟定了《商业跟单信用证统一惯例》,并在 1933 年正式公布。其后于 1951 年进行了第一次修改,1952 年 1 月起正式生效。在这以后,由于国际运输业发生重大变化,集装箱运输得到广泛的发展,于是出现了联合运输方面的单据。为适应这种变化,国际商会又着手进行修订工作,新的修订本以第 290 号出版物公布,于 1975 年 10 月 1 日起施行。290 号出版物除了适应运输技术发展的需要外,对银行间的关系作了更明确的规定,对申请人与银行之间、银行与受益人之间的关系也作了界定,该文本得到了 160 多个国家的银行的采纳。290 号出版物实行以后,运输技术进一步发展,多式联运和集装箱运输得到普遍的运用,不可流通的运输单据的使用日益增多,通信技术也发生了变革,银行间的通信出现了电子化、网络化的趋势,相应地,单据的传递和制作发生了变革,这些新情况迫使国际商会于 1982 年开始进行修订工作,修订后的统一惯例以国际商会第 400 号出版物公布,于 1984 年 10 月 1 日施行。从 1991 年起,国际商会又着手对第 400 号出版物进行修订,以便使信用证业务中的一些问题能详尽地纳入统一惯例的规定之中。这次修订获得通过以后,国际商会以 500 号出版物公布,简称《UCP500》。2007 年最新修订的《跟单信用证统一惯例》是国际商会第 600 号出版物,简称《UCP600》。

《UCP600》在继承《UCP500》精神实质的基础上,具有以下变化。

(一)结构上的改变

《UCP600》在结构上有一个重要变化,即在第二、三两个条款集中归结了概念和某些词语在本惯例下的特定解释。对各当事方进行定义是一项很困难的工作,它牵扯到全行业的理解标准问题,但从惯例的整体结构来看会显得更加完整。把原本散落在各个条款中的解释定义归集在一起使全文变得清晰。从各关系方的定义来看,其责任和义务没有实质变化,但相比《UCP500》,《UCP600》在个别用词上更加清晰和简洁,并补充了一些《UCP500》中未加以明确的定义。这方面的调整对于企业,特别是涉足信用证业务不多的企业来讲,是一项有利的举措,因为这将更便于学习。在研读《UCP600》的过程中,需要尤其注重这些定义。明确惯例对各当事方的定义,才能更准确地把握信用证下各方的权利义务,也才能更好地保护自身利益。

《UCP600》在全文结构上的另一个变化是按照业务环节对条款进行了归结。简而言之,就是把通知、修改、审单、偿付、拒付等环节涉及的条款在原来《UCP500》的基础上分别集中,使得对某一问题的规定更加明确和系统化。这一点同样会大大方便使用者。当进行业务处理时,如果对某一环节不太清楚,使用者可以很方便地在《UCP600》中查到相关的规定,这比从《UCP500》纷繁复杂的条款中寻找要轻松得多。同时,在学习《UCP600》时,也可以对某一问题有一个周详的认识。同样的改进还出现在关于如何认定正本单据的规定方面——新的规定更加单纯而明确。

《UCP600》在结构上的变化借鉴了《ISP98》(《国际备用证》)的模式,改变了原《UCP500》在次序排列上的不足,极大地方便了使用者。

(二)重要的新定义

在《UCP600》的条款中,出现了两个十分重要的新定义,在此有必要对它们进行解释,以利于对惯例全貌的把握。

1. HONOUR

"兑付"这个词概括了开证行、保兑行、指定行在信用证下除议付以外的一切与支付相关的行为。仅从《UCP600》条款设计来看,这个定义的引入可以使其他条款的规定统一而简洁;深一层讲,可以认为国际商会在试图向这样一个方向努力:无论哪一种信用证,银行在信用证下的义务是同一性质的。从信用证使用角度,特别是从受益人角度来看,无疑是有利的。

2. COMPLYING PRESENTATION

在《UCP600》的条款中,专门规定了何为"相符的交单",强调要与信用证条款、适用的惯例条款以及国际银行标准实务相符合。这一对"相符"的界定,可能会减少实务中对于单据不符点的争议。在审单标准条款中,进一步细化了这一规定。由于国际银行标准实务是一个广义的范畴,并不局限于国际商会 645 号出版物《关于审核跟单信用证项下单据的国际银行标准实务》,因此这一规定实际上仍存在一定的灵活性。据悉,645 号出版物也将针对《UCP600》相应进行修订,因此我们还需要关注该出版物的情况。

这两个定义,特别是"HONOUR"很可能会出现在将来的信用证条款中,比如开证行给指定行的指示条款部分(SWIFT 电文 MT700 第 78 场),需要各当事方在实务中加以注意,以判定开证行的承诺性质。

(三)重大改变

在《UCP600》的条款中,有很多相对《UCP500》条款的实质变动,有些对进出口商可能会产生重要影响。

1. 议付的定义

《UCP600》对于议付的定义有别于《UCP500》,也与 ICC(The International Chamber of Commerce,国际商会)关于"议付"的专门意见书有所不同。在新的定义中,明确了议付是对票据及单据的一种买入行为,并且明确是对受益人的融资——预付或承诺预付。定义上的改变承认了有一定争议的远期议付信用证的存在,同时也将议付行对受益人的融资纳入了受惯例保护的范围。议付的概念一直处于面临多种解释的尴尬境地,现在的规定可能仍难以在所有银行中达成统一意见,但对于受益人而言,获得支付或融资才是最终目的,因此,这一条款倒也简单明了。在明确了议付信用证的融资功能以后,是否要求提交汇票的争议恐怕会迎来新的高峰。

2. 新增的融资许可

除了在议付的定义中明确了其预付性质以外,《UCP600》还明确了开证行对于指定行进行承兑、做出延期付款承诺的授权,同时包含允许指定行进行提前买入的授权。这项规定旨在保护指定行在信用证下对受益人进行融资的行为。从各国法院对信用证案件的审理结果来看,在如何认定指定行的行为效力方面有很大的差异,比如在英国和美国的法律中,对于善意持票人的判定标准就有很大不同。这种状况直接决定了相关银行在信用证业务中的地位,进而影响当事银行叙做业务的意愿,也在一定程度上阻碍了信用证业务的顺利开展,更带来了一些理解上的混淆。国际商会在这项规定上的尝试,存在与各国的商法、票据法有所抵触的可能,但对于统一银行的操作方面有望取得进展。鉴于各国法院在处理信用证相关案件时,会很大程度上倾向遵循国际惯例,这样的规定是富有积极意义的。当然,如果开证行信誉不佳,或是进口国国家风险较高,出口商获得融资的可能并不会仅凭这个条款的存在而增加。

3. 拒付后对单据的处理

在《UCP600》的条款中,细化了拒付电中对单据处理的几种选择,其中包括一直以来极具争议的条款:"拒付后,如果开证行收到申请人放弃不符点的通知,则可以释放单据。"加入这一条款主要是考虑到受益人提交单据最基本的目的是获得款项,因此可以推定,如果申请人同意放弃不符点并支付,对受益人利益不会造成根本性的损害。特别是当受益人明知单据存在不符点,依然要求指定行向开证行寄送单据的情况下,隐含了其希望申请人接受不符点并支付款项的意愿。现实业务中,已经有银行在开立的信用证中加具此类条款,应该说其做法与《UCP500》是矛盾的,并且容易引发纠纷,甚至导致诉讼。《UCP600》把这种条款纳入合理的范围内,符合了现实业务的发展,减少了因此产生纠纷的可能,并且有望缩短不符点单据处理的周期。当然,如果出口商出于各种考虑不愿意给予对方这种权利,可以在交单时明确表示此笔交单按照惯例中另一个选项来处理,即拒付后"单据按照交单人事先指示处理",或者干脆要求进口商委托开立信用证时直接排除这一选项。对于进口商而言,如果因不符点单据准备拒付,也要同样注意向开证行查询对方在交单面函中有无额外指示,以免造成后续处理的不便,甚至因处理不当引发纠纷。

4. 单据处理的天数

关于开证行、保兑行、指定行在收到单据后的处理时间,在《UCP500》中规定为"合理时间,不超过收单翌日起第 7 个工作日",而在《UCP600》中改为了"最多为收单翌日起第 5 个工作日"。首先,"合理时间"这一概念不复存在。当前业务中,经常出现处理时间是否"合理"的争议,这一概念受到当地行业惯例的影响,而一旦诉诸法律,还受到法官主观判断的影响,因此,围绕这一概念的纠纷不断发生。针对这种现状,《UCP600》把单据处理时间的双重判断标准简化为单纯的天数标准,使得判断依据简单化。其次,关于最长时限的缩短,总体来说对受益人更为有利。从进口商方面考虑,头寸调拨时间变短,特别是授信开证的公司,如果其内部手续繁杂,将可能会影响及时支付。当开证行发现不符点后,其与申请人接洽的时间相应变短;而如果出现交单面函指示不清等问题,与交单行的联系时间也受到压缩。因此,银行、公司各个环节的操作人员都要更加富有效率。对于出口商而言,在新的规定下有望更早收到头寸。虽然有银行反映,新的规定将导致所有支付均发生在收单翌日起第 5 个工作日而没有提前支付的余地,但至少支付底限是提前了。由于我国产品大量出口到东南亚及中东地区,而这些地区的银行业务处理普遍欠规范,新的规定有望帮助我国出口商提前收汇。

5. 转让信用证

转让信用证最大的变化在于《UCP600》中明确了第二受益人的交单必须经过转让行。

此条款主要是为了避免第二受益人绕过第一受益人直接交单给开证行，损害第一受益人的利益；同时，这条规定也与其他关于转让行操作的规定相匹配。有人或许会担心新的规定导致环节增多，特别是在我国很多第一受益人只是贸易代理或拥有进出口权的母公司的情况下，反而会引起不便，这种担心是不必要的。现实业务中，如果第一受益人要求全额转让，不需支取差价的话，可以要求进口商开立信用证时排除此条款，或在要求转让行进行转让时，明确告知开证行第一受益人放弃换单权利。

此外，《UCP600》相比《UCP500》还有一个重要的条款改变，旨在保护没有过错的第二受益人。鉴于围绕转让信用证的争议很多，国际商会发布过一份专门针对转让信用证的指南，其中包含这样的规定：当第二受益人提交的单据与转让后的信用证一致，而因第一受益人换单导致单据与原证出现不符时，或者简单说单据不符仅由第一受益人造成时，转让行有权直接提交第二受益人的单据给开证行。这项规定保护了正当发货制单的第二受益人的利益，剥夺了不当作为的第一受益人赚取差价的权利。《UCP600》吸纳了这个条款，也就明确了此类业务的处理方法，需要引起进出口各方的特别注意。

（四）指示方责任

单从被指示方免责条款的内容来看，《UCP600》对于指示方并未加诸过多的新义务，其对被指示方的责任也并未增加。但从全文角度看，惯例对于指示方还是给予了很大压力的，这一部分主要是对进口商有影响。比如，对于发票、运单、保单以外的单据，如果并未规定出具人和单据内容，那么提交看上去满足所要求单据功能的单据即可。这比《UCP500》要求的“内容与其他单据不冲突”更为宽松，因此对于进口商，在给予开证行开证指示时，一定要注意措辞清晰，至少要明确自己需要的是什么层次的单据。

对于卖方市场货物的进口，进口商有时会迫于对方压力，按照对方要求拟写信用证申请，甚至不清楚信用证中规定的到底是何种单据，一旦受益人提交的单据产生问题，受害的肯定是进口商。业务操作中，出口商希望单据规定尽可能简单是很常见的，对于他的要求应否满足取决于单据的重要性。如果单据名称表面看来很模糊，或者单据十分重要，那么明确出具人或是规定单据内容是必要的。特别是现行的 ISBP（《关于审核跟单信用证项下单据的国际标准银行实务》）还规定，单据名称可以与信用证规定不一致，甚或没有名称。把《UCP600》的规定和现行 ISBP 规定合在一起理解，对于单据要求得过于简单恐怕难以达到进口商的预期目的。对于信用证业务最初的发起人——申请人（进口商）而言，在业务中采取偏谨慎的态度是完全必要的。

其他方面诸如单据的出具人身份等，在《UCP600》中，也有不同程度上的变化，需要在制作和审核单据过程中按照新的标准去做。从《UCP600》整体的角度看，对于单据的要求是逐渐宽松。

第二节　信用证的当事人

信用证的业务操作较汇付和托收要复杂得多。在信用证的操作实务中，最关键的是明晰信用证的当事人的权利和义务关系。

一、信用证的当事人及相互关系

(一)信用证的当事人

1. 开证申请人

开证申请人(Applicant)是指向银行提出申请开立信用证并最终承担付款义务的人。在国际贸易中,开证申请人通常是进口方。但在少数情况下,也可能是另外一家商人。这种情况有两种可能:一种是合同的买方为中间商,代人成交,签约后由真正的买主申请开证;另一种是合同的买方已将合同转让给另一进口商,由最后的买主申请开证。

开证申请书(参见式样 5 - 9)是申请人(进口商)对开证行所作的详尽的开证指示,即规定信用证应列出的内容。开证行将这些内容抄录到信用证上,是银行对出口商付款的凭据。通常很多银行都将开证申请书和担保协议书结合,内容包括两部分:正面是开证申请书,背面是进口商对开证行的声明,用以明确申请人和银行间的权利与义务。由于开证申请书的格式是由开证行提供的,上面一般只记载申请人的义务及开证行的权利与免责事项。

2. 开证行

开证行(Issuing Bank/Opening Bank)是接受申请开出信用证并对信用证承担付款责任的银行。在国际贸易中,开证行为进口方所在地银行,且多为进口方的开户行。开证行是信用证业务中最重要的一方当事人,开证行的信誉、业务经验等是其他当事人参与信用证业务考虑的主要依据。

开证申请书属于代理合同性质,开证行处于代理人的地位,它的行为受开证申请书的约束,必须遵照申请人即被代理人的指示行事并对自己的过失负责。开证行开出信用证后,它必须对受益人承担第一性的付款责任。

3. 受益人

受益人(Beneficiary)是指有权享受信用证上收款权利和使用信用证的人。在国际贸易中,受益人多为出口方。如果进口商在申请开证时须由出口商提供适当证明并在买卖合同中规定者,出口商应于合理时间内提供证明,以协助买方按时申请开立信用证。若经当事人同意,也可以把下述第三者作为受益人:卖方公司中的一个子公司,一个部门或一个附属机构;或卖方的商业合伙人;或货物的最终供应者。

4. 通知行

通知行(Advising Bank/Notifying Bank)是指按开证行的授权将信用证转递给受益人的银行。在国际贸易中,通知行一般为出口方所在地的银行。通知行是由开证行选定的,它与开证行之间是委托代理关系。

5. 付款行

付款行(Paying Bank)是指信用证中对受益人承担付款责任的银行。付款行可以是开证行本身,也可以是开证行根据业务需要所指定的另一家银行。从法律角度看,付款行是开证行的代理行。开证行通常委托通知行为付款行,也可能委托其他银行为付款行。开证行与付款行的关系是建立在两家银行的代理合同上,如果不在代理范围内,开证行指定某银行为付款行,该银行有权拒绝代为付款。

式样 5－9

不可撤销开证申请书

Irrevocable Documentary Credit Application

To: BANK OF CHINA　　　　　　　　　　　　　Date:

<table>
<tr><td colspan="2">Beneficiary(full name and address)</td><td>L/C No.
Ex-Card No.
Contract No.</td></tr>
<tr><td colspan="2"></td><td>Date and place of expiry of the credit</td></tr>
<tr><td>Partial shipments
☐ allowed
☐ not allowed</td><td>Transshipment
☐ allowed
☐ not allowed</td><td>☐ Issue by airmail
☐ With brief advice by teletransmission
☐ Issue by express delivery
☐ Issue by teletransmission (which shall be the operative instrument)</td></tr>
<tr><td colspan="2">Loading on board/dispatch/taking in charge at/from
not later than
for transportation to</td><td>Amount (both in figures and words)</td></tr>
<tr><td colspan="2" rowspan="2">Description of goods:

Packing:</td><td>Credit available with
☐ by sight payment ☐ by acceptance
☐ by negotiation
☐ by deferred payment at against the documents detailed herein
☐ and Beneficiary's draft for ____% of the invoice value
at
on</td></tr>
<tr><td>☐ FOB　☐ CIF　☐ CFR　☐ or other terms</td></tr>
<tr><td colspan="3">Documents required: (marked with ×)
1. (　) Signed Commercial Invoice in ____ Copies indicating L/C No. and Contract No..
2. (　) Full set of clean on board ocean Bills of Lading made out to order and blank endorsed, marked "freight [　] to collect/ [　] prepaid [　] showing [　] freight amount" notifying ________。
3. (　) Airway Bills showing "freight [　] to collect/ [　] prepaid [　] indicating freight amount" and consigned to.
4. (　) Memorandum issued by ________。
5. (　) Insurance Policy/Certificate in ____ Copies for ____% of the invoice value showing claims payable in China in currency of the draft, blank endorsed, covering ([　] Ocean Marine Transportation / [　] Air Transportation / [　] Over Land Transportation) All Risks, War Risk.
6. (　) Packing List/Weight Memo in ____ Copies indicating quantity/ gross and net weights of each package and packing conditions as called for by the L/C.
7. (　) Certificate of Quantity/Weight in ____ Copies issued by an independent surveyor at the loading port, indicating the actual surveyed Quantity/Weight of shipped goods as well as the packing condition.
8. (　) Certificate of Quality in ____ Copies issued by [　] manufacturer/[　] public recognized surveyor/ [　].
9. (　) Beneficiary's certified copy of cable /telex dispatched to the accountees within hours after shipment advising [　] name of vessel/[　] flight No. /[　] wagon No., date, quantity, weight and value of shipment.
10. (　) Beneficiary's certificate certifying that extra copies of the documents have been dispatched according to the contract terms.
11. (　) Shipping Co.'s Certificate attesting that the carrying vessel is chartered or booked by accountee or their shipping agents.
12. (　) Other documents, if any:
Additional Instructions:
1. (　) All banking charges outside the opening bank are for beneficiary's account.
2. (　) Documents must be presented within days after the date of insurance of the transport documents but within the validity of this credit.
3. (　) Third party as shipper is not acceptable. Short Form/Blank B/L is not acceptable.
4. (　) Both quantity and amount % more or less are allowed.
5. (　) Prepared freight drawn in excess of L/C amount is acceptable against presentation of original charges voucher issued by shipping Co. /or it's agent.
6. (　) All documents to be forwarded in one cover, unless otherwise stated above.
7. (　) Other terms, if any:</td></tr>
</table>

Account No:　　　　　　　　With　　　　　　　　　　　　　　　　(name of bank)

Transacted by:

Telephone No.:　　　　　　　　　　　(Applicant: name, signature of authorized person)

6. 议付行

议付行(Negotiating Bank)是指受开证行委托或自愿接受受益人单据并垫付货款的银行。议付是指银行对汇票或单据付出对价,即代开证行审核和接受单据,并将汇票金额扣除自议付日到估计收到票款日的利息和手续费,垫付给受益人。议付行可能是通知行或保兑行,也可能是出口地的其他银行。议付行有权不议付,但在市场竞争的情况下,一般来说只要受益人愿提供担保,且单据不符点只是一般性的而不是实质性的,银行也可通融议付,这是由于有开证行在信用证条件下的付款保证以及受益人提交的符合信用证条款的代表货物所有权的单据,还可以得到一定的手续费和利息收入,比一般的商业贷款的风险要小得多。而议付对出口商来说,是一种获得融资的方式。

7. 保兑行

保兑行(Confirming Bank)是应开证行的要求在信用证上加具保兑的银行。一般银行在接到开证行的保兑邀请后,往往要对开证行的资信状况以及信用证条款研究之后再决定是否加具保兑。如果决定不按开证行授权或要求对信用证加具保兑时,必须无延误地通知开证行。保兑行一般是出口地信誉良好的银行,它接受开证行邀请在信用证上加注保证条款或加保兑注记后,该信用证的可接受性大大增加。开证行有时邀请通知行充当保兑行,也可能找另外一家银行充当。

8. 偿付行

偿付行(Reimbursing Bank)是开证行指定的代其向议付行、付款行等偿还垫款的银行。如果开证行与议付行或付款行没有账户关系,特别是信用证采用第三国货币结算时,开证行会指定另一家与它有账户关系的,在货币所在国的银行充当偿付行。所以偿付行往往是代开证行偿付议付行垫款的第三国银行,或由通知行兼任。信用证上规定有偿付行时,开证行开出信用证后应立即向偿付行发出偿付授权书,通知授权付款的金额、有权索偿银行等内容。出口地银行在议付或代付款之后,一面把单据寄开证行,一面同时向偿付行发出索偿书,偿付行收到索偿书后核对开证行偿付授权书,如与有权索偿银行相符,索偿金额不超过授权金额,则立即向索偿银行付款,然后再向开证行索付。

9. 承兑行

承兑行(Accepting Bank)是在信用证项下对受益人签发的远期汇票予以承兑,并承担到期付款责任的银行,开证行如开立承兑信用证,该信用证项下汇票的付款人必须是银行,一般为开证行自身或其指定的一家银行(通常为开证行在相应货币清算中心的分支机构或存款行)。

(二)信用证当事人的相互关系

1. 开证申请人与受益人

开证申请人与受益人在一笔信用证业务中的关系是建立在买卖合同基础上的契约关系,买卖合同是约束其在合同项下行为的基础,双方享有合同赋予的权利,同时必须履行合同义务。买卖合同通常在“货款支付”条款中,对支付方式、支付货币、支付时间与地点等有关国际货款支付的具体事项进行明确的规定,进出口商均受其约束。当买卖合同规定以信用证支付方式清偿因货物所引起的债权债务时,开证申请人须在合同规定的期限内,向一家银行申请开出符合合同规定的信用证,受益人则须严格履行信用证义务,提交表面合格的单据。若任何一方违约甚至毁约,另一方有权提出赔偿,或提交仲裁机构裁决或法院判决。

2. 开证行与开证申请人

开证行与开证申请人之间的关系为契约关系。两者产生契约关系的原因在于:开证申请人(进口商)为履行买卖合同义务,以出具开证申请书的形式要求一家银行为合同的另一方(即出口商)提供付款承诺。若开证申请人能够提供偿付信用证金额的开证担保,并履行了申请开证的一切手续,填写了开证申请书,交付了开证押金或保证金,支付了开证费之后,该银行即以开出信用证的形式同意提供这种付款承诺。信用证一经开出,开证行与开证申请人之间的契约关系即告成立,开证申请书即是表示这一契约关系的书面文件。开证行按约定将信用证及时通知至受益人(通常是通过通知行),并须对表面合格的单据承担付款责任。开证申请人应按期付款赎单,若到期不赎,开证行有权处理单据及单据项下的货物。

3. 开证行与通知行

开证行与通知行间属代理关系,两者间通常订有业务代理协议。开证行是委托信用证通知的委托人,通知行是接受开证行的委托履行信用证通知义务的受托人。通知行接受通知委托后,应立即证明信用证印鉴或密押的真实性,并迅速、准确地将信用证内容通知受益人,通知行对受益人不负有除通知以外的信用证责任,开证行无权强迫通知行向受益人偿付款项。但通知行接受了开证行的议付或付款委托并履行其职责后,有权凭正确的单据向开证行要求偿还所垫付的款项。

4. 开证行与受益人

开证行与受益人之间虽然不存在直接的契约关系,但开证行一旦以开出不可撤销信用证的形式,向受益人承担对表面合格单据不可推卸的付款责任后,双方之间即产生了事实上的契约关系,其权利与义务建立的基础即信用证条款。开证行负有对表面合格单据必须付款、妥善保管受益人提交的全套单据、不当拒付时对受益人赔偿损失等义务,享有要求受益人严格履行信用证义务并提交与信用证规定相符的全套单据的权利,以及审核单据、拒付表面不合格单据、拒绝接受监管货物等项权利;受益人履行根据信用证的指示提交正确单据的义务,享有凭正确单据获得开证行付款的权利。

5. 通知行与受益人

若通知行不承担保兑责任,其与受益人无直接或事实上的契约关系。通知行只是按照开证行的委托,将确认为真实、有效的信用证迅速、准确地通知受益人,而不负除此之外的任何责任。受益人也不得向通知行主张超越其责任范围之外的任何权利。

6. 保兑行与开证行

保兑行与开证行之间系根据业务代理协议产生的代理关系。开证行邀请或委托一家银行以该银行的名义保付信用证时,该银行有权接受委托,也有权拒绝接受委托。若为前者,该银行即成为信用证的保兑行,应承担保兑行的全部责任和义务,并享有相应权利。

7. 开证行与议付行

开证行与议付行之间不存在直接的契约关系,两者关系的确立依据信用证条款的规定。议付行以汇票及/或单据持有人的身份对开证行主张权利。由于议付行根据开证行的邀请与付款承诺向受益人垫付货款,因而其有权向开证行索要所付款项,有权拒付不合格单据。在开证行拒付的情况下,议付行作为正当的持票人并根据其与受益人之间的协议,对受益人享有追索权。

8. 议付行与受益人

议付行与受益人之间系票据买卖关系和融资关系。议付行根据开证行的邀请对受益人提交的合格汇票、单据进行议付垫款,属票据买卖行为。受益人作为汇票的出票人和出让人向议付行转让跟单汇票,议付行以单据为抵押议付垫款后即成为跟单汇票的受让者及正当持票人。因此,开证行不论以何种理由拒绝偿还议付行的垫付,议付行作为正当持票人享有向受益人追索票款的权利。此外,议付行的议付垫款使受益人获得了资金融通,前者是资金的提供者,后者是融资便利的获得者。根据融资协议,当议付行遭开证行拒付时,其有权向受益人索回议付垫款。

9. 保兑行与受益人

保兑行对受益人具有与开证行相同的权利和义务,两者之间存在着事实上的契约关系,这一关系确立的基础即是保兑行在开证行开立的信用证上加注了“保兑”字样。保兑行对受益人独立负责,有对合格单据必须付款的义务,付款后无论因任何原因得不到开证行的偿付,均不得向受益人追索票款。受益人应向保兑行提交合格单据,并凭以获得保兑行的支付。

10. 开证行与付款行

开证行与付款行之间为业务代理关系。付款行根据两行间的业务协议承担代理付款责任。付款行代表开证行对受益人提交的单据进行核验,若表面合格,应予付款,若表面不合格,有权拒付。付款行验单付款后有权向开证行索要款项;若开证行偿还垫款后而又发现单证不符时,有权向付款行追索,付款行应予退款。

在信用证业务中,所有当事人均应根据信用证条款规定严格履行责任义务,并享有相应权利。若当事人之间发生分歧与纠纷,应以信用证条款、相关的国际惯例及法律为依据,寻求救济。

二、信用证当事人的权利与义务

(一)开证申请人的权利与义务

在国际贸易中,开证申请人通常是进口商,因此,在开立信用证时,买卖合同是基础,也是申请人申请开证的依据以及受益人审证的依据。进口商必须根据合同中条款的规定申请开证。

(1)按合同规定的时间申请开证。如果合同中未规定开证时间,应于合理时间申请开证,保证出口商在收到信用证之后和在合同规定的装运期限之前有充裕的时间备货、租船与装运。但进口商有拒开信用证的权利。如果买卖合同中约定买方开立信用证是以卖方交付一定的履约保证金为前提,但卖方未交付,买方有权拒开信用证,其后果与损失则由卖方承担。如果信用证开出后,卖方却未能按期装运货物并交出单据,则开证人有权没收卖方在开立信用证之前交付的履约保证金,以弥补开证费用与利息损失,如仍不足,有权再向卖方索赔。

(2)合理指示开证。开证人填写开证申请书时,实际上是把合同的有关内容转化为信用证条款,而每一条款都有单据要求,即所谓的合同条款化、条款单据化。所以要注意措词准确而又明确、内容简练而又完整。既保持信用证与合同的内容一致性,又使得信用证简明且无歧义,而且要避免非单据化条款。非单据化条款是指没有表明要提供与之相符的单据的条款,因为非单据化条款不是信用证条款,对受益人无约束力,银行不予理会。

(3)提供开证担保。担保可以是开证押金,也可以以动产或不动产担保,还可以由第三者提供担保。开证押金比例高低不等,最高可达信用证金额的 100% ,银行对于不同的客户、不同的商品有不同的尺度。如果是经常往来的客户,银行可根据客户资信、商品特性和市场动向,考虑给进口商一定的授信额度,开证金额在授信额度内不需押金,超过额度则收押金。押金是冻结不用的,所以不计利息,若以存单担保,则仍按原定利率计息。

(4)支付开证与修改的有关费用。这些应付费用具体包括:开证手续费、电报费、邮费、信用证修改费及其他开支。《UCP600》规定,指示另一方提供服务的一方有责任承担被指示方因执行其指示而支付的一切费用,包括手续费、成本费或其他开支,即使信用证规定这些费用由其他方负担,但若未被收回时,指示方仍须承担。所以,有关开立信用证及修改信用证的各项费用,应由开证申请人承担。但开证申请人有拒绝修改信用证的权利。如果受益人提出修改信用证的要求,而这种要求与双方签订的买卖合同不符,开证申请人有权拒绝修改,除非受益人有充分的理由。

(5)向开证行付款赎单。信用证项下的付款是以提示与信用证条款相一致的单据为前提条件的,开证申请人有审单、退单的权利。如果单据不合格,有权拒付并收回开证担保,当然如果进口商想要这批货,即便单据不符也可能会付款赎单;如果单据合格但被银行错误地对外拒付,有权提出异议并要求银行赔偿相应的损失。而在付款赎单提货后,发现货物与单据不符,不能向开证行追究责任。

(二)开证行的权利与义务

(1)遵照开证申请人指示开立和修改信用证。开证行作为申请人的代理人,应切实遵照开证申请书指示的条件开立信用证。为使信用证内容完整明确、简明合理,开证行有义务向申请人提供建议与咨询服务。开证行应提请申请人注意,不要在信用证申请书或修改书中罗列过多的细节,同时也要避免非单据化条款。

开证行有向开证人收取部分或全部开证押金的权利。如市场或开证人的资信发生变化,开证行有权随时要求开证申请人补交押金,押金最高可达信用证金额的 100% 。但收取的押金不能用于抵充开证人的其他债务而取消开证。

但开证行接受了开证申请书和开证担保后,应在合理时间内开出信用证。如果因自己的责任延误开证,应承担由此造成的损失,但是银行对任何邮递或电讯过程中发生的延误、残缺或其他差错,不承担责任。

(2)合理、小心地审核单据。开证行在收到单据后,必须小心谨慎地加以审核,确定其是否与信用证条款相符。开证行只需审核单据表面有无不符点,而对任何单据的形式、完整性、准确性、真实性或法律效力等不负责任。但是,如果受益人出于恶意,例如银行经审查已经觉察到单据是伪造的,可以拒付。

《UCP600》有些特别重要的改动,如:拒付后的单据处理,增加了"拒付后,如果开证行收到申请人放弃不符点的通知,则可以释放单据";增加了拒付后单据处理的选择项,包括持单候示、已退单、按预先指示行事。这样便利了受益人和申请人及相关银行操作。

如单据在途中遗失,《UCP600》强调只要单证相符,即只要指定行确定单证相符、并已向开证行或保兑行寄单,不管指定行是兑付还是议付,开证行及保兑行均对丢失的单据负责。

(3)承担第一性、独立的付款责任。信用证是开证行的付款承诺,只要单据与信用证要求相符,开证行就必须按规定履行付款,不能无理拒付。虽然开证行只是申请人的付款代理人,但信用证开出后,即使申请人倒闭或无力付款,开证行仍必须付款,而不能以申请人"无付款赎单能力"或"拒绝赎单"以及"未交开证押金"或"有欺诈行为"等为理由拒绝付款。开证行开出信用证后即承担了第一性的、独立的、不可推卸的付款责任。

(三)受益人的权利与义务

(1)审核信用证条款。受益人收到信用证后,应仔细将信用证内容与合同条款核对,并审核信用证条款能否履行。如果信用证条款与合同有不一致或新增加的地方,受益人有权要求进口商指示开证行修改信用证,或拒绝接受信用证。如果受益人按合同要求修改而进口商不同意修改或是修改不足,便是进口商违约,受益人可拒绝受证,甚至单方撤销合同,并提出索赔;如果受益人不要求修改,则只能按信用证规定而不能按买卖合同规定交货,否则将无法享受信用证所给予的收款的保证,但此时存在违背买卖合同的风险;如果受益人不要求修改,也不交货,则可能被进口商指责违约。

(2)及时提交正确、完整的单据。当受益人经审核或在其他情况下接受信用证后,就必须按信用证条款办事,在规定的装运期内装货,并在信用证有效期内提交规定的单据。受益人要对单据的正确性和完整性负责,做到单证一致,单单一致,即单据与信用证条款相符合,单据与单据之间无矛盾。如提交的单据与信用证不符,有义务在规定的时间内更改单据。受益人不得要求银行接受单证不符的单据。

(3)要求开证行付款、承兑或议付。受益人向被指定银行提交了与信用证相符的全套单据后,即可享受信用证的权益要求付款、承兑或议付。即使进口商认为货物不合格有向受益人提出索赔的理由,银行也不能拒付,这是因为依《UCP600》规定,银行依信用证所承担的付款、承兑汇票或议付,或履行信用证项下的任何义务、责任,不受申请人向开证行或受益人提出索赔或抗辩的约束。当然受益人应该对货物的全面合格性负责,这是进口商履行买卖合同的义务。万一开证行倒闭,议付行向受益人追索时,受益人有权凭单据向开证申请人要求付款,即使开证申请人已交押金,遭受了损失,并不影响受益人的权利。

(四)通知行的权利与义务

作为开证行在出口地的代理人,通知行的代理责任仅限于将来证和事后的修改通知受益人,且证明其真实性并及时澄清疑点。当然它有权不接受开证行的指定通知有关的信用证,但必须无延迟地告知开证行。如果通知行同意通知信用证,就得合理小心地审核信用证的表面真实性。信用证业务中,信用证之所以不是直接寄给受益人,而要通过银行转递,就是要利用银行之间核对真实性的手段,保证受益人能收到真实的信用证,以保护受益人的利益。所以,通知行必须对信用证的表面真实性负责。具体地说,通知行必须确定印鉴是否相符、密押是否一致。

有时通知行无法确定来证的真伪，遇到这种情况，必须不拖延地告知开证行，进行查询，核实情况，并可暂不通知受益人；如果通知行不能确定信用证的表面真实性而又决定仍予转递受益人时，必须将有关情况告知受益人。受益人收到通知行转来的信用证时，如果证上注明“印押相符”或类似文句时，即可据此备货、装运；如证上注明“印押不符”“印押尚待证实”或其他类似文句时，受益人就不能轻易发货。

如果通知行收到外文信用证，可以不予翻译，直接将原文通知受益人，也可将其翻译后通知受益人，但有关专业术语的翻译如有错误，银行不负责任。如果通知行已经通知受益人信用证有修改，则有关修改也必须由这家银行通知。另外，《UCP600》第9条又规定，通知行（或保兑行）如收到内容不全、含糊不清的信用证和有修改时，它可以先给受益人一份仅供参考而不负任何责任的预通知，同时要求开证行补充提供必要的内容，以澄清疑点。只有当收到开证行完整明确的指示时，才正式将信用证通知受益人。这种代客户审核信用证只是银行的一种道义上的责任，但大多数银行都会这样做，因为这也是银行业在激烈竞争中的一种非价格竞争手段。

（五）议付行的权利与义务

在《UCP600》中，国际商会首次明确了议付的定义是指由指定的除付款行以外的银行购买符合信用证要求的汇票和单据，并在指定行偿付前预付或承诺预付款项给受益人的行为。根据此定义，议付是一种买入单据及票据的行为，而议付行预付或承诺预付款项给受益人则是一种对受益人的融资，强调的是对单据（汇票）的买入行为，明确可以垫付或同意垫付给受益人。按照这个定义，远期议付信用证就是合理的。同意垫付既可以采取“收妥结汇”的做法，只审单不垫款，只有在开证行付款后才对出口商支付货款，用惯例的形式明确保护了受益人融资的要求，明显将有利于受益人，同时也从规则上明确了一直以来存在争议的“议付”问题。原来的《UCP500》规定，这种只审单不支付对价的行为并不构成议付，但《UCP600》却视为议付。不过我国银行业是否能普遍按照此定义将议付融资落实到受益人，还有待进一步讨论。

议付行必须合理小心地审核单据，保证单证一致，以避免开证行因单据不符点而拒付的风险。因为即便议付行是开证行设于不同国家或地区的分行，根据《UCP600》规定，它在信用证业务中是独立于总行之外的另一家银行。当该议付行议付了信用证后作为总行的开证行也可以因为单证不符而拒付。同时，议付行因信用证业务的纠纷也不应涉及作为总行的开证行。

议付行有权要求开证行、保兑行或付款行、偿付行偿付已向受益人垫付的款项。议付行可以一面向开证行寄单，一面向付款行或偿付行索汇。如果没有付款行或偿付行，就在给开证行的寄单面函中加注付款指示。如果议付行向开证行的索偿遭拒付，可以向受益人行使追索权，此时议付行相当于汇票的正当持票人，除非议付行是保兑行。但如果议付行接受了受益人交来的“无追索权”的汇票并进行议付后，则应承担“无追索”的义务，如事后被开证行拒付，议付行应自负其责。

（六）保兑行的权利与义务

信用证经保兑后，如需修改，必须得到保兑行的同意。保兑行有权对信用证修改部分不保兑,若不同意保兑,必须赶快将此情况通知开证行或受益人;如果保兑行同意信用证的修改内容,则自通知修改书时起对信用证负有不可撤销的义务。当然,如果保兑行只同意对同一修改书中的部分内容加具保兑,这种同意无任何效力。

在单证相符条件下,保兑行的付款责任与开证行是完全一样的,都是第一付款人,加保兑后的信用证受益人就有了双重付款的保证。但是,保兑行和开证行的承诺是分别独立的,各自承担的责任范围及承诺的内容可以不完全一致,比如,保兑行可以特别约定只负责发票金额的80%,或负责的期限不同于信用证的有效期等。至于受益人或议付行究竟应先向开证行或先向保兑行索付,《UCP600》没有具体的规定,按实务中的一般做法,除非信用证中有明确规定外,受益人或议付行有权自行选择,开证行和保兑行均不得互相推委。如果单据绕过保兑行提交开证行,开证行倒闭或因其他原因不能付款,再次提交到保兑行时若其保兑已逾期,保兑行将不再承担保兑责任。受益人于规定的时间及有效期内将相符的单据自行或通过指定银行提交到保兑行,保兑行负当然的付款责任。

因为保兑行是应开证行请求或授权对信用证加保兑,保兑行付款后只能向开证行索偿,如果开证行倒闭或无理拒付,保兑行无权向受益人或其他前手追索票款。

保兑行有权拒收有不符点的单据,但必须明白无误地向受益人声明这一态度,在此情况下,保兑行将不再承担其保兑项下的任何责任。然而,如果保兑行因为单据存在不符点便想当然地以为自己的保兑责任已自动解除,或默认受益人的请示电询开证行,或自行电询开证行,或将单据寄开证行求其接受而不声明解除保兑,那就误导了受益人,使其产生了开证行一旦接受单据,保兑行仍然继续其保兑的错觉。例如,保兑行收到远期信用证不符点单据一套,经受益人同意向开证行电询。开证行遂接受单据,并承兑了汇票,受益人因资金宽松未要求保兑行贴现或议付。汇票到期时,开证行倒闭,款项未付。受益人与保兑行就保兑行是否应履行保兑责任产生争议。为此,国际商会银行委员会提醒银行,不符点单据由保兑行在信用证交易的框架内提交开证行求其认可,此举可视为实质上是要求对信用证加以修改。一旦单据被接受了,不符点便不复存在,保兑行仍要承担其保兑责任,履行其付款义务。

(七)付款行的权利与义务

付款行一经接受开证行的代付委托,它的审单付款责任与开证行一样,也属于“终局性”的,如发现不符点应即拒付,但一旦验单付款,即不得向受益人追索。付款行付款后无追索权,它只能向开证行索偿。如开证行收到付款行寄来的单据发现不符点并拒付,付款行就得自负其责,必要时可自行提货并转卖,所受损失自己承担。有时付款行根据开证行指示不必验单,只凭议付行声明单证相符,按信用证要求付款,此时付款行对受益人也无追索权。

(八)偿付行的权利与义务

偿付行是根据它与开证行签订的偿付协议办理支付的,如果开证行没有存款或存款不足,又无透支协议,则偿付行有权拒付。

偿付协议实际上是开证行与偿付行之间的委托代理合同,所以偿付费用一般应由开证行承担。如果偿付费用规定由另一方负责,偿付行一般直接从偿付款项中扣除。偿付费用如由开证行承担,无须在信用证中说明,如由另一方负担,则开证行必须在信用证中明确说明。

偿付行与信用证无直接联系,信用证项下的单据由议付行直接寄开证行,偿付行不接受单据,不审核单据,不与受益人发生关系,所以偿付行对索偿行的付款,不能视为开证行的付款。由于议付行在向开证行寄单的同时,将索偿指示径直寄偿付行,所以可能会有这种情况:开证行发现单据与信用证不符,但偿付行已经偿付议付行。这时,开证行或保兑行有权要求议付行退回已付款项,但不能向偿付行追索。根据惯例,偿付行只管偿付,退款与它无关。

如索偿行(议付行、付款行或保兑行)因故不能从偿付行那里获得偿付,开证行要负责偿付索偿行并支付因迟付的利息损失。因为偿付行并非债务人,而只是受开证行委托代为偿付,所以开证行作为信用证的实际债务人,不能因此解除其在信用证中所做出的付款承诺,而且只要迟付原因不在偿付行,由此引起的利息损失,开证行要负责赔偿。

(九)承兑行的责任和权利

承兑行的主要权利和义务如下所述。

(1)受益人必须向指定的承兑行提交汇票和单据,后者审核单据并确认无误后对远期汇票进行承兑,承兑行即成为该汇票的主债务人,承担到期付款的责任。

(2)若承兑行不是开证行,即使开证行倒闭或发生支付困难,承兑行仍须履行到期付款的义务。因此,银行对是否接受委托担当承兑行均极为谨慎。

(3)当开证行指定的承兑行不肯承兑汇票时,开证行可要求受益人再次开出以开证行为付款人的远期汇票,并对其进行承兑,到期付款。

(4)当开证行指定的承兑行承兑汇票后倒闭或到期无力付款时,开证行应付最后付款之责。

第三节　信用证的业务操作

不同类型的信用证在运作程序上存在差异,手续繁简不一。在此以国际贸易结算中大量使用的即期跟单信用证为例,简要描绘信用证的基本业务操作流程(见图5-1)。按信用证方式支付国际贸易货款,一般要依次经过五个主要环节。

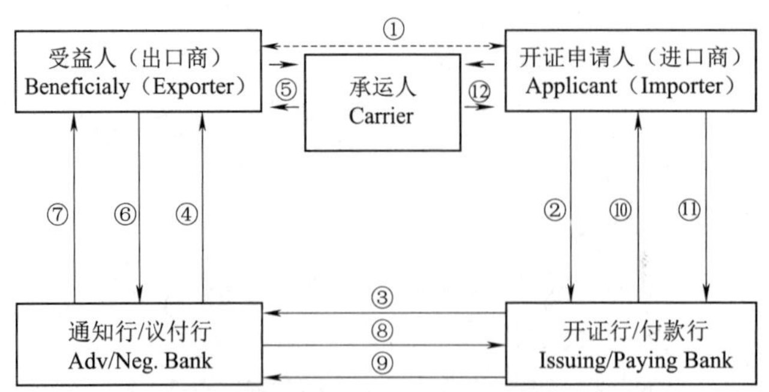

图5-1　信用证的业务程序

图示说明:

①进出口双方签订贸易合同,约定采用信用证方式支付货款。

②进口商填写开证申请书,向其所在地银行申请开立不可撤销跟单议付信用证,并交纳开证押金或提供开证担保。

③进口商所在地银行根据开证申请书,开立以出口商为受益人的不可撤销跟单议付信用证。

④通知行审核信用证印鉴或密押,无误后交给出口商。

⑤出口商审核无误后(受益人若对信用证有异议,可提出修改要求),按贸易合同与信用证规定发运货物,并从承运人手中取得货运单据。

⑥出口商缮制符合信用证规定的各种单据,开立汇票,持全套货运单据在信用证规定的有效期内向议付行请求议付。

⑦议付行审核单据无误后,向受益人垫付款项(即议付)。

⑧议付行付款后,将汇票与货运单据等寄交开证行或付款行索取垫付款项。

⑨开证行或付款行审核单据无误后,向议付行付款。

⑩开证行付款后,通知进口商付款赎单。

⑪进口商审单无误后,付款赎单。

⑫进口商凭货运单据提货。

一、进口方申请开立信用证

进口商与出口商签订国际货物买卖合同,合同中规定以即期跟单信用证结算货款和相关费用。尽管信用证完全独立于买卖合同,但合同是引发信用证业务的基础交易的法律文件,是申请人申请开证、受益人审证进而是否接受信用证的依据。

进口商作为开证申请人,在买卖合同规定的期限内或在合同签订后的合理期限内,向一家银行申请开出以出口商为受益人的即期跟单信用证。进口商应向银行提交开证担保,按照合同内容填具开证申请书,交付开证押金及开证手续费。开证申请书是体现开证申请人与开证行之间的权利和义务的契约性文件,是开证行开立信用证的依据,在信用证业务流程中具有重要的作用。鉴于此,《UCP600》规定:“信用证的开证指示、信用证本身和信用证的修改指示和修改书本身必须完整和准确。”其中“信用证的开证指示”即开证申请书。国际商会的“516 格式”中,也推荐了与信用证格式配套的开证申请书的格式。开证申请书通常包括两部分:第一部分为根据合同条款确定的信用证的内容,开证行凭以开出信用证;第二部分为开证申请人对开证行的若干声明和保证,用以明确双方的权利和义务。

二、银行接受申请并开出信用证

开证行在经过严格的审核、评估进而决定接受进口商的开证申请后,开出信用证。开证行可根据开证申请书的指示采用“电开”或“信开”方式开出信用证。开证行开出信用证后,将信用证发至通知行,请其通知受益人。

信用证是国际贸易中使用最普遍的付款方式，其特点是受益人（通常为出口人）在提供了符合信用证规定的有关单证的前提下，开证行承担第一付款责任，其性质属于银行信用。应该说在满足信用证条款的情况下，利用信用证付款既安全又快捷。但必须特别注意的是信用证付款方式强调“单单相符、单证相符”的“严格符合”原则，如果受益人（通常为出口人）提供的文件有错漏，不仅会产生的额外费用，而且还会遭到开证行的拒付，给安全、及时收汇带来很大的风险。事先对信用证条款进行审核，对于不符合出口合同规定或无法办到的信用证条款及时提请开证人（通常为进口方）进行修改，可以大大避免今后不符合信用证规定情况的发生。为此，国际商会根据国际商会丛刊第500号《跟单信用证统一惯例解释通则》的有关规定，结合国际贸易实务，特编定了《信用证审核指南》，以帮助信用证的受益人依照所列各条款事先进行检查，避免以后发生一些不必要的费用和风险。

许多不符点单据的产生以及提交后被银行退回，大多是对收到的信用证事先检查不够造成的，往往使一些本来可以纠正的错误由于审核不及时没能及时地修改。因此，一般应在收到信用证的当天对照有关的合同认真地按所列各条款仔细检查，这样可以及早发现错误，采取相应的补救措施。

三、通知行审证并向受益人通知信用证

通知行收到信用证后，若决定接受委托通知信用证，应首先认真核对密押或印鉴，合理、谨慎地鉴别信用证的真伪；若不能确认信用证的真实性时，应及时向开证行查询，并向受益人讲明情况；在确认了信用证的真实性后，对信用证进行相关条款的审核，按开证行的指示立即通知受益人。有时，开证行出于某些需要邀请通知行为其开出的信用证加具保兑，或受受益人之托要求通知行对信用证加具保兑，若通知行接受邀请并保兑了信用证，即同时承担了信用证保兑行的责任。

四、受益人提交符合信用证条款规定的单据要求银行付款

受益人在信用证规定的期限内将正本信用证、全套单据（包括汇票）交至信用证指定的银行，如议付行、保兑行、付款行等（自由议付信用证除外），凭表面合格的单据请其议付或付款。议付行对出口商提交的单据进行认真审核，确认其完全符合信用证条款规定后，以单据为抵押，并从汇票（或发票）金额中扣除议付利息和相应的手续费，将净款垫付给出口商。议付行、保兑行、付款行等对受益人议付或付款后，可凭表面合格的单据向开证行或偿付行索要议付垫款或支付的款项。

五、开证行或其指定银行审单后付款

信用证单据常见的不符点如下：

（1）信用证过期。

（2）信用证装运日期过期。

（3）受益人交单过期。

（4）运输单据不洁净。

(5)运输单据类别不可接受。

(6)没有“货物已装船”证明或注明“货装舱面”。

(7)运费由受益人承担,但运输单据上没有“运费付讫”字样。

(8)启运港、目的港或转运港与信用证的规定不符。

(9)汇票上面付款人的名称、地址等不符。

(10)汇票上面的出票日期不明。

(11)货物短装或超装。

(12)发票上面的货物描述与信用证不符。

(13)发票的抬头人的名称、地址等与信用证不符。

(14)保险金额不足,保险比例与信用证不符。

(15)保险单据的签发日期迟于运输单据的签发日期(不合理)。

(16)投保的险种与信用证不符。

(17)各种单据的类别与信用证不符。

(18)各种单据中的币别不一致。

(19)汇票、发票或保险单据金额的大小写不一致。

(20)汇票、运输单据和保险单据的背书错误或应有但没有背书。

(21)单据没有必要的签字或有效印章。

(22)单据的份数与信用证不一致。

(23)各种单据上面的“Shipping Mark”(唛头)不一致。

(24)各种单据上面的货物的数量和重量描述不一致。

银行的审单程序:先纵后横,即先接单后审单。审单原则:表面相符、单证一致、单单一致。

目前,国内一般银行对不符点的处理方法是:粗审单据找出较明显的不符点,批注在来单通知书上,连同单据交开证申请人,并请其告知开证行对不符点单据的处理意见,据此开证行决定是否对外拒付。

采用此方法大致出于以下几方面的考虑。

(1)开证行可大大减少对外拒付的次数,从而维护良好的对外形象。因为只有在申请人拒受时,开证行才对外拒付。

(2)手续减化,银行工作量减少。具体体现在:审单以申请人为主,减少了银行审单工作量;单据交申请人,减少了银行保存的单据份数;拒付次数减少,从而减少了银行办理对外拒付手续的工作量。

(3)将拒付与否的决定权交给申请人,较受申请人欢迎。

但上述做法的优点却正是开证行的风险和隐患所在。风险主要集中在远期承兑信用证上。如果申请人接受不符点单据的决定始终不变,开证行对外承兑不会有风险;但如果申请人在开证行承兑后又改变了决定,要求拒付,则开证行的处境就十分难堪。这种情况并非少见,因为申请人做出拒付与否的依据很大程度上并不在于单据本身,他考虑的更多的是货物本身和市场行情等因素。一旦这些因素发生了变化,出于自身利益的考虑,申请人便会要求银行在原先承兑的情况下对外拒付。然而银行的承兑行为却不大容易改变,因为此时银行要承担的是无条件支付责任。假如申请人申请法院下达禁付令,开证行一来受制于法院禁令,不得对外付款,二来要受制于票据法的规定,必须对外付款,其处境之难堪可想而知。即使最终得以对外支付,其信誉已受损失。实务中,开证行为防患于未然,往往与申请人约定:由此可能产生的一切后果由公司承担。

将不符点单据提前放给申请人也会给开证行带来风险。《UCP600》规定:如开证行未能代为保管单据听候处理或退回交单行,将无权宣称单据与信用证条款不符。不排除这种情况:申请人拿到单据后立即提走货物,但却为了拖延付款时间而要求开证行对外拒付。而开证行考虑到与申请人的关系,便在不掌握单据的情况下对外拒付。这种做法有时会奏效,但万一被发现,则开证行非但要对外支付本金加利息,而且信誉也会受到损失。

信用证是银行有条件的付款承诺,单证相符是开证行付款的前提条件。单证不符时开证行拒付,这是开证行的正当权利,并不会因拒付而影响开证行的良好形象。不符点出单往往是贸易纠纷的前兆,而拒付可使开证行主动将自己的身份变为代收行,从而免除付款责任,避免日后的诸多风险。当然,在具体操作时为了使拒付不至于显得过于生硬,可借鉴某些国外银行的做法:先表明拒付,再声称将联系申请人接受单据。

六、开证行付款后向进口方提交单据,要求进口方付款赎单

开证行收到寄单行寄至的单据后,应在合理的时间内,以信用证为依据对其进行审核。如确认单证相符和单单一致后,应无条件地向索汇银行支付款项,从而意味着开证行履行了有条件的第一性的付款责任。若开证行审单后确认单据有不符合信用证条款规定之处,有权拒付,但须将拒付事实在规定的期限内通知当事银行。

开证行对外履行了付款义务后,通知开证申请人赎单。开证申请人接到开证行的赎单通知后,应履行在开证申请书中的承诺,立即到开证行付款赎单。在付款之前,开证申请人有权对单据进行审核,若确认其表面合格后,需在规定的期限内付清开证行所垫款项,从而取得单据;若经审核发现其表面不合格,有权拒付货款,放弃单据。在后一种情况下,开证行可自行处理单据和单据项下的货物,以弥补损失,但盈亏自负。

第四节　信用证的类型

由于信用证的使用者所从事的活动千差万别,因此对信用证的功能要求各不相同。为了满足客户的不同需求,信用证逐步发展演化出功能、用途各异的多种类型。按照不同的标准,信用证可以分为不同的种类。不同种类的信用证不仅功能不同,当事人的权利与义务、信用证的运作流程、付款期限等也有所不同。但不论哪种类型的信用证,都具有信用证的基本特征。

一、光票信用证和跟单信用证

以是否随附单据为标准,信用证可分为光票信用证和跟单信用证。

(一)光票信用证

光票信用证(Clean Credit)是指不随附单据,受益人仅凭银行开立的收据或其出具的汇票要求银行付款的信用证。光票信用证是汇款的一种工具。旅行信用证、预支信用证均属于典型的光票信用证。光票信用证在国际贸易中使用不多,一般用于贸易从属费用的结算及非贸易的结算。

(二)跟单信用证

跟单信用证(Documentary Credit)是指开证行凭受益人的跟单汇票或凭符合信用证规定的单据付款的信用证。这里的单据主要指受益人提供的代表货物所有权的单据,如提单、保险单等。跟单信用证的核心是单据,是银行处理信用证业务的基础和依据。国际贸易中使用的信用证绝大多数为跟单信用证。

二、保兑信用证和不保兑信用证

以是否有另一银行保证兑付为标准,信用证可分成保兑信用证和不保兑信用证。

(一)保兑信用证

保兑信用证(Confirmed Credit)是指除开证行外,还有另外一家银行对信用证加以保证兑付,即有开证行和保兑行两家银行同时对受益人承担第一性付款责任。

根据开证行的授权或要求对信用证加具保兑的银行称为保兑行,其承担的责任与开证行相同,即保兑行对受益人承担确定的付款责任,是信用证的第一付款人,并且它的保兑不能单方面撤销。所以任何银行只会愿意在不可撤销的信用证上加具保兑,因此保兑信用证一定是不可撤销的信用证。可撤销的信用证则不可能存在保兑的问题,也并非可撤销的信用证经保兑后就变成了不可撤销的信用证,保兑信用证实际上都是保兑的不可撤销的信用证。因为若保兑行对可撤销信用证加保,如遇开证行片面撤销信用证,而保兑行却不能随之撤销其对信用证的保付责任,对受益人付款后既得不到开证行的偿付,又无权对受益人施行追索权,保兑行将处于极其被动的地位。

一般情况下,受益人对开证行的资信不了解、不够信任或对进口国的政治经济存在顾虑时,可以提出保兑要求。信用证一经保兑,受益人可以获得双重的付款保证,这对受益人是非常有利的。但是,受益人却要付出双倍的代价,也就是保兑费用应由受益人负担。在实务中,保兑信用证必须由保兑行在信用证上附加一份保兑声明或在证内注明“我行对本证加具保兑”字样或类似的词句(如下所示)。如果保兑行不是通知行,还需加上保兑行的签章,这样才能产生保兑的效力。如果只是在信用证标题中加上“保兑”的字样而未有前面的批注,这张信用证不属于保兑信用证。保兑的做法起源于英国,英国银行以前开出的信用证上都有“confirmed”字样,但这种保兑并无实际意义。

保兑行表示承担保证兑付责任的条款文句通常有以下三种:

(1)“This Credit is confirmed by us.”

(2)“We hereby add our confirmation to this Credit.”

(3)“At the request of our correspondent, we confirm this Credit and engage with you that all drafts drawn under and in compliance with the terms and conditions of this Credit will be duly honored by us upon presentation. ”

保兑信用证如遇修改,除了要经开证行和受益人同意外,还需经保兑行同意。但保兑行可选择仅将修改内容通知受益人而不对其加具保兑,即保兑行有权对修改的内容不承担保兑责任。事实上,在信用证有修改的情况下,受益人大都是按照修改后的规定来发货的,这样一来,受益人只能向开证行索款,保兑有名无实,受益人对此必须谨慎。

如果保兑行对信用证的修改部分不同意保兑,必须赶快将此情况通知开证行或受益人;如果保兑行同意信用证的修改内容,则自通知修改书之时起对信用证负有不可撤销的义务。当然,如果保兑行只同意对修改书中的部分内容加具保兑,这种同意无任何效力。

(二)不保兑信用证

不保兑信用证(Unconfirmed Credit)是指未经另一家银行加具保兑的信用证。这类信用证仅由开证行或指定银行独立承担付款责任。实际上加具保兑是非正常情况下的变通做法,只有在受益人对开证行的资信存有疑虑或出于其他考虑时,才要求开证行邀请或授权另一家银行对信用证加具保兑,或者开证行对其所开信用证的“自信心”不足时,才会邀请另一家银行对该证加保。所以,大银行或资信状况良好的银行开出的信用证均是不保兑信用证。在国际贸易中,绝大多数信用证属于不保兑信用证。我国银行开出的信用证都是不保兑信用证。

三、即期付款信用证、延期付款信用证、承兑信用证和议付信用证

根据受益人交单后获得款项支付的时间不同,信用证可分为即期付款信用证、延期付款信用证、承兑信用证与议付信用证。

(一)即期付款信用证

即期付款信用证(Sight Credit)是指开证行或其指定银行在收到符合信用证条款规定的即期汇票及/或单据后,立即履行付款义务的信用证。即期信用证项下的受益人在货物装运出口后,即可凭合格的跟单汇票或仅凭合格的单据取得开证行或指定银行的立即付款。即期付款信用证和即期议付信用证均属于即期信用证的范畴,在国际贸易结算中的使用较为广泛。

即期付款信用证的特点是:在受益人交单时付款,受益人能立即得到货款;付款地点在通知行或保兑行柜台;付款行根据信用证偿付指示向开证行索偿,一般是主动借记开证行账户,而不垫款。即期付款信用证对受益人最有利,他可以马上得到款项,并且是无追索权的。对申请人和开证行的不利之处是在见到单据之前,就已付了款。对付款行或保兑行来说,他们承担了证实“单证相符、单单相符”的责任,如开证行提出不符点,付款行就应向开证行退款而承担风险。

(二)延期付款信用证

延期付款信用证(Deferred Payment Credit)指不需要提交汇票的远期付款信用证,即受益人提交符合信用证条款规定的单据,并不能立即获得付款,信用证规定的付款期限到时,才能获得付款的信用证。延期付款信用证的最大特点是受益人要求银行付款时不需要提

交汇票,这样,可以节省承兑汇票所需的印花税(这种信用证在欧洲大陆使用较多)。这种信用证多用于价值高的资本货物,如大型成套设备的交易中,旨在便于进口商在付款前先凭单提货,并安装、调试甚至投入生产后,再支付设备价款。出口商可通过申请卖方信贷或福费廷获得资金扶持。

(三)承兑信用证

承兑信用证(Acceptance Credit)是指受益人出具远期汇票并由付款人承兑的远期信用证,即由开证行指定的承兑行根据受益人提交的符合信用证条款规定的单据对其开立的远期汇票先予以承兑,于汇票到期日再履行付款义务的信用证。承兑信用证与延期付款信用证不同的是:承兑信用证的受益人可以要求承兑行承兑后给予贴现,或在付款地的贴现市场办理贴现,尽早取得资金融通;而后者的受益人则不行。

利用承兑信用证可使开证申请人和受益人各得其所:开证申请人获得了远期付款的融资便利;受益人因利用承兑信用证而满足了开证申请人延期付款的愿意,有助于成交,且受益人获得银行承兑汇票即意味着获得了银行不可撤销的到期付款承诺。

(四)议付信用证

议付信用证(Negotiation Credit)是指开证行授权某一家银行或任何银行都可以议付的信用证,即受益人发货后将汇票及单据交给银行请求议付,银行经审单相符,应立即垫款买入汇票单据,将利息扣除付净款给受益人,然后向开证行寄单索偿。若开证行拒付,议付行可向受益人追索垫款。因此,议付的实质表现为银行有追索权的垫款。

议付信用证有限制议付信用证和自由议付信用证两种。限制议付信用证由开证行指定议付行,受益人只能向该指定银行交单并要求议付;而自由议付信用证可指定由某国或某城市内的任何银行自由议付,也可不加限制,任何银行均可议付。对于开证行而言,由于限制议付信用证指定了议付行,易于把握,而自由议付信用证项下的议付银行可以是任何银行,开证行难以控制,风险较大,甚至面临欺诈的危险。

四、可转让信用证和不可转让信用证

从受益人可否转让信用证的可执行权利的角度划分,信用证可分为可转让信用证和不可转让信用证。

(一)可转让信用证

可转让信用证(Transferable Credit)是指信用证的金额在一定条件下可以转让的信用证,即在可转让信用证中,开证行授权被委托付款或承兑的银行或可以议付的银行,在受益人(第一受益人,中间商)的要求下,将全部或部分金额转让给一个或数个第三者(第二受益人)使用的信用证。

第一受益人要求转让信用证时,必须通过信用证中指定的承担即期付款、延期付款、承兑或议付的指定银行办理,如系自由议付信用证,则由开证行特别授权的银行办理。也就是说,转让行只能是上述银行之一,第一受益人无权自行另选转让行。被指定的转让行并无义务一定得接受要求转让信用证,除非该行同意转让的范围和方式并照此办理。第一受益人也不一定非转让信用证不可,他也可以不做转让。转让费用原则上由第一受益人负担,另有约定的除外。

信用证转让既可以是在受益人本国内转让,也可以是跨国转让。在什么范围内转让完全取决于当事人的意愿,只要在信用证中载明以下文句即可:本信用证转让仅限于同一境内第二受益人(This credit is transferable only to a second beneficiary in the same country.),则为国内转让。若信用证中载明以下文句:本信用证转让于××国家的第二受益人,则为国外转让。

按惯例信用证只能转让一次,即第一受益人可将信用证转让给第二受益人,第二受益人不得再将信用证转让给其他人。一般信用证转让时,转让行重新打印信用证,由第二受益人根据新证办理交货,但第一受益人,即原信用证上受益人仍需负责买卖合同上卖方的责任,打印新证的银行对新证所负责任与对原证相同,不因开出新证有所改变。

信用证可以全额转让(Total Transfer),也可以部分转让(Partial Transfer)。在全额转让方式下只有一个第二受益人,即信用证全部转让给这一个受益人。对于不准分批装运情况下的信用证使用,若转让,只能全额转让。部分转让是指在信用证允许分批装运下,第一受益人可以同时把信用证分成几部分转让给数个第二受益人,但金额之和不得超过原信用证总金额,也可以一部分转让出去,一部分留给第一受益人自己使用。但转证只是一次性开出新证。转证行可以应第一受益人的要求,将信用证一次性分成几部分转让给数人。

第一受益人在申请转证时,必须向转让银行说明,以后信用证如发生修改,是否修改书也照样转让,即是否保留"允许转让行将所转让的信用证项下未来的修改书通知第二受益人的权利",这个指示是不可撤销的,即不得再作改变。转让行在向第二受益人转让信用证时要将第一受益人的决定一并告之第二受益人。如信用证已转给几个受益人之后,开证行又发出修改书,各个第二受益人可独立决定是否接受修改。若其中一个或几个第二受益人拒绝接受信用证的修改,并不影响其他第二受益人接受修改,对拒绝接受修改的第二受益人而言,该信用证视为未作修改。

使用可转让信用证的情形通常有以下三种。

一是大公司接受了国外大宗订货,并打算由分散在各地口岸的分公司发货,在成交时,就要求进口商开立可转让信用证,以便在各地口岸出运。

二是实际供货人受出口资格限制,须借用他人名义出口。

三是为满足中间商从事转手贸易需要而产生的,即中间商在进口商和实际供货商之间做转手交易牟利。中间商利用国际交往关系与进口商签订买卖合同后,因手中并无货,得转向实际供货商订购,并由实际供货商直接装运,为了保守商业秘密,中间商不愿进口商与实际供货商相互联系,所以他不愿进口商直接开证给供货商。但若进口商把信用证开给他,由他再向银行转开,则既增加费用,又必须垫付押金,因此,他要求进口商给他开具可转让信用证,这样,他收到信用证后,只要付出少量转让费即可转让给实际供货商,而他从中获取转手买卖的利润。因此,在可转让信用证下,第一受益人(原证受益人)一般为中间商,第二受益人(新证受益人)是真正的供货商。在国际贸易活动中,中间商扮演着重要角色。

很多交易的进口商和实际供货人并不进行直接交易,而是由中间商从中撮合。一些中间商在撮合时,通常并不从实际供货人手中真正购入货物,再转售给进口商。为实现中间交易并从中获利,中间商即可利用转让信用证这一便利的结算方式,将信用证的执行权利转让给实际供货人,由后者直接将货物运交进口商。另外,在一些公司内部,也常利用可转让信用证开展外贸业务。

在我国以往的出口实务中,常见的可转让信用证有两种情况。一是信用证的第一受益人为我方出口公司,第二受益人仍为我方的实际供货的出口企业,转让行是我国境内的通知行。在大多数情况下,第一受益人并不替换第二受益人的发票、汇票等,第二受益人可直接请议付行按开证行有关指示索汇,因此第二受益人做这种可转让信用证与普通信用证类似,风险较小(但要注意信用证有修改的情况),即使有麻烦,与国内第一受益人也容易商议处理。二是第一受益人为国外或港澳地区的中间商,我实际供货方为第二受益人,转让行是第一受益人所在地的通知行。在这种情况下,我方所承担的风险比一般信用证风险大得多,为规避风险,我方银行要对境外转让行和第一受益人进行必要的资金和资信调查。另外,出口商最好投保短期出口信用险。

(二)不可转让信用证

凡是信用证上未注明“可转让”字样者即为不可转让信用证(Non-Transferable Credit)。不可转让信用证的可执行权利只能由受益人所有,不得让与他人。如受益人未能在信用证的有效期内履行信用证义务,信用证至有效期满即自动失效。

五、背对背信用证

背对背信用证(Back to Back Credit),也称从属信用证(Subsidiary Credit)是某信用证的受益人以收到的信用证作保证或抵押,要求另一银行开立的以其为开证申请人,以实际供货人为受益人的信用证。

背对背信用证与可转让信用证都产生于中间交易,为中间商提供便利。在中间商既作为出口人与进口人签订合同,又作为买主与实际供货人签订合同时,其收到进口人开来的信用证后,以开证申请人的身份要求通知行或其他银行以原证为基础,另外开立信用证给实际供货人,这张另开的信用证就是背对背信用证。

1. 背对背信用证与可转让信用证的主要区别

(1)可转让信用证须经开证申请人和开证行同意方可转让,信用证也须注明“可转让”字样,否则信用证不得转让。而背对背信用证并不注明“Back to Back”字样,它的开立与原证开证申请人和原证开证行无关。

(2)可转让信用证是根据原证换开的,两者之间存在直接的连带关系,第一受益人与第二受益人处于同等地位,均可获得原开证行的付款保证。而背对背信用证与原证是两个完全独立的信用证,两者同时并存,各自的受益人只能获得各自开证行的付款保证。

(3)可转让信用证的转让银行不因受原证开证行的委托开立变更条款的新信用证而改变其原有地位,或增加已转让信用证项下的责任。而背对背信用证若由原证的通知行或其他银行开立,该银行则成为背对背信用证的开证行,并独立承担付款责任。

2. 对于中间商,使用背对背信用证应注意的问题

(1)背对背信用证必须按照原证的条款开立,以便在原证要求的期限内,制成原证要求的单据(商业发票除外),使第一受益人能在原证规定的期限内提交所要求的单据。同时,要注意原证与背对背信用证对单据要求的一致性,以便中间商替换单据后交到原证开证行的所有单据都与原证一致。

(2)中间商作为背对背信用证申请人,不管能否根据原证获得付款,都得负责偿还新证开证行根据新证支付的款项。

(3)背对背信用证的条款修改时,实际上需得到背对背信用证开证行和原证开证人的双重同意,所以,修改比较困难,所需时间也较长。

六、预支信用证

预支信用证(Anticipatory Credit)是由信用证的受益人(出口商)根据信用证条款的规定,在货物出口装运之前,向信用证指定的银行支取全部或部分货款的信用证。出口商为解决出口资金短缺的矛盾,可与进口商在买卖合同中约定使用预支信用证。进口商要求开证行在信用证中加列有关条款,授权通知行或出口地的其他指定银行,向出口商预支信用证金额一定比例的款项,供出口商用于备货、仓储、装运等出口环节中的费用支出。待出口商将货物装运出口并向银行交单时,由预支货款的银行从议付或付款金额中扣除预支款项本息后,将余款支付给出口商。若在信用证有效期内出口商未能向银行交单或提交的单据不符合信用证规定,预付款银行有权向开证行索要其垫款本息,开证行应立即偿付,然后再向开证申请人即进口商追索该款项。因此,对开证行而言,其直接承担预支信用证项下的责任,故开证行应谨慎评估风险,并应向开证申请人收取适当的费用或采取其他风险防范措施。

在预支信用证使用中,银行向受益人预支款项后,往往要求其将正本信用证交出,用以控制受益人发货交单。但如果受益人预支款项后不履行发货交单义务,开证行有权向开证申请人追偿。使用预支信用证对进口方不利,所以进口方只有在对出口方资信十分了解或出口方是可靠、稳定的贸易伙伴时才会向开证行提出开立这种信用证。在预支信用证项下,出口商获得了银行提供的贸易融资,有助于其顺利地履行出口合同义务。根据融资条件的不同,预支信用证又分为红条款信用证与绿色条款信用证。

(一)红条款信用证

在预支信用证问世之初,开证行为醒目起见,通常以红色墨水将预支条款加注于信用证之中,“红条款信用证”(Red Clause Credit)因此而得名。尽管在现行业务中已很少出现使用红色墨水的情况,但其称谓仍沿用至今。红条款信用证主要用于羊毛、谷物等产品的国际贸易,出口商先从银行预支款项,用于产品收购,货物发运后根据信用证规定向预付款项的银行交单,银行从汇票金额中扣除预支款项及相应的利息。

(二)绿色条款信用证

绿色条款信用证(Green Credit)的用途、运作流程与红色条款信用证大致相同,只是其融资条件更为严格,受益人在装运前将货物以垫款银行的名义存仓,凭仓单向银行申请预支款项。绿色条款信用证除规定使用红条款信用证上条款外,通常加列仓单条款:“Warehouse Receipts in the Bank's name covering the goods are being held by the Bank.”

七、循环信用证

循环信用证(Revolving Credit)是指信用证金额的全部或部分被使用后,可根据一定条件恢复到原金额,受益人可以再次或多次使用,直到规定的循环次数或金额达到时为止。

使用循环信用证对进出口方均有好处。进口方可减少申请开证的次数,省时、省费用。同时也不必按货款总值一次开证而交付高额押金,减少资金占用。出口方可以省去催证、审证和改证等繁杂手续。因此,循环信用证主要适用于在较长时间内分批次交货、分期付款的贸易中。循环信用证与一般信用证的不同之处是多了一个循环条款,用以说明循环的方法、次数或期间及总金额。循环信用证的类型有以下几种。

(一)按金额循环和按时间循环的信用证

按循环条件划分,可分为按金额循环的信用证和按时间循环的信用证。

1. 按金额循环的信用证

受益人用完规定的金额后,该信用证即可恢复至原有金额,可再度使用,直至其规定的总金额用完为止。此类信用证常见的循环条款如下:

“This Credit amounting USD 100 000 is revolving for three shipment only and each shipment should be effected at one month interval. The total value of this Credit should not exceed USD 500 000.”

2. 按时间循环的信用证

受益人可按信用证的规定,数次使用信用证,直至用完该信用证的总金额为止。此类信用证常见的循环条款如下:

“This Credit amounting USD 100 000 is automatically revolving for 5 times but the total value does not exceed USD 500 000.”

(二)积累循环和非积累循环信用证

按循环金额划分,可分为积累循环信用证和非积累循环信用证。

(1)积累循环信用证(Cumulative Revolving Credit),指上期尚未使用的信用证余额可积累到下期使用。

(2)非积累循环信用证(Non-Cumulative Revolving Credit),指上期尚未使用的信用证金额不能积累到下期使用。

(三)自动循环、半自动循环和非自动循环信用证

按循环方式划分,可分为自动循环信用证、半自动循环信用证和非自动循环信用证。

(1)自动循环信用证,指受益人在用完每期信用证金额后,不需等待开证行通知,信用证即可自行恢复至原有金额的信用证。

(2)半自动循环信用证,指受益人使用了信用证金额若干天内,开证行未通知受益人停止使用信用证,该信用证即可从上次议付日的第 X 天恢复至原有金额的信用证。

(3)非自动循环信用证,指受益人用完信用证金额后,只有当开证行通知其该证可恢复至原有金额时,才可再次使用的信用证。

八、对开信用证

对开信用证(Reciprocal Credit)是指互为进出口方的双方当事人分别以开证申请人的身份向对方开出的信用证。在国际贸易中,实际就是指贸易双方各开出一份对方为受益人的信用证,用于两批不同商品的换货和易货,进出口双方是这对易货的进口商同时又是出口商。甲商向乙商购买一种商品,乙商也向甲商购买一种商品,于是甲商开出一张以乙商为受益人的信用证,乙商也开出一张以甲商为受益人的信用证,因此两个信用证互为对开,两证的金额略微相等。大多数情况下,贸易双方事先商定开证行与通知行,第一证的开证行和通知行分别就是第二证(或称回头证)的通知行和开证行,两证可以同时互开,也可以分别先后开立。对开信用证主要适用于以出口抵偿进口的对销贸易,如易货贸易、补偿贸易等,也可用于来料加工、来件装配等加工贸易。对开信用证的基本特征有两个。

(1)绝大多数情况下,对开信用证下的两张信用证同时生效。因为只有这样,交易双方才能彼此相互约束,避免先开证的一方承担另一方不开证的风险。

(2)对开信用证当事人的地位具有互换性,即第一张信用证的开证申请人是第二张信用证的受益人,第二张信用证的开证申请人是第一张信用证的受益人。

第五节　信用证的风险与防范

信用证结算方式是在托收方式的基础上,演变出来的一种比较完善的逆汇形式。它把托收方式由进口商履行跟单汇票的付款责任,转由银行履行,这对出口商来说,如期如数收回货款有了更大的保障,而对进口商来说,只有当单据符合信用证条款时才付款赎单,所以他可以利用信用证条款来对进口商提供的货物的品质、数量进行控制。由于信用证结算方式能保证进出口双方的货款或单据不致落空,同时使双方在资金融通上得到便利,所以一般说来它比汇款、托收结算方式更易为进出口双方所接受,但是它对进出口双方以及银行方仍然有风险。

一、出口商的风险与防范

(一)伪造信用证的风险

近年来,随着科技水平的不断提高,伪造单据越来越容易,这就给一些不法分子提供了机会,开始伪造信用证进行诈骗,常见的方式有以下几种。

(1)信用证以电开形式开出且无密押,条款中要求通知行与第三家银行核押,同时,通知行会收到自称是核押行发来不加押的证实电,不法分子利用通知行进行核实该密押的空档,诱骗受益人发货。

(2)信用证以信开形式开出并随附该伪冒开证行的印鉴,若通知行风险意识不足,没有采取必要的防范措施,便会按正常程序将该信用证通知受益人,日后发生的损失也要由通知行承担。

(3)先交来一份信用证副本或将信用证传真给受益人,甚至将以前类似的旧信用证的格式、条款交给受益人,再假称稍后将有一张类似的正式信用证开出,从而初步取得受益人的信任。受益人可能没有到银行核对该证,就备货甚至发货。

信用证欺诈行为的对象多是经验不足初学出口业务的业务员,所以业务员是否具有高度的责任心与丰富的经验对于防范信用证欺诈风险是很重要的。从已知的案例学习中认识各种案情,分析各种欺诈手法,开展与同行的交流,加强银企间的联系,积累经验等,都是必要的。

(二)信用证"软条款"的风险

一份不可撤销的信用证中如果规定有若干赋予开证申请人单方面可随时解除付款责任主动权的条款,便使得表面为不可撤销的信用证变成了实质上可撤销的信用证。这类条款对出口商是很不利的,但由于它们的生效方式表现出来的虚假性和隐蔽性,往往出口商不容易识别而疏于防范,因此而落入款货两空的陷阱,所以人们常把这类条款称为"陷阱条款"或"软条款"。

一部分开证申请人开立软条款是出于诈骗的目的,这往往是与开证申请人要求受益人预先支付履约保证金或开证押金的情况联系在一起的,一旦开证申请人收到预付款项,即可利用信用证的软条款逃避责任。但也有开证申请人开立软条款并非出于诈骗的本意,而是为了掌握对信用证的主动权。这种情况一般发生在开证申请人是中间商的时候,开证申请人一方面要控制货源,另一方面可能又无法及时联系好实际供货人或害怕实际供货人临时毁约,因此利用软条款给自己留有余地,一旦实际供货人无法落实,即可以免除信用证项下的付款义务。

1. 信用证软条款的形式

(1)另加信用证生效的条款。开证申请人要求开证行开出"暂不生效"信用证,规定必须取得某种条款或某种文件之后该信用证才能生效使用。比如待到货样经开证申请人确认后再通知信用证生效,或待进口许可证签发后再通知生效,或由开证行签发通知后再生效,或由受益人先提供履约担保书、申请人通知船名等类似的语句。这样,信用证虽然已开出,但信用证的主动权完全由开证申请人掌握了。如果出口商没有这方面的经验,对未生效信用证条款了解不够,误认为属于银行业务条款,与受益人无关,急忙装货,就可能造成损失。有些出口商虽然知道信用证尚未生效,但以为这些条件不难满足,比如对于由开证申请人检验货物样品合格后才通知信用证生效的软条款,出口商可能认为自己已经按合同规定寄出了符合质量要求的样品,因此也就开始着手准备发货。而即使样品与合同规定质量要求完全一致,开证申请人可能由于市场变化等原因寻找各种借口而拒绝发送生效通知,从而使出口商处于一个非常不利的地位。另外,规定以信用证修改方式才能使信用证真正生效,也是类似的软条款。

(2)凭证文件规定由申请人或其代理人出具的条款。这类条款常常在货物检验环节出现。一般信用证都规定以卖方所在国检验机构出具的检验证书作为议付单据,但这类软条款却规定:品质证书由开证申请人出具,或须由开证行核实,或须与开证行存档之样本相符,或规定以进口国标准验货并出具检验证书。这实际上相当于把接受货物的主动权交给了对方,只能单凭开证行或申请人所说的为准,这样的条款无形中失去了开证行保证付款的作用,与信用证性质不符。又如买方代表是否按时到达装运港验货,验了货后是否接受等问题,都会给出口商造成无法按时装运、结汇的后果。如果受益人预付了履约保证金或开证押金,开证申请人可能出于诈骗的目的,对货物品质横加挑剔,或称受益人出具的品质证书不符合开证行存档的样本,由此而拒绝签发品质证书,或拒绝及时验货,使信用证逾期而失效。

(3)关于货物运输的限制条款。在货物装船运输方面常见的软条款有:规定装运港、装船日期或目的港须由开证申请人通知或须经其同意,并以修改书形式通知;规定船公司、船名须由开证申请人指定;规定受益人必须提供指定船公司出具的提单或货物必须装上指定船只,等等。这类软条款使开证申请人掌握了货物是否装船、何时装船的主动权,而出口方可能会陷入两难境地:一方面不能不准备发货,另一方面又无法掌握发货日期,极易造成信用证逾期而失效。

(4)似是而非的条款。信用证中有些条款或条件看似很普通,也很简单,但如按通常思维理解,并据此制单和处理单据,则很可能犯错,并导致开证行拒付。这些似是而非的条款或条件,使得受益人或出口方银行稍有不慎便有可能上当。

2. 对信用证软条款的防范

(1)要注意出口合同条款的拟订。信用证条款应该是根据合同开出的,合同条款规定严格、无懈可击,并将各类可能发生的事件考虑周全,则出现信用证软条款的机会就会减少。即使开证申请人不按合同要求加入软条款,出口商也可以合同为依据要求修改。反之,如果合同本身规定不明确,出现了信用证软条款时就无法依照合同要求修改,甚至还会被开证申请人指责为拒不履行合同。

(2)对于要求出口方预付款项的合同应谨慎签订,如果签订此类合同,也应该在合同中作出相应的保护性规定,如在审查接受开来的信用证之后才对外预付款项等。

(3)对来证要仔细审核。从信用证的生效环节、货物检验环节、货物装船环节到货物验收环节,需一一审查,看其中是否含有软条款。一旦发现,立即电请开证申请人修改,同时规定开证申请人修改或提出其他保证的最后期限,并说明由此引起的时间延误应通过信用证展期予以弥补。

(三)"提单径寄开证申请人"条款的风险

在正常情况下,应该是受益人将全套正本提单及单据提交银行,由开证行通知开证申请人到银行付款赎单,然后向船公司提货。但如果信用证中规定有"提单径寄开证申请人"或类似条款,开证申请人收到提单后就可以在未付款的情况下提货,这对出口商是极具风险的。如果这是跨国经营的母子公司之间、分公司之间等的交易,采用这类条款信用证,属于授信经营,风险可以控制,否则,出口商面临货款两空的危险。防范这种风险的最简单的办法是坚决不接受这种条款的信用证,但由此也可能失去了一桩有利可图的贸易机会。在日益激烈的市场竞争中,这种简单化的处理并不可取。

从商务的角度考虑,开证申请人提出这类条款也是有其合理原因的,主要有两类情况。其一,由于国际航运的迅速发展,货物运输的在途时间缩短,而信用证业务的单证流程程序太慢,有时货已到港,正本提单却未到开证行,进口商无法赎单提货,致使货物压港,由此而增加额外的费用。同时,由于市场变化太快,不能早日提货尽快卖出可能会导致机会损失。其二,开证申请人可能是转口商,需尽快办理转船外运货物等手续。但是,也不能排除不法商人利用信用证中"提单径寄开证申请人"条款存心诈骗。

如果出口商接到这类条款的信用证,最好是立即电洽开证人,要求修改此条款,全套正本提单仍交银行议付,而将副本发票、副本提单等单证直接寄开证申请人,由其在货物早于提单抵达港口时办理凭开证银行加签的提货担保向船公司提货。这样,既保证了受益人的权益,也使开证申请人能提前提货。同时,由于开证申请人办理提货后,不论事后单据有无不符点,开证申请人都不能提出拒付要求,这对受益人更是多了一层保险。

也可以洽商开证申请人改证,让受益人通过船公司出具开证银行为收货人的"不可转让海运单",特别是对欧洲、北美洲和中东等地的贸易界可以更多地采取这种非凭单据提货方式来解决买卖双方及银行、船方各自的难题。

在我国出口实务中,根据以上两种方法与客户洽商改证成功且运作的例子很多,但也遇到一些进口商坚决不同意改证。如果出口商不想放弃生意,则可考虑接受这类条款,但必须有两个前提:一是开证申请人及开证行有良好的信誉,出口商对其很了解,有较长时期的合作关系;二是确保信用证中所有条款均能做到,且严格按照信用证条款制单,按时按质出货并正点出单,使进口商以后无法以单证不符或信用证失效等而拒付。

二、进口商的风险与防范

(一)提货担保中的风险

提货担保是信用证方式下对进口商的一种融资。开证行应申请人要求,根据出口商发来的提单传真件签发提货担保,就此放弃了对货物的控制权,视同放单。因此当进口商要求开证行出具此担保时,开证行则会要求进口商提供书面保证,保证不论对方银行寄来的单据是否与信用证相符,都得对外付款,甚至要求进口方存入百分之百的保证金。这也就是说,即使进口商提货后发现货物有问题也不能拒付。而根据习惯的制单方法,提单上的货物栏可以只填写货物统称,无具体规格,只审提单传真件只能知道大概的货价和笼统的货名,不知道货物的详细情况,诸如货物的件数及提单的编号等,也有些不法出口商利用运输航程短、货物较单据提前到达出口地或有意延迟交单,迫使进口商为避免压港费用而作提货担保。因此,进口商对于航程不远的货物交易,在开证时要注意控制交单期。对于信誉不明的出口商,进口商应等待发票、装箱单、质检证等其他记载详细的关键单据及正本提单到来,经审核认为符合信用证规定再提货,尤其对于大宗货物进口更谨慎,不能因小失大随便作担保提货。

(二)成组化商品运输的风险

把货物装在托盘或集装箱中,组成较大的装卸单位以提高装卸效率,这种运输方式称为成组化运输。出口商若采用成组化方式运输货物，提单上一般注明“Shipper’s load and Count”（托运人装的货物点数），这时托运人对每一个组合货物中的小包装数量并不负责任，这种小件数量记载前通常加上“Said to Contain”（据报），以说明承运人对这个数字不负责任。如果是出口商租用集装箱自己装箱，承运人在提单上会记载字样 CY/CFS（承运人在起运港的货场收托运人自己装的整箱货），承运人对箱内装的是什么货物、货物是否完好都不责任。根据《UCP600》规定，如果信用证没有特别说明，银行可接受表明以货装集装箱及其他方式将货物成组化的提单。这样，一些与合同不符的货物也可能通过成组化运输形式而瞒天过海。像进口设备缺乏主要零部件，甚至是垃圾、危险品，使进口商受骗上当的贸易案例中，采用的多是成组化装运。因此，除非进口商对出口商很了解、出口商有很好的信誉，进口商最好在开证时明确规定不接受带有上述记载的提单。

（三）伪造提单的风险

在信用证方式下，银行审单只是依单证相符的原则，对任何单据的完整性、准确性、真实性和法律效力概不负责，对于任何单据所代表货物的数量、重量、质量、包装、价值是否与合同吻合概不负责，对于货物的发运人、承运人、运输行、收货人或保险承兑人或其他任何人的诚信、行为或疏忽、清偿能力、执行能力或信誉也概不负责。如果出口商经营道德欠佳，有可能伪造商业发票、质检单、保险单、提货单等单据，且在现代高科技支持下，伪造单据几乎可乱真，进口商就可能在不知情的情况下对空头提单付款赎单，落得钱货两空。因此，进口商应该提高警惕，对不了解的客户，不可不防假单据。

1977 年，希腊货轮 Lord Baron 号自新加坡装运 500 吨糖前往索马里，卖给索马里政府。但付货人伪造了一张载 20 000 吨糖的提单向银行结汇，骗取款项后就溜走了。而索马里政府一直毫不怀疑地等候着 20 000 吨糖的到来，但当船抵港后发觉只有 500 吨，一怒之下降罪于船东，没收了该轮，并把船长收监。后来尽管希腊政府通过领事馆出面交涉，索马里政府也不予理会，最后鉴于国际舆论及外交压力，索马里政府才被迫将船、人释放。但船东已遭到很大的损失，该船船长也在返抵希腊时心脏病发作身亡。这就是一个利用假提单进行国际诈骗的例子。

三、银行的风险与防范

就银行而言，除了要考虑信用证业务的利益以外，还要充分考虑银行本身的信誉与经济风险。银行的风险与防范有许多内容，几乎在银行信用证业务的每一个环节都有风险存在，以下只是涉及与前面内容相关的几个方面。

信用证是一种银行保证按证付款的凭证，即银行以自己的信用，保证向单证一致的受益人履行付款责任的承诺，开证行是信用证的第一付款债务人。一般说来，开证行掌握了受益人交来的提单，等到开证申请人付款后才放单，但是在两种特殊情况下银行风险大为增加，这就是前面提及的出口商将提单径寄开证申请人和进口方担保提货。

如果开证申请人要求开立“提单径寄开证人”条款的信用证时，首先考虑风险的应该是银行。因为一旦受益人接受了此条款，履行了将提单径寄开证申请人的义务，且议付的单证相符，若进口商提货后不予付款，或破产倒闭，开证行是不能免除责任的。因此，为了防范风险,银行在接受开证申请人开立“提单径寄开证人”条款时,应具备两个前提条件:一是开证申请人有良好的信誉,且已获得银行授信;二是除收取保证金外,一般还要求开证申请人出具一份“信托提货书”,承认货物所有权属银行所有,万一开证申请人提货后不付款时,可作诉讼的依据。

当提单还在邮路上,开证申请人要求银行出具担保提货时,也有利用银行担保向开证行行骗的。对开证行而言,担保的做出具有不可撤销性,担保的结清是以开证行以提单换回自己的书面担保为前提的。一旦签订了担保书,就丧失了对货物的主动权,如果提单到达开证行,开证行就要承担付款责任,这时,开证申请人能否及时付款,就形成了担保提货中的信用风险。往往是开证申请人有一定金额的赔偿担保或信托收据,这样就很容易给出具担保的开证行造成一个所借单据金额未突破赔偿担保金额的假象。行骗者往往还利用相同的货名以蒙骗船方,从而提走别人的货物。因此当开证申请人要求出具此担保时,开证行应要求开证申请人提供绝对付款的书面保证和保证金,以防届时开证申请人以单证不符为由达到提取货物后不付款的目的。

从信用证的种类看,议付信用证使用最多,但防范风险的功能较差。遇有受益人诈骗行为,议付行收到受益人单据时往往对欺诈的事实并不知情,便善意地议付,等得知真相时,诈骗分子早已携款潜逃,议付行不可能行使追索权,必然会寄单向开证行索付。而即使诈骗事实已被确认,但在单证相符的情况下,开证行也不能对议付行拒付。理由是,开证行不能对抗善意持票人。所以对一些资信较差的地区,开证行开立议付信用证应该谨慎。

通知行应该说在信用证有关银行中是承担风险较小的。但通知行应在核对密押验证信用证真伪中严格把关,提防伪冒开证行印鉴的假证。对于信用证以电开形式开出但无押,要求通知行与第三家银行核押这种途径迂回的核押更要谨慎。通知行有责任承担因通知伪证所引起的损失。

此外还应警惕利用信用证项下的融资套取银行资金的行为。一些不法商人因资金周转困难或其他原因,常常利用信用证单据要求简单的特点,从而做到单证相符而向银行套取资金。防范这类风险应该了解国内进口商、出口商的资信,只对那些与银行经常有往来、贸易背景良好者,方可办理贸易融资。同时,必须办理有关担保或抵押手续,一旦意外情况发生,可依法追索。对办理出口押汇的,还应详细调查开证行的资信,必要时要求加具保兑行。

本章小结

信用证是目前国际上使用最普遍的国际结算方式,由于银行承担了第一性的付款责任,减少了出口商的收款风险,该方式很受出口商欢迎。

信用证的三大特点是:开证行承担第一性付款责任;信用证是一份独立的文件;信用证是单据业务。

对于出口商来说,信用证是开证行做出的付款凭证。对于进口商来说,在申请开证时资金负担已大大减轻。对开证行来说,信用证开立时银行并不垫出资金,只是出借自身的良好信用,但可取得开证手续费收入及开证押金。

国际结算中,信用证的形式主要有信开和电开两种形式。

信用证是开证行与受益人之间的书面合同,其中记载的基本内容包括当事人、跟单汇票所要求的单据、装运条款、保证条款及开证行签章等。

信用证可分为跟单信用证和光票信用证,可撤销信用证和不可撤销信用证,保兑信用证、即期付款信用证与远期付款信用证、承兑信用证、议付信用证,可转让信用证,背对背信用证,对开信用证,循环信用证等。

信用证结算方式对出口商、进口商和银行各有利弊,他们各自面对不同的风险。

思 考 题

1. 信用证的性质和作用是什么?
2. 信用证有哪些主要当事人? 其责权是什么?
3. 简述信用证结算的业务流程。
4. 什么是背对背信用证? 它与可转让信用证有何不同?
5. 什么是信用证的软条款,如何识别?
6. 论述信用证的风险与防范。

案 例 分 析

1. 某年我国 A 公司按 CIF 大连与德国 B 公司订立一份手工艺品的出口合同。A 公司收到的信用证单据条款规定:“商业发票一式三份;全套(full set)清洁已装船提单,注明运费预付,作成指示抬头空白背书;保险单一式两份,根据中国人民保险(集团)公司 1981 年 1 月 1 日海洋运输货物保险条款投保一切险和战争险……”信用证内注明按《跟单信用证统一惯例》(《UCP600》)办理。A 公司在信用证规定的装运期限内将货物装船,并在到期日前向议付行交单议付,议付行随即向开证行寄单索偿。开证行收到单据后来电表示拒绝付款,其理由是单证有下列不符:①商业发票上没有受益人的签字;②正本提单只出具一份,不符合全套要求;③保险单上的保险金额仅是发票金额,投保金额不足。

试分析开证行单证不符的理由是否成立? 并说明理由。

2. 我某公司与外商按 CIF 条件签订一笔大宗商品出口合同。合同规定的装运期为 8 月份,未规定具体的开证日期。我公司从 7 月末开始连续多次电催外商开证。8 月 8 日,收到开证的简电通知。为不耽误装运期,我公司于 8 月 20 日办理了装运。8 月 25 日收到信用证,证中对应交单据作了与合同不符的要求。公司发货后持全套货运单据交银行议付,银行议付后将单据寄交开证行,但开证行以单据不符为由拒收单据,拒付货款。

试分析我公司应从此业务中吸取哪些教训?

3. T 公司某年 4 月向某国出售 A 客户货物一批,合同签订后 A 客户如期开来不可撤销即期付款 L/C 一份,计金额 51 300 美元,开证行是 A 客户所在地 R 行,通知行是某国外银行设在我国的分行 C 行。该 L/C 要求 C 行保兑并指定由 C 行议付(C 行交 T 公司函称"本证由我行保兑"),议付后可以用电传或 SWIFT 向 R 行的纽约联行索偿。T 公司收到信用证后于装运期 8 月 31 日前备货出运。运输方式为陆海联运,即从内地装火车到香港转装海轮去信用证规定的 JEDDAH 港,货物在内地装车后由当地外运公司签发了陆海联运提单。8 月 27 日 T 公司备齐全套出口单据寄交 C 行议付,9 月 1 日 C 行向 T 公司发出"银行付款通知单",但汇款迟迟没有到位。9 月 12 日 C 行突然通知 T 公司,该 L/C 项下单据寄到开证行 R 行后遭到拒付,其理由是单据有以下不符点:①提单未显示"已装船"(On Board)字样;②装运标志上表示的是整批货物数量而不是每一纸箱中的数量;③L/C 附件中的最后一个条款(索偿条款)未遵照办理。R 行因此要求 C 行把原款退回。9 月 26 日 C 行又将 R 行第 2 号通知传真给 T 公司,限 7 日内答复,否则退单。T 公司先后以电话和书面向 C 行作了如下反应:①单证并无不符,不同意 R 行退单;②C 行作为保兑行应按国际惯例付款。12 月 20 日,C 行致函 T 公司"我行已向开证行交涉多次,所提不符点纯属故意挑剔,请他们立即付款……盼速指示是否同意退单"。T 公司立即回绝,并重申了上述的立场。次年 1 月 10 日,C 行复函 T 公司"尽管我行已对上述 L/C 保兑,但并不意味着我们必须对此单付款,只有当开证行倒闭,且所提交的单据完全符合 L/C 的情况下,保兑行才有责任付款。现根据贵公司的上述单据,开证行提出与 L/C 要求不符并拒付,我行当然没有代开证行付款的责任……"后谈判无法继续深入,C 行于 3 月底将全套单据退回 T 公司并索要通知费、保兑费、议付费等 480 美元。T 公司越过 C 行向其国外总行投诉,亦没有任何反应。公司决定通过中纺外贸运输联合会与 C 行交涉。正当中纺外贸运输联合会受理和准备办理此案件时,C 行强硬的态度发生了变化,经过双方协商,达成和解协议,C 行一次性将全部货款及 440 天的利息共计 55 000 多美元汇付给 T 公司,了结此案。

试对此案例进行评析。

4. 我国某外贸公司与英国某进口企业签订合同,出口一批货物,数量为 1 500 公吨,每公吨价格为 GBP120 CIF London。该英国公司通过开证行按时开来信用证。该信用证规定,货物总金额不得超过 GBP180000,最迟装船期为当年 8 月 10 日,信用证有效期为当年 8 月 31 日,信用证根据国际商会《跟单信用证统一惯例》办理。我国该公司于 8 月 3 日完成装船,并取得提单。请问:①我国该公司向银行交单的最后日期是哪一天?依据是什么?②我国该公司在这份信用证下,最多和最少可分别装运多少吨?依据何在?

5. 我某轻工业进出口公司向国外客户出口某商品一批,合同中规定以即期不可撤销信用证为付款方式,信用证的到期地点规定在我国。为保证款项的收回,应议付行的要求,我公司请香港某银行对中东某行(开证行)开立的信用证加以保兑。在合同规定的开证时间内,我方收到通知银行(即议付行)转来的一张即期不可撤销保兑信用证。我出口公司在货物装运后,将有关单据交议付行议付。不久接保兑行通知:"由于开证行已破产,我行将不承担该信用证的付款责任。"

问题:(1)保兑行的做法是否正确?为什么?(2)对此情况,我方应如何处理?

操 作 题

根据出口销售确认书审核信用证。

SALES CONFIRMATION

S/C No：SHHX98027

Date：03-APRIL-2018

The Seller：HUAXIN TRADING CO. ,LTD.

Address：14TH FLOOR KINGSTAR MANSION, 676 JING RD. ,SHANGHAI

The Buyer：JAMES BROWN & SONS

Address：#304-310 JALAN STREET,TORONTO, CANADA

Item No.	Commodity & Specifications	Unit	Quantity	Unit Price (US$)	Amount (US$)
	CHINESE CERAMIC DINNERWARE				CIFC5 TORONTO
					12 737. 00
HX1115	35PCS DINNERWARE & TEA SET	SET	542	23. 50	16 320. 00
HX2012	20 PCS DINNERWARE	SET	800	20. 40	10 277. 60
HX4405	PCS DINNERWARE	SET	443	23. 20	7 645. 40
HX4510	PCS DINNERWARE	SET	254	30. 10	46 980. 00

TOTAL CONTRACT VALUE (IN WORDS)：SAY US DOLLARS FORTY SIX THOUSAND NINE HUNDRED AND EIGHTY ONLY.

PACKING：HX2012 IN CARTONS OF 2 SETS EACH AND HX1115, HX4405 AND HX4510 TO BE PACKED IN CARTONS OF 1 SET EACH ONLY

PORT OF LOADING & DESTINATION：FROM：SHANGHAI TO：TORONTO

TIME OF SHIPMENT：TO BE EFFECTED BEFORE THE END OF APRIL2018 WITH PARTIAL SHIPMENT NOT ALLOWED AND TRANS SHIPMENT ALLOWED.

TERMS OF PAYMENT：THE BUYER SHALL OPEN THROUGH A BANK ACCEPTABLE TO THE SELLER AN IRREVOCABLE L/C AT SIGHT TO REACH THE SELLER BEFORE APRIL 10, 2018 VAILID FOR NEGOTIATION IN CHINA UNTIL THE 15TH DAY AFTER THE DATE OF SHIPMENT.

INSURANCE：THE SELLER SHALL COVER INSURANCE AGAINST WPA AND CLASH & BREAKAGE & WAR RISKS FOR 110% OF THE TOTAL INVOICE VALUE AS PER THE RELEVANT OCEAN MARINE CARGO OF PICC DATED 1/1/1981.

Confirmed by：

THE SELLER
HAXIN TRADING CO. , LTD.
MANAGER 赵建国
Zhao jian guo

THE BUYER
JAMES BROWN & SONS
MANAGER PAUL LOCKWOOD

THE ROYAL BANK OF CANADA
BRITISH COLUMBIA INTERNATIONAL CENTER
1055 WEST GEORGIA STREET, VANCOUVER, B. C. V6E 3P3 CANADA
DATE: APRIL 8,2018 PLACE: VANCOUVER

<table>
<tr><td colspan="2">IRREVOCABLE DOCUMENTARY CREDIT</td><td colspan="2">CREDIT NO: 98/0501-FTC</td><td>ADVISING BANK'S REF. NO.</td></tr>
<tr><td colspan="2">ADVISING BANK
SHANHAI AJ FINANCE CORPORATION
59 HONGKONG ROAD,
SHANGHAI 20002, CHINA</td><td colspan="3">APPLICANT
JAMES BROWN & SONS
#304-310 JALAN STREET,
TORONTO, CANADA</td></tr>
<tr><td colspan="2">BENEFICIARY
HUAXIN TRADING CO. , LTD.
14TH FLOOR KINGSTAR MANSION
676 JING RD. , SHANGHAI</td><td colspan="3">AMOUNT
USD 46 980. 00 (US DOLLARS FORTY SIX THOUSAND NINE HUNDRED AND EIGHTEEN ONLY)</td></tr>
<tr><td colspan="5">EXPIRY DATE; MAY 15,2018 FOR NEGOTIATION IN APPLICANT'S COUNTRY</td></tr>
<tr><td colspan="5">GENTILEMAN:
WE HEREBY OPEN OUR IRREVOCABLE LETTER OF CREDIT IN YOUR FAVOR WHICH IS AVAILABLE BY YOUR DRAFTS AT SIGHT FOR FULL INVOICE VALUE ON US ACCOPANIED BY THE FOLLOWING DOCUMENTS:
+ SIGNED COMMERCIAL INVOICE IN 4 COPIES.
+ PACKING LIST IN 4 COPIES SHOWING THE INDIVIDUAL WEIGHT AND MEASUREMENT OF EACH ITEM.
+ ORIGINAL CERTIFICATE OF ORIGIN IN 4 COPIES ISSUED BY THE CHAMBER OF COMMERCE.
+FULL SET CLEAN ON BOARD OCEAN BILLS OF LADING SHOWING FREIGHT PREPAID CONSIGNED TO ORDER OF THE ROYAL BANK OF CANADA INDICATING THE ACTUAL DATE OF THE GOODS ON BOARD AND NOTIFY THE APPLICANT WITH FULL ADDRESS AND PHONE NO. 77009910.
+ INSURANCE POLICY OR CERTIFICATE FOR 130% OF INVOICE VALUE COVERING: INSTITUTE CARGO CLAUSES (A) AS PER I. C. C. DATED 1/1/1982.
+ BENEFICIARY'S CERTIFICATE CERTIFYING THAT EACH COPY SHIPPING DOCUMENTS HAS BEEN FAXED TO THE APPLICANT WITHIN 48 HOURS AFTER SHIPMENT.
COVERING SHIPMENT OF:
4 ITEMS OF CHINESE CERAMIC DINNERWARE INCLUDING: HX1115 544 SETS, HX2012 800 SETS, HX4405 443 SETS AND HX4510 245 SETS.
DETAILS IN ACCORDINCE WITH SALES CONFIRMATION SHHX98027 DATED APRIL 3,2018.
【 】FOB 【 】CFR 【×】CIF 【 】FAS TORONTO CANADA</td></tr>
<tr><td>SHIPMENT
FROM:SHANGHAI</td><td colspan="2">TO:VANCOUVER</td><td colspan="2">PARTIAL SHIPMENT:PROHIBITED</td></tr>
<tr><td colspan="3">LATEST APRIL 30,2018</td><td colspan="2">TRANSSHIPMENT: PROHIBITED</td></tr>
<tr><td colspan="5">DRAFTS TO BE PRESENTED FOR NEGOTIATION WITHIN 15 DAYS AFTER SHIPMENT, BUT WITHIN THE VALIDITY OF CREDIT.
ALL DOCUMENTS TO BE FORWARDED IN ONE COVER, BY AIRMAIL, UNLESS OTHERWISE STATED UNDER SPECIAL INSTRUCTIONS.</td></tr>
<tr><td colspan="5">SPECIAL INSTRUCTIONS:
+ ALL BANKING CHARGEES OUTSIDE CANADA ARE FOR ACCOUNT OF BENEFICIARY.
+ ALL GOODS MUST BE SHIPPED IN ONE 20' CY TO CY CONTAINER AND B/L SHOWING THE SAME.
+ THE VALUE OF FREIGHT PREPAID HAS TO BE SHOWN ON BILLS OF LADING.
+ DOCUMENTS WHICH FAIL TO COMPLY WITH THE TERMS AND CONDITIONS IN THE LETTER OF CREDIT SUBJECT TO A SPECIAL DISCREPENCY HANDLING FEE OF US$ 35. 00 TO BE DEDUCTED FROM ANY PROCEEDS.</td></tr>
<tr><td colspan="5">+DRAFT MUST BE MARKED AS BEING DRAWN UNDER THIS CREDIT AND BEAR ITS NUMBER;
+THE AMOUNTS ARE TO BE ENDORSED ON THE REVERSE HEREOF BY NEG. BANK.

WE HEREBY AGREE WITH THE DRAWERS, ENDORSORS AND BONA FIDE HOLDER THAT ALL DRAFTS DRAWN UNDER IN COMPLANCE WITH THE TERMS OF THIS CREDIT SHALL BE DULY HONORED UPON PRESENTATION. THIS CREDIT IS SUBJECT TO THE UNIFORM CUSTOMS AND PRACTICE FOR DOCUMENTATY CREDITS (2007 REVISION) BY THE INTERNATIONAL CHAMBER OF COMMERCE PUBLICATION NO. 600.</td></tr>
</table>

第六章 国际结算方式(三):银行保函

本章导读:

银行保函最早来源于信誉担保,在商品经济不发达、法律制度不健全的情况下,商品交易采用第三者担保受到了广大交易者的欢迎。随着国际结算的内容、形式和环境的变化,交易金额越来越大、程序越来越复杂、标准化程度越来越高,由银行担任担保人已成为新形势下的要求。以银行信用为担保的银行保函已逐渐发展成为一种简单灵活、形式规范、应用广泛、广受欢迎的国际结算方式。本章主要介绍银行保函的概述、种类及业务程序等。

基本概念:

银行保函(Letter of Guarantee,L/G)　投标保函(Tender Guarantee)
履约保函(Performance Guarantee)　预付款保函(Advance Payment Guarantee)
备用信用证(Standby Letter of Credit,SL/C)

第一节　银行保函概述

一、银行保函的作用和特点

银行保函(Letter of Guarantee,L/G)是银行或金融机构应申请人的要求向受益人开出的担保申请人正常履行合同义务的书面保证。银行保函又叫银行担保书。

银行保函实际上是银行有条件承担一定经济责任的契约文件或银行有条件付款的书面承诺。一旦银行保函规定的条件成立时(一般是申请人未能履行其所承诺的义务),银行就负有向受益人赔偿经济损失的责任。

银行保函作为经济交易的备用书面担保凭证,其主要作用是以银行信用为手段来保护受益人的经济利益,促使交易活动顺利进行。在一般的经济合同中,虽已规定了当事人各方的权利和义务,具有一定的约束力,当一方违约不履行义务时,另一方可要求其赔偿经济损失,但这种约束仅限于商业信用,即取决于交易对方的信誉,保障不够有力。尤其在复杂、烦琐的国际业务中,由于双方当事人身处异地,互不了解,往往需要银行信用介入,由银行担保一方履约,从而取得对方信任,以促成交易的实现。因此,银行保函使交易各方履行义务受到了双重信用保障,其性质是一种备用的银行信用。

银行保函和信用证虽然都是银行应申请人的要求向受益人开出的文件,属于银行信用,且以单据而非货物作为付款依据,但银行保函又不同于信用证。

(一)银行保函的开立目的是促使申请人履行合同

银行保函的目的是以银行信用作为担保,通过促使申请人履约而促成交易的实现,其侧重点在于提供信用担保而不在于付款,因而,保函只有在申请人违约或具备索偿条件的情况下才发生支付。

信用证是一种国际结算工具和方式,其主要目的在于由银行支付货款,而并非信用保证,在交易正常进行时通常应发生支付。

(二)国际银行保函以独立性保函为主

根据保函与基础业务合同的关系不同,可以分为从属性保函和独立性保函。

从属性保函指保函是基础合同的一个附属性契约,其法律效力随基础合同的存在而存在,随基础合同的改变、灭失而发生相应变化。在保函产生初期,其性质基本如此。现在各国国内保函也基本上是从属性的。

独立性保函是指保函根据基础合同开立后,不依附于基础合同而存在,它是具有独立性法律效力的文件。20 世纪 60 年代以后在国际结算中出现的大多是独立性保函。独立性保函之所以出现并被广泛采用,主要有两个方面的原因:独立性保函能使受益人权益不至于因基础合同纠纷而遭受损失;独立性保函使担保银行不至于卷入复杂的商业纠纷中去。

信用证的性质类似于独立性的保函,它是独立、自足的文件,不依附于合同而存在,合同发生变化并不影响信用证的内容和效力。

(三)担保银行承担的责任与保函性质有关

担保银行的付款责任是与保函的性质相联系的。

在从属性保函中,很行的付款责任是第二性的,即当申请人违约后,担保银行才负责赔偿。也就是说,第一性责任是申请人履行合同,通常是支付货款或偿还借款等,只有在申请人不履行其责任的情况下,担保银行才履行责任,即赔偿。在从属性保函中,申请人不履约必然直接导致担保银行发生赔付;反之,担保银行就不会发生赔付。

在独立性保函中,银行的付款责任是第一性的,即只要受益人提出的索赔要求符合保函规定的条件,担保银行就必须付款,而不管申请人是否同意支付,也无须调查合同履行的事实。在此,合同的履行情况与保函的赔付没有直接的、必然的因果联系。在独立性保函中,即便申请人履行了合同,如果受益人仍能提出合理索赔,担保银行也应付款;反之,即便申请人没有履行合同,如果受益人提出的索赔要求不符合保函规定的条件,担保银行也不会付款。

信用证中开证行的付款责任是第一性的,只要受益人或出口方银行寄来的单据与信用证的规定相符,它就必须付款,而不管申请人(进口商)的付款意愿或支付能力如何。

（四）担保银行付款的依据是单据及其他证明文件

保函付款的依据是受益人提出的索偿条件，包括受益人证明、申请人违约的声明和有关单据的副件及其他证明文件。保函的金额、付款期限、付款条件和付款责任的终止（即到期日），均取决于保函本身的条款，以及索赔书和其他保函规定单据的提交。

信用证的付款依据通常是代表货物所有权的单据等。

（五）银行保函的索赔须与保函条款相符

只有在与保函条款相符的情况下，受益人才有权得到付款。如受益人未能提交保函规定的单据，或所提交的单据与保函要求不符，或索赔未以保函要求的形式出具且未能在保函效期内提交，受益人就无权获得付款。

信用证要求受益人在规定的交单期限内提交与信用证相符的单据。

（六）担保行对单据的审核仅限于表面相符

担保行对保函项下所提交的单据的正当性、准确性或真实性不负责任，仅负责审核单据的表面是否与保函要求相符。因此担保行的责任仅限于实施合理的直观审核。

信用证业务的开证行的审单的要求是表面相符、单证一致、单单一致。

（七）银行保函适用范围十分广泛

银行保函的适用范围十分广泛，除用于贸易结算外，还可应用于投标、履约、预付款、维修、质量、补偿贸易、来料加工、工程承包等各种国际经济交易的履约担保。

信用证一般只适用于货物贸易，用途比较单一。

二、银行保函的格式

迄今为止，在国际贸易中没有一种为世界上绝大多数国家所认可的保函格式。在实务中，保函的格式也通常是多种多样的：有明确规定凭提交某种单据付款的；也有凭某种客观事实的成立、事件的发生进行支付的；有将担保责任条款、赔付条件逐一详细列明的；有略去一切具体条件不提，而只作笼统担保声明的；有担保行承担第一性责任的；也有担保行只作第二性付款的；有无条件"见索即付"的，也有设定某些单据条件以保护申请人一方权益的，等等。这不仅是由于保函的类别众多，各种保函的内在责任各不相同，并且每一类保函又有许多阐述各异的文字规定和条款安排，而且还由于各国不同的习惯做法和不同的法律要求所致。

为明确保函的性质和保函各当事人的责任、规范保函的格式，以适应并推动保函在国际结算中的应用，有关保函的规则制定也提上了议事日程。1978 年，国际商会出版了《合约保函统一惯例》（第 325 号出版物）（Uniform Rules for Contract Guarantee），并根据该规则于 1982 年出版了《合约保函标准格式》（第 406 号出版物）（Model Forms for Issuing Contract Guarantee）。不过，这两个出版物并未被广泛采用。

为适应国际结算中银行保函的信用证化、单据化的发展趋势，保护银行的正当权益，国际商会又于 1992 年制定了《见索即付保函统一规则》（第 458 号出版物）（Uniform Rules for Demand Guarantee，简称《URDG458》）。该规则适用于凭索赔书和保函中规定的单据或文件向担保银行索赔的保函,即银行保函的赔付仅凭保函中规定的单据见索即付,而不管申请人是否违约的事实。

三、银行保函的内容

根据《见索即付保函统一规则》(《URDG458》)的要求,银行保函和银行保函的修改应当清楚、准确,并应避免加列过多细节。尽管由于基础交易不同、保函的种类不同、各地区及国家的习惯不一样,保函的格式多种多样,但所有的银行保函都包括两部分的内容:一是《URDG458》规定的基本内容;二是附属条款和附属内容。

(一)银行保函的基本内容

根据《URDG458》,一项保函至少应有以下的内容。

1. 当事人的名称和地址

银行保函应写明申请人、受益人,尤其是担保银行的完整名称和详细地址。因为《合约保函统一惯例》明确规定"担保书受担保行营业地所在国的法律约束,如果担保行有几个营业地,则受担保行签发担保书的那个营业地所在国的法律约束",而各国法律差异很大,因此,明确当事人各方尤其是担保行的全称和地址,不仅可以保证保函的完整、真实,而且对于明确保函的有关法律问题,各方当事人的权利、义务,以及如何处理纠纷都十分重要。

2. 要求开立保函的基础交易

银行保函中应对基础交易加以描述,应写明交易合同、协议或标书的号码、签约日期、签约双方及其规定的主要内容,作为确定合同和判断交易双方是否违约的依据。虽然保函与基础交易是相互独立的,但开立保函毕竟是为了担保申请人履行基础合同下的义务,而不同的合同中申请人的义务是各不相同的,所以要求保函注明其起源的基础交易。

3. 最高支付金额及币别

通常情况下银行保函将规定一个最高限额,而不是确定的金额,因为在开立保函时,事先不能知道申请人违约给受益人造成损失的程度,该金额将是担保行的责任限度,也是受益人的索偿金额。银行保函金额是担保行担保责任的最高限度,通常也是受益人的最高索偿金额。保函金额可以是具体的金额,也可以用交易合同金额的一定百分比来表示,一般要写明货币种类。金额的大小写要完整、一致。如果担保金额随履约的比例减少,保函中必须加列递减条款。一般使用的货币也要与合同规定的货币一致。保函中往往注明有担保行的最高责任不超过多少金额的条款。

4. 保函的到期日和/或到期事件

保函的到期日即保函的效期,是指担保行收到受益人索偿文件的最后期限。原则上应规定一个明确时间,期限一到,担保行应立刻要求受益人将保函退还注销。因为一些国家法律规定保函不得失效,收回保函可以避免一些不必要的纠纷。

保函的失效日期是受益人提出索赔的截止期限,实际付款日期与此无关。受益人只有在到期日之前向担保行提出的索偿才能得到支付,否则担保行可以拒绝付款,因此到期日也称失效日,过了到期日保函就失效了。表示到期的方式有两种:一是规定确定的到期日,如 2006 年 6 月 1 日;二是规定失效事件,即以某事件的发生之日为到期日,如施工完毕、交货结束等,但此事件必须以相应的单据证明,如:投标保函可以规定于提交声明已收到基础合同所要求的履约保函的受益人证明时失效;履约保函可以规定凭提交的设计师或工程师的完工证明或凭提交申请人的表明基础合同项下的货物已经装运的证明失效。当事人可以选择其中一种或同时采用两种方式。当保函既规定了到期日又规定了失效事件时,保函的到期日以两者较早发生者为准。

虽然保函规定了到期日和/或到期事件,但当出现下述情况时,保函也失效:①保函金额随着保函项下的支付而递减,在全部金额支付完毕后,保函即失效,即使保函正本尚未退回也是如此;②如果将保函退还给担保行,则认为该保函自动注销;③如果受益人以书面声明形式解除担保行的责任,不管是否已将保函及修改退还给担保行,也认为该保函的效力告终。

5. 要求付款的条件,即银行保函的付款承诺及有关索偿条件的具体规定

索偿条件是判断是否违约和凭以索偿的证明。一般以受益人提交的符合保函规定的单据或证明文件作为付款依据。索偿条件不必与事实相联系,但必须由受益人在有效期内提交保函规定的单据或书面文件,以证明申请人违约,且申请人提不出相反证据时,即可认定所规定的付款条件已经具备,索赔有效。

保函要求的条件必须单据化,也就是说索赔条件仅为提交与保函条款相符的书面索赔书和保函规定的其他单据,这样可避免银行陷入合同纠纷,银行不必去验证客观事实。保函项下所要求的单据一般为一份书面的索赔书,且索赔书必须有书面声明支持,声明申请人未能履行其在基础合同项下的责任,或在投标保函时违反了投标条件。声明书可包含在索赔书中或以独立的单据出具,随索赔书一起提交,并在索赔书中加以引述。有时保函还要求出具汇票,或为防止受益人的不正当索赔,还会要求出具其他的单据,如仲裁裁决书、质量鉴定书、检验证等,这些单据和索赔书不同,是由保函及基础合同之外的第三者出具的。

6. 保函金额递减条款

保函可以明确规定,在某个规定的日期或向担保行提交了保函所规定的单据时,保函的金额可以减少某一规定的金额或可以确定的某个金额。如履约保函可以规定,当工程完成至某一进度的,凭项目监理的进度证明,保函的金额可以降至某一金额。当保函金额减少时,担保行应及时通知申请人或指示人。

(二)银行保函的附属内容

1. 保函的编号、开立日期和地点

为便于管理和查询,银行通常要对保函进行编号。另外,注明保函开立的日期有利于确定担保银行的责任。

2. 保函的种类

对于不同性质和用途的银行保函,必须注明其种类,如投标保函、付款保函还是预付款保函等。它是保函其他要素的依据。

3. 保函的生效条款

根据银行保函的不同用途和避免无理索赔的需要,银行保函有着不同的生效办法。一般情况下,保函是自开出之日起生效,如:预付款保函则要在申请人收到款项之日生效,以避免在申请人收到预付款之前被无理索赔的风险。但保函也可规定一个较晚的生效日,这个日期可以是一个固定的日期。保函还可以规定生效事件,即当某一条件履行后生效。如在预付款保函项下,以收到预付款为生效条件,但此条件必须单据化,必须是提交规定的相应单据。

4. 反担保条款

反担保(Counter Guarantee)是指由反担保行应申请人的要求向担保行开立书面反担保文件,承诺当担保行在申请人违约后作出赔偿,且申请人不能向担保行提供补偿时,由反担保行提供补偿,并赔偿担保行的一切损失。在国际业务中,由于对外国银行不了解,以及各国法律差异较大,受益人往往只接受本国银行开立的保函,因而申请人只好委托其往来银行先给受益人当地代理行开立反担保函,由该代理行再向受益人开立保函,这是一种使用较为普遍的反担保形式。

第二节　银行保函的业务操作

一、银行保函的当事人

银行保函通常有三个主要当事人,在某些情况下还可能出现其他当事人。

(一)主要当事人

1. 申请人

申请人(Applicant,Principal)是指向银行申请开立保函的当事人。由于合约的规定,或考虑到对方对自己不信任,合约的一方当事人往往会作为保函的申请人,要求银行或金融机构向对方出具保函,凭借银行信用或第三方的良好信誉,来取代和补充自己的商业信用。保函开出后,申请人有义务按期向担保银行支付各种手续费、担保费以及函电往来所发生的其他的通信费用。申请人在保函项下的职责:在业务正常情况下,其必须根据保函的条款规定履行合约;在保函项下一旦发生支付时,必须偿还银行的垫付款。

2. 受益人

受益人(Beneficiary)是指保函项下担保权益的享受者,即有权凭借保函并依照其条款的规定向担保银行提出索赔要求的合同一方的当事人。

3. 担保行

担保行(Guarantor)也称保函的开立人,是指接受申请人委托,向受益人开立保函,并据此承担第一性或第二性付款责任的银行或其他金融机构。保函开立后,担保行在向受益人构成一种或有负债的同时,也从申请人那里获得了一种或有债权。担保行在收到来自受益人的符合保函条款规定的索赔要求时,必须立即进行付款,但同时也可立即向申请人进行追偿。担保行是为交易双方提供信用中介的第三者。

(二)其他当事人

除了以上三个主要当事人之外,保函项下有时还会出现一些其他的有关当事人。

1. 反担保行

反担保行(Counter Guarantor)是指接受申请人的委托,而向受益人所在地银行发出开立保函的委托指示,并同时保证在受托行(保函的担保行)遭到索赔时立即予以偿付的银行或其他金融机构,或称“指示方”(Instructing Party)。在国际贸易往来中,由于申请人与受益人分处不同的国家、地域,而某些国家的受益人又往往对国外银行或其他金融机构不了解,只希望接受其本国银行或其他金融机构所开立的保函,因此,在办理保函业务中,申请人通常求助于本地银行,请其转托受益人所在地银行开出保函。在保函业务中,反担保行不直接接受受益人提出的任何索赔,而仅向担保行承担责任,对担保行负责,凭担保行(也可称转开行)提出的要求予以偿付,并同时享有对申请人进行追偿的权利。

在我国,由于各银行设置的业务权限不同,在实务中,往往造成了一笔保函业务不得不出现反担保行的情况。例如,A 银行为二级分行,总行(或它的直接管辖行)授予它的权限为只能出具国内保函,而不能开立任何外汇保函,在这种情况下,若 A 银行的客户 B 公司需开立外汇保函,则尽管 B 公司直接向 A 银行申请开立保函,但由于 A 银行受自身保函权限的制约,不得不作为反担保行再向其上级行(一级分行或总行)要求出具该保函,因而,最后 B 公司拿到的是由 A 银行的上级行出具的保函。由于 A 银行仅仅是该保函的反担保行,A 银行的上级行才是保函的担保行,因此,在出现国外受益人索赔的情况下,首先由 A 银行的上级行根据保函的有关规定对外赔付,然后 A 银行的上级行向 A 银行要求赔付,再由 A 银行向保函的申请人 B 公司追索。

2. 保兑行

保兑行(Confirming Party)是指应邀为保函加具保兑并额外承担了付款责任的另一银行或其他金融机构。保函开立后,由于受益人对担保行的信誉和信用的不信任,担保行为消除其不信任感,或者由于受益人所在国的法律规定,要求担保行邀请保兑行作为其他第三者介入该保函业务中,即要求保兑行以其本身的信用,在担保行已于保函项下所做出的付款保证之外加具保证,承诺一旦发生担保行无故拒绝付款,或因破产、倒闭等原因无力付款的情况时,由保兑行代为履行付款责任。由于保兑行是按担保行的指示而为保函加具保兑的,因此,保兑行在发生付款行为后,有权向担保行进行追偿,并拥有要求担保行支付由此而产生的一切费用和额外开支的权利。

3. 通知行

通知行(Advising Party)是指受担保行之托,办理保函的通知或转递手续的银行,也称为转递行(Transmitting Bank)。在担保银行与受益人分别在两地、甚至两国的情况下,担保银行开出保函后,往往不得不借助受益人所在地的银行,请其代为通知或传递至受益人处。通知行并非保函的实际当事人,只是保函业务处理过程中的辅助方而已。通知行除需负责核验保函的真伪,并严格按担保行的要求和指示及时将保函通知受益人之外,并不承担任何支付保证责任。因此,在发生索赔情况时,通知行除可代替受益人向担保银行转交索赔文件或其他书面单据外,它本身并不受理任何的索赔。

二、银行保函的当事人应注意的问题

(一)申请开立保函的申请人

1. 认真选择开立保函的银行

申请人一般首先应选择信誉较好、容易被受益人接受的银行开立保函,以确保整个业务能正常开展;其次,在受益人能接受开立行的情况下,选择收费较低廉、要求的保证金比例较低的银行作为开立行,以降低业务成本。

2. 认真填写开立保函的申请书

仔细阅读合同中的有关条款,根据合同的具体要求填写申请书,并正确计算保函的金额大小、效期长短,尽量做到准确无误。

3. 认真选择保函的开立方式

开立保函用直开还是转开,须根据合同或标书的有关规定、受益人的要求以及受益人所在国习惯做法和有关法律规定,选择对自己最为有利且能为受益人所接受的开立方式。

4. 认真选择保函的国外转递行、背书行和保兑行

认真选择保函的国外转递行、背书行和保兑行。特别是转开行一般应从以下几方面考虑。

(1)国外转开行与申请人的反担保行之间必须存在代理行关系。

若两行间尚未建立代理行关系,在未经第三者加保的情况下,转开行是很难接受对方要求,转开承担着很大经济责任和付款义务的保函的。因此,申请人应及时与自己的往来银行(反担保行)联系,在银行的帮助下做出选择,而不应在未征得银行同意前擅作主张,自行选择转开行,以免由于选择不当而造成整个业务机会的丧失。

(2)了解转开行是否有特殊要求。

有的银行为了保护其自身利益,拟定了许多对申请人极为不利的反担保格式和条款,强制反担保行执行。因此,为避免和减少不必要的风险,在可能的情况下,应尽量避开那些具有较为苛刻规定的银行,而选择其他银行来办理保函的转开。

(3)了解转开行的资信情况、经营作风等。

避免由于转开行信誉不佳、将来可能与受益人勾结而使申请人遭受损失。另一方面,也是为了保证交易所需的保函能及时签发,不致因转开行的刁难而使业务难以开展。

(4)了解转开行所收费用的高低。

保函项下的费用,从种类、费率到费用的计收方式,各个银行都有所不同,费率从0.5%~1.8%不等,最高者可达6%以上。有些银行除收取正常业务所发生的邮电费外,只收取担保费;有些银行则除担保费外还要收取手续费、修改费等;有些国家由于税收上的规定,还要收取其所交纳的印花税,甚至包括其为境外反担保行所垫支的印花税;有部分银行在保函开出时即一次性收取直至保函效期终止时的全部费用,保函若办了延期则另行加收;有的银行甚至在保函终了后还要加收从保函到期日至受益人实际退回保函正本之间的逾期费用(Overdue Commission),等等。因此,申请人必须了解转开行所收费用的高低,预测业务的成本和利润,以便做出是否叙做业务的正确决策。

(二)开立保函的担保行

1. 认真审核保函申请人的信誉,并根据具体情况,落实担保或抵押

对于开立保函的担保行,保函是其对保函项下受益人的或有债务,一旦符合保函要求的条件,该保函的出具行就承担了不可撤销的付款责任,随后将产生对申请人的追索。但倘若申请人到时因资金短缺无力偿付,甚至发生破产倒闭,银行仍将面临着垫付后无法获得相应补偿的风险。为了防止日后银行的资金损失，因此，在授信审核上，银行开立保函应同开立信用证一样来审核保函申请人的有关情况，了解其资信情况、履约能力、经营管理能力、财务状况，其年成交额、营运资金的占用情况、资产负债情况、资产的构成及流动资产在总资产中所占的比例等。通常出具保函的银行还将根据这些具体情况，要求申请人落实担保或提供抵押。在实务中，银行可以接受的反担保和抵押物一般主要有以下几类。

(1)由其他银行或金融机构出具的反担保。这种情况下，出具保函的银行必须审核反担保函中的各项责任条款，注意使其与担保行本身所出具的保函条款相吻合，反担保函的责任范围不能小于即将出具的保函，效期不能短于即将出具的保函等。

(2)由具有一定外汇收入和外汇资金来源的、资信可靠的商业团体、企业、公司或其他经济实体提供的反担保。出具保函的银行必须了解这类企业的经营、信誉等情况。

(3)申请人自己的资金抵押。包括如现汇存款、定期存单、以申请人为收款人的汇票等有价证券。对于资金抵押，出具保函的银行必须注意抵押资金的币别最好与银行自身所出具的保函币别相一致，以防止可能出现的汇率变动风险。若使用与保函不同币别的资金作抵押，则最好通过叙做外汇买卖达到该抵押的保值目的，或根据对有关货币汇率变动趋势的预测，适当增加抵押比例。另外，还须注意审核申请人作为抵押的存单、汇票、本票的到期时间与所开立的保函效期之间的相互吻合。如有必要，还可要求申请人将有些有价证券背书转让给保函开立行所有，或要求申请人出具书面说明，明确表示其愿以自有资金或有价证券为保函提供抵押，并无条件地授权担保行在收到受益人的索赔后可动用该抵押对外支付，以便使银行获得对抵押品的或有使用权，防止日后担保行在需要支款对外赔付时无权动用，或遭到资金或证券所有人的反对和异议现象发生。在申请人以其定期存单作为抵押的情况下，出具保函的银行不仅要求申请人出函确认，还须经存款银行加签认可，允诺在保函失效或担保行撤销保函前，非经出具保函银行的书面同意，申请人不得办理存单的提前支取，否则将对由此而产生的一切后果负责。

(4)申请人的财产抵押。以申请人的房地产、设备、库存商品及其他财产，特别是不动产按一定的折扣率作抵押。

2. 审核申请书及委托担保协议书

由于保函是基于合同的要求而产生的，用以保证合同的一方去履行合同的某种义务，因此保函中的有关条件应与基础合同的有关内容和规定相吻合。只有这样，才能保证在保函项下申请人与受益人双方的正当权益都能得到保障，也使保函为受益人所乐于接受，从而保证保函业务的顺利进行。因此，开立保函的银行必须结合有关合同、协议及标书的要求来审核申请书或担保委托协议的有关内容是否正确，如申请人、受益人的名称，保函的金额、效期，保函的开立方式，代理行的选择，项目名称及保函类别等是否符合有关合同、协议或标书的规定，填写是否得当等。一旦发现问题，银行应立即与申请人联系，及时做出更改，并要求其在更改处签章认可。另外，对于申请书及委托担保协议书中责任的划分是否合理、是否明确，申请人所做出的偿付承诺是否明确清楚，是否与担保行对外签发的保函所承担的义务相吻合等，也必须加以注意。

3. 审查保函开立的方式及国外委托行

尽管保函开立的方式及国外委托行是由申请人选择的，但由于申请人对保函可能缺乏有关的专业知识,对国外银行的经营作风、资信情况也不够了解,因此,作为开立保函的银行,应该协助申请人选择保函开立的方式及国外委托行。

4. 审查保函的格式、条款和内容

保函格式、条款和内容体现了保函项下担保行所承担的职责和义务以及责任范围的大小。不同的格式、条款和内容反映着担保行及申请人在每一类保函项下不同的风险程度和不同的赔付承诺。例如,无条件见索即付的格式无疑对受益人非常有利,而有条件的条款规定则能够保护申请人的正当权益免受信誉较差的受益人的无理索赔。保函格式、条款和内容措辞如何,规定的条件适当与否,对各有关当事人而言,意味着不同的后果和不同的利害关系。因此,在保函开立之前,对保函的格式、条款和内容,出具保函的银行必须详加审查,决不可掉以轻心。否则,保函格式、条款和内容中的任何一个疏忽和纰漏,都将可能给申请人或出具保函的银行本身带来意想不到的严重损失。

5. 注意及时回收保函正本

注意及时收回保函正本,以便释放申请人的保证金、抵押品或归还授信额度。

(三)保函的受益人

受益人是保函项下权益的享有者,但在享有保函权益之前,必须按合同的规定完成一定的义务,因此,受益人对保函的开立行信誉,保函的主要条款、金额、有效期等也必须进行严格的审核。另一方面,由于到时出具保函的银行的赔付还受该国政治、经济等客观因素的影响,对开立行所在国政治经济是否稳定、是否为外汇管制国家等必须有足够的了解,并根据具体情况决定是否接受,或要求申请人采取如对出具的保函加具第三家银行的保兑等措施。

三、银行保函的业务程序

银行保函是银行签发的一种付款保证文件,一笔未发生赔付的保函从开立到结束通常有以下几个环节:申请人提出申请—担保行开立保函—通知或转开—保函的撤销。

一笔发生赔付的保函从开立到结束通常有以下几个环节:申请人提出申请—担保行开立保函—通知或转开—索赔和理赔—担保行对申请人追索—保函的撤销。

(一)申请人提出申请

保函申请人向担保行申请开立保函,一般应提交下列材料。

(1)申请人的基本材料,如营业执照、税务登记证、企业代码证,还有法人及授权人的签章。

(2)填写并提交保函申请书或与担保行签订委托担保协议书。

保函申请书是申请人与担保行之间一定的法律义务和责任划分的书面契约。因此,银行在出具保函前,一般均要求申请人填制格式化的申请书,或与申请人签订委托担保协议书,用以明确担保行与申请人各自所应承担的责任、义务及享有的权利。如,担保行凭此契约享有在保函项下发生索赔时和赔付行为后向申请人进行追索的权利以及在出具保函后收取保函手续费的权利,并有责任依照申请书或委托担保协议书所要求的条件和条款来签发保函等。一份保函申请书,通常应包括以下几方面的内容:

①保函申请人名称、地址、电话及业务联系人等。

②保函受益人名称、地址。

③有关的合同号、标书号及项目名称等。

④合同总金额。

⑤保函金额及使用的货币种类。

⑥保函种类。

⑦保函的有效期。

⑧保函开立方式(电开或信开)。

⑨申请人对担保行所做出的承诺,担保行和申请人各自的权利和义务,以及担保行的免责条款。

⑩申请人建议使用的保函格式(通常作为保函申请书的附件)和申请人的有效签章。

(3)提交有关的业务参考文件,如标书、合同、有关的契约和协议等。

(4)由于保函是一种或有债务,也是授信业务,因此申请人还需要提供从中国人民银行领取的贷款卡,供开立保函的银行进行相关的登记。

(5)交纳一定的保证金或提供第三方担保。

(二)担保行开立保函

担保行接受申请人的申请后,便可根据申请书的要求开立保函。担保行开立保函的方式,主要可分为直开和转开,以及直开后加保、加签或背签等几种。

1. 直开

“直开”,即所谓“直接担保”,是指担保银行应合同一方当事人的申请,直接向合同的另一方开立以其为受益人的保函,并凭此直接向该受益人承担支付担保责任。“直开”,就保函的传递方式上来说,又可分为担保银行开立保函后将其直接寄交或由申请人自行带交受益人和转请受益人所在地另一家银行通知给受益人这两种形式,即所谓“直交”和“转交”(或称“转递”)的做法。在“直开”的做法中,真正的保函当事人只有三个,即申请人、担保行和受益人,而作为通知人的转递行则只担当辅助性的角色,只能算作保函的关系人而非直接当事人。图6-1所示为“直开”保函流程图。

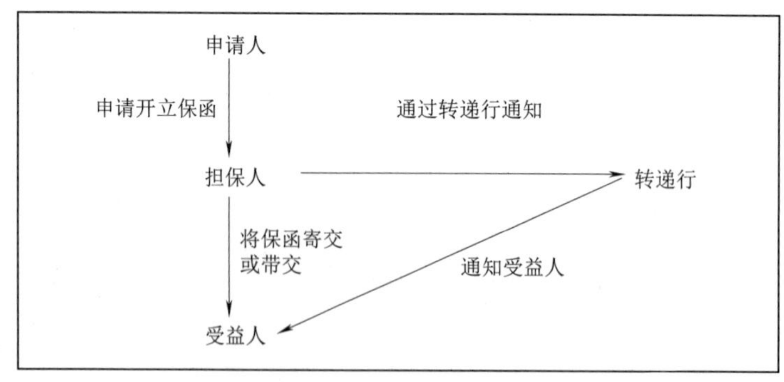

图6-1 “直开”保函流程图

2. 转开

“转开”又可称“间接担保”,是指申请人所在地的银行应其客户的要求,根据标书或合同的有关规定以及受益人所在国的惯常做法及法律要求,以提供反担保的形式来委托另一家银行(通常为受益人所在地的银行)代其出具保函,并向受益人承担付款责任。通常也被称为"连环担保"。在转开保函业务项下,真正的开立保函的担保行是受益人所在地受托办理转开的银行,而申请人所在地的委托银行仅仅是反担保行,在其反担保中以转开行为受益方,而并非真正的受益人,转开银行凭反担保行的反担保向受益人出具保函,并与其构成一种担保合同关系。如果将来由于申请人违反合约,或在受益人已完成合同义务取得了保函项下的收款权利时,受益人只能向其所在地的担保行(即转开行)提起索赔,而不能越过担保行直接向反担保行要求获得支付。反担保行仅就反担保对担保行负责,而不向真正的受益人承担任何直接责任。

保函采用"转开"方式出具,使保函业务的当事人由原来的三方增加到四方,甚至四方以上,即保函的申请人、反担保行(可以一个或一个以上)、担保行和受益人。图 6 - 2 所示为"转开"保函流程图。

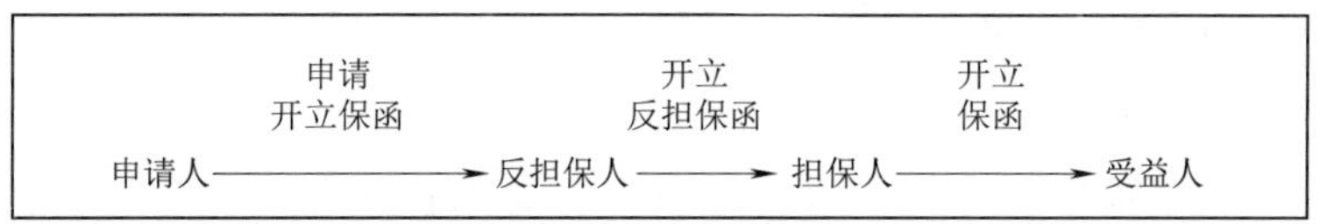

图 6 - 2　"转开"保函流程图

3. 加保、会签或背书

在一些第三世界国家(特别是亚非地区),有时还规定对国外银行直开的保函必须经受益人本国银行实施"加保"(Confirm)、"会签"(Counter Sign)或"背书"(Endorse)后方能接受。因此,开往这些国家的保函在开立后实际并未真正完成"开立"这个环节,还必须根据具体情况请受益人当地的银行进行加保、会签或背书。当然,在实务中,由于各个国家和地区的习惯不同,某些应邀加保、会签或背书的受益人本地的银行在保函项下实际上并不承担任何付款责任,也不受理受益人所提出的任何索款要求,仅仅是核验和证实国外银行保函的真伪,并不成为保函的实际当事人,充当了转递行的角色。在这种情况下,加保、会签或背书行为实际上也就等同于"转递行"在国外担保行对该保函项下所承担的付款保证责任之外加上了自己的保付承诺。如果将来申请人违约,或受益人已履行了合同规定的义务后,这些银行都将承担向受益人支付的责任。因此,在实务中必须注意区别。

(三)保函的通知或转开

保函的开立方式分为直开、转开,或直开后加保、会签及背书等。在实务中,由于作为保函担保行的银行与受益人往往分处不同的国家,因此,在保函开立后,往往需要借助受益人所在地银行的服务,或通知(保函业务中通常称为"转递"),或转开,或由该银行对保函加保、会签或背书。此时这些应担保行之托进行通知、转开、加保、会签、背书的银行即分别被称为通知行(或转递行)、转开行(此时转开行实际上即为担保行,而发出委托指示的银行通常被称为"反担保行"或"指示行")、保兑行、会签行和背书行。各银行将按照委托行的指示履行其各自的责任和义务并对委托行负责,同时向委托行收取费用。

(四)保函项下的索赔和理赔

由于保函有付款类担保与信用类担保之别,银行作为担保行,根据不同的保函性质,有时承担第一性付款责任,有时又承担第二性付款责任,因此,并非所有的保函项下都必然会出现索赔和赔付。一般情况下,由于担保标的及发生支付前提的不同,付款类保函项下索赔发生的可能性相对要大一些,而信用类担保项下则往往并不存在索赔情况,因此,索赔和理赔并非任何保函业务所必须经历的环节。从理论而言,只有在受益人已完成了合同规定的义务,并据此获得了索取合同价款的权利,或在申请人出现违约行为时,保函才可能被受益人索赔和理赔。

（五）担保行对申请人的追索

保函是担保行应申请人的要求而做出的付款保证,因此,凭借申请人在开立保函前所提交的申请书或所签订的担保委托协议,担保行在向受益人做出支付后即有权向申请人追偿所付款项,或要求反担保行兑付反担保,或要求申请人筹措资金予以偿付,或扣划申请人在担保行的保证金、往来账户的存款,或变卖、变现申请人事先抵押的财物、票据等有价证券,或采取其他法律手段,完成对申请人的追索。

（六）保函的撤销

一般保函一经到期,即应失效,此后担保行将不再对任何可能发生的索赔负责,保函在此时即可注销,这为世界上绝大多数国家和银行所认同。然而,根据某些国家(如约旦、巴基斯坦、泰国等)的法律规定,在保函过期后的若干时日内(从 3 年、5 年到 60 年不等),只要受益人提出索赔,担保行仍将有义务受理并付款。因此,对于开往这些国家的保函,担保行和申请人应该在保函到期后立即设法从受益人处收回保函正本,从而使其丧失在将来提出索赔的依据,否则很可能因此而产生纠纷。然而,对于另一些国家(如阿尔及利亚等)而言,情况则不尽相同。

尽管独立保函是根据交易合同的有关条款及申请书开立,但并不依附于基础交易合同,因此合同的失效(无论是因执行完毕还是因某种原因中途停止),并不意味着与此相关之保函的自动失效,只要保函尚未到期,担保将继续存在。根据独立担保的这一特点,申请人和担保行都应注意对保函的及时清理。

保函在到期前注销的手段通常有以下两种:一是要求受益人在合同执行完毕后立即将保函正本退回;二是由受益人签署文件,明确放弃保函项下的一切权利,担保行有权凭此办理保函的撤销。此外,保函项下担保余额的全部支付也将意味着保函的完结,担保行也可据此办理撤保手续。随着保函的撤销,担保行的担保职责即告解除,保函业务的流程随之结束。

第三节　银行保函的种类

目前,银行保函的国际业务主要有:进出口贸易、补偿贸易等有形的商品交易;有关劳务方面的业务,如投标与引进技术等;借款、举债(发行债券)等资金融通方面的业务。具体使用时,对保函种类的划分则比较困难,因为各类保函往往是交叉使用的。例如,对于进出口贸易与补偿贸易,一般为付款保函,但有时也可能为履约保函。投标时,使用投标保函,中标后又要签订履约保函。在引进技术时,可以使用进口付款保函,也要使用还款保函。

人们通常根据保函的内容,将保函分为付款类保函和信用类保函。付款类保函多用于进口结算,进口商从国外进口设备时,可以通过银行向出口商开立付款性保函,保证进口商的付款义务。信用类保函是旨在保证申请人履行所规定的义务,否则由银行承担赔偿责任的一类保函,这种支付是或有的,只有申请人履约不当或未能履约时,该保函项下的支付才会发生,这类保函在工程投标中使用较多。根据保函与基础合同或交易的关系,将保函划分为从属性保函和独立性保函。根据担保行承担的责任,划分为第一性的保函和第二性的保函。为方便起见,以下我们按出口保函、进口保函及其他类的划分介绍保函种类。

一、出口保函

出口保函的"出口"包括货物等出口和劳务的出口。出口保函是银行为出口方向进口方开立的书面担保文件,以满足出口货物和劳务的需要,具体包括以下几种。

(一)投标保函

投标保函(Tender Guarantee)是银行根据投标人的申请,向招标人开出的保证投标人在开标前不中途撤标、不片面修改投标条件、中标后不拒绝签约,并承诺当投标人出现上述违约行为时,由其赔偿招标人全部损失的保函。投标保函主要用于国际投标与招标中,如大宗物资采购、工程承包、矿藏开发招标时,招标人通常要求投标人提交这种保函,作为参加投标的条件之一,目的在于表明参加投标人确有诚意和足够的资金及能力,并保证在中标后不反悔,避免给招标人造成损失。

投标保函金额一般为报价金额的1%~5%,这是由招标人在标书中订明的,其效期一般从开立保函日到开标日期后的一段时间为止,有时再加一定天数的索偿期。如投标人中标,则有效期自动延长到投标人与招标人签订并交付合同和履约保函为止。一般投标保函的效期多在3~6个月。

综上所述,投标保函是国际招标中投标人向招标人提供的由银行出具的保证投标人不修改、不撤标以及中标后一定签约的书面担保文件,若投标人违约,则有担保行向招标人进行一定金额的赔偿。

(二)履约保函

履约保函(Performance Guarantee)是银行应供货方或承包方的请求而向买方或业主做出的一种履约保证承诺。银行在保函中保证申请人履行商品或劳务合同,按时、按质、按量地交运货物或完成所承包的工程。如果申请人违约,则受益人有权向担保行索赔。

履约保函的金额一般为10%左右,若是工程承包保函,一般为10%~25%左右。效期则视不同的情况而不同。其生效日大多为保函的开立日,也可以是出口商收到进口商开来的信用证之日。履约保函的生效有两种情况:①交货完毕或工程完工,即以提单日(通常加一定的天数,如30天,有时也可能是以信用证的到期日加30天)或建筑师的完工验收证明的提交日为到期日;②在交货或施工结束后再加一段规定的时期保函才到期。在后一种情况下,履约保函已包括了质量保函和维修保函。

(三)预付款保函

预付款保函(Advanced Payment Guarantee)也称还款保函(Repayment Guarantee)或定金

保函(Down Payment Guarantee),是银行应供货人或承包商的委托向买方或业主开具的保函。保证申请人(即供货人或承包商)未发货或未按要求使用预付款时,由银行退还受益人所支付的预付款。在资本商品交易(机器、轮船、飞机、大型发电机等)和承包工程中,进口方和工程业主须向对方支付一定的定金(通常为合同金额的5%~20%),作为生产定货的资金或招工、动员费等。进口方或工程业主为避免出口方或承包人不履行合同而损失这笔预付金,在支付定金前,要求出口方或承包人提供银行保函,保证未履约时归还这笔资金,这种保函就叫还款保函或预付款保函。

预付款保函的金额就是定金的数额。若申请人只是部分违约,担保行支付的是尚未履约部分相应比例预付金的款项;若全部违约,担保行应将全部定金(有时还包括利息)退还给受益人。此种保函自申请人收到预付款时生效。在买卖合同项下,通常为货物装运后一定时期(如30天)失效;在劳务承包合同下,则于项目完工时失效。

以上三种出口保函常用于跨国的工程承包,统称为合约保函。合约保函中还有一种叫分包保函。国际上一些承包工程公司在承包营建工程时,由于无力承担全部的工程,常把所承包的工程再包出去。若是转包,第一手承包工程的叫头包,第二手的人叫二包;若是分包,承包全部工程的叫总包,承包部分工程的叫分包。承包工程时一方面争取头包或总包较为困难,另一方面由于一些国家政府规定只能把工程包给本国的商人或公司,所以其他参与者只能处于二包或分包的地位。

二包或分包头包或总包承包工程时,常需向其提供银行保函,保证履行转包或分包合同规定的责任和义务。如不履行,担保行便按保函金额赔付给头包或总包。

保函金额由头包或总包确定,一般为头包或总包合同金额的5%~10%。

保函的效期一般到转包或分包合同执行完毕日期止,有时再加5~15天的索偿期。

分包或转包的风险较大,因为存在一个中间人,所以银行开立这种保函时应格外注意。

(四)留置金保函

留置金保函(Retention Money Guarantee)又叫保留款保函。在成套设备进出口交易中,合同中常常规定,合同金额的5%~10%要在设备安装完毕、运转良好、经买方验收后再付,这部分未付款称留置金或预留金。如发现机械设备品质或规格不符合合同规定,双方可经商谈减价,减价的部分便可从这个留置金中抵扣。不仅是一些成套设备,对一些易发生损耗和伤残的货物,如中药材、皮张等,通常也有一定比例的留置金。有时,卖方要求将留置金随货款先支付给他,买方在卖方提供银行保函的前提下会同意这样做。银行保证货到后若品质不符、短量或伤残时,由卖方或担保行将预支的留置金退还给买方。这种保函叫留置金保函或预留金保函。简单地说,是银行为出口方提前收回留置金所做的归还承诺。

从担保行的责任来看,留置金保函就是维修保函,或者说是维修保函中的一个类别,所以单独开立留置金保函业务在业务中已很少见到。

(五)质量保函和维修保函

在进出口贸易中,进口商为了确保货物品质符合要求,往往要求出口商提交质量保函(Quality Guarantee),即保证按照合同规定的质量标准交货。若发现货物品质不符合规定,由出口方负责退换或补偿损失,否则由担保行进行赔付。

维修保函(Maintenance Guarantee)主要用于承包工程。为保证工程质量,招标人或业主要求承建人提供一旦工程质量不符合合同规定,而承建人又不能维修时,由担保行提供赔偿的银行保函。

可见,质量保函和维修保函是担保行针对合同标的物的质量所出具的保函,担保行向受益人保证申请人所提供的货物或承建的工程符合合同所规定的质量标准,一旦标的物的质量不符合要求而申请人又不能维修时,就由担保行向受益人进行赔偿。

这两种保函的金额一般为合同金额的5%~10%。效期一般至合同规定的质量保证期满或工程维修期满,通常是在设备安装后一个月或工程维修到期后一个月。维修保函的效期最多是三年。

二、进口保函

进口保函是银行应进口商的要求向出口商开具的一种书面保证文件,是为满足进口商进口商品(包括货物和技术)的需要而开立的。

(一)付款保函

付款保函(Payment Guarantee)是担保行针对买方的付款责任而出具的一种保函,分为即期付款保函和延期付款保函两种。

1. 即期付款保函

即期付款保函通常是担保行向出口商担保,一旦收到保函中所规定的出口商应出具的各种单据,表明已出运货物或工程已进入或完成某阶段进度,由担保行立即向出口方支付货款或进度款。这种保函是典型的“见索即付”,起到和信用证一样的作用。和信用证不同的是,付款保函不仅可以这样单独地使用,而且可以与其他以商业信用为基础的结算方式如汇款、托收等相结合使用,这时,由于它是作为商业信用的一种补充,因此受益人应先向申请人索款,未果时才能转向担保行要求支付。

2. 延期付款保函

在进口大型成套设备时,一方面由于交货不集中,往往要在较长的一段时间内才能交完,另一方面进口方往往无力一次支付全部款项,特别是一些第三世界的国家,要等引进的设备安装投产后,用投产后产生的收益在一段时期内分多批来付款。在这种情形下,虽然可以采用远期或延期信用证进行结算,但由于其局限性(如强调单证一致、凭单付款等),不如保函灵活,因此实际业务中更多地使用银行保函。银行在这种保函中保证担保行从收到达到合同金额90%~100%的国外装船单据起的一个时间后开始,把合同金额分为若干相等的份额,每隔一定的时间(如每个季度或每半年)支付一定金额并加利息,直到付完为止。这种银行保函就是延期付款保函。

不论是即期还是延期付款保函,保函的金额为合同的价款扣除了定金的待付金额,效期取决于合同中规定的付款期限。

(二)租赁保函

租赁保函(Lease Guarantee)即银行向出租人担保承租人按规定期间付给租金,否则由担保行赔偿的保函。在用租赁方式进口机械、仪器、设备、运输工具时,承租人向出租人提供保函，保证承租人履行合约，按时付租金，否则，由银行负责赔偿并加利息给出租人。其实它是一种履约付款保函。

租赁保函项下，担保行大都承担第二性的付款责任，即承租人违约不付时，再由担保行凭受益人的索赔书来支付。此种保函还常被出租人用于质押，以从银行或其他金融机构获得融资，因此出租人往往要求这种保函具有一定的可转让性。

租赁保函的最高金额是各期租金之和，担保行的责任随每一次租金的支付而减少。效期从保函开立或租赁合同生效日起，到最后一笔租金付清之日止。

（三）补偿贸易保函

此类保函是在补偿贸易中，银行为进口设备的一方向供给设备的一方提供的书面保证文件，以保证进口方在收到与合同相符的设备后，以该设备生产的产品按合同的规定交付给提供设备的出口方或指定的第三者，以偿付进口设备的价款。如进口方未能按合同规定将产品交给供给设备的一方或指定的第三者，又不能以现汇偿付设备款及利息的，便由担保行凭受益人索赔书赔付。

补偿贸易保函（Guarantee for Compensation）的金额即设备的价款。保函效期一般为合同规定的进口方以产品偿付设备款之日再加半个月。

（四）加工装配保函

此类保函是在来料加工和来件装配业务中，银行为进料、进件的一方向供料、供件的一方出具的书面保证文件，以保证进料、进件方收到与合同相符的原料、元件（有时还包括加工、装配所需的小型设备或工具）后，以该原料或元件加工或装配，并按合同规定将成品交付供料或供件方或指定的第三者。如进料、进件方未能按合同规定交付成品，又不能以现汇来偿付的，担保行凭受益人的索赔书予以偿付。

加工装配保函（Guarantee for Assembly and Processing）金额为来料、来件金额加利息。保函效期一般为合同规定进料、进件方以成品偿付来料、来件价款之日再加半个月。

三、其他保函

（一）借款保函

借款保函（Bank Guarantee for Loan）是银行应借款人的申请向国外贷款人开出的保函，银行保证借款人能按期还本付息，否则将由银行凭贷款人的索赔书代为还本付息。

借款保函的金额即借款金额加利息，有效期从开立日或贷款协议同意日生效，到期日为贷款本息还清之日。

（二）海关免税保函

海关免税保函（Customs Guarantee）是银行给国外海关开立的保证临时进口的商品撤回而不纳税的文件。这种保函主要用于两种情况。一是对外承包工程时，需将一些施工器具运入对方国家，运入时本应向海关缴纳一笔税金，工程完毕后将这些施工器具运回时，海关再退回。承包人为加速资金周转，常不交付这笔税金，而由银行向工程所在国的海关出具保函，保证工程完毕后一定将施工器具运回。如不运回，则由银行支付这笔税金。二是在国外举办展销会展销商品时,将展品或有关器具运进时也会发生同样的情况。举办展销的单位也可用提供银行保函的办法来解决交纳税金的问题。但若要在展销地销售展品,则必须交税。

保函金额即海关规定税金金额。保函效期为合同规定的施工器具或展品等撤离该国之日再加一日。

(三)透支保函

承包工程的公司在外国施工时,一般在当地银行开立账户,为了得到当地更多的资金融通,还可申请开立透支账户。在开立透支账户时,一般须提供银行的担保,保证该公司按透支契约的规定向银行补足透支金额。如不能按时补足,便由担保行代其补足。即透支保函是银行为对外承包工程的公司开立透支账户所做的担保。

透支保函(Over Guarantee)金额一般为透支契约规定的透支限额及利息和费用之和。保函效期为透支契约规定的结束日再加半个月。

(四)保释金保函

保释金保函(Bail Bond)多用于海事纠纷,如两船碰撞造成货主或他人损失,或载运货物的船只或其他运输工具,由于船方的责任,造成货物的短缺、残损,使货主损失等。在确定责任前,当地法庭要下令扣留船只,只有交纳了保释金才能放行。这时船方若能向当地法庭提供一份银行保函,保证船方按法庭判决赔偿损失,这个保函便能代替保释金,船只就可放行,使之能继续使用。这种银行保函为保释金保函。

保释金保函金额一般视损失的多少,由法庭确定。保函效期至法庭判决以后的若干天。

第四节　备用信用证

备用信用证(Standby Letter of Credit),是代表开证行对受益人承担一项义务的凭证。在履约备用信用证项下,开证行保证一项非款项支付的履约业务,包括对由于申请人在基础交易中不履约所致损失的赔偿;在预付款备用信用证项下,开证行保证申请人收到受益人预付款后,承担规定的义务;在投标备用信用证项下,开证行保证申请人中标后,执行合同规定的义务;在融资备用信用证项下,开证行保证申请人承担付款义务,包括保证申请人承担对借款的偿还义务;在直接付款备用信用证下,开证行保证一项基础付款义务,特别是与融资备用信用证有关的基础付款义务的到期付款,而不论是否涉及违约;在保险备用信用证下,开证行保证申请人承担保险或再保险义务;在商业备用信用证下,在申请人未以其他方式对货物或服务做出支付时,保证申请人承担付款义务。因此,备用信用证有时被称为担保信用证(Guarantee L/C)、商业票据信用证(Commercial Paper L/C)、履约及投标信用证(Performance and Bid Bond L/C)。

一、备用信用证的产生和使用

备用信用证当初产生的原因是美国法律不允许商业银行开立保函,商业银行就用备用信用证来代替保函,是一种变通的做法,并仅在美国的商业银行用于其国内的保证业务,后来由于其用途较广泛,各国家对其管制较为宽松才逐渐盛行于世界。

备用信用证是一种特殊形式的信用证,可以被用于投标、履约、还款、预付、赊销等业务。例如,只要 A 对 B 承担了义务,而 B 认为仅有 A 方履行义务的承诺尚不够安全时,A 可以请银行介入,通过开立备用信用证的方式,向 B 做出承诺,如 A(信用证申请人)未能按时履约、偿还货款或支付货款等,B(备用信用证的受益人)可凭备用信用证向开证行要求付款。因此,从贸易结算的整个过程看,申请人的付款是第一性的,开证行的付款是第二性的。备用信用证对受益人来说是用于在开证申请人违约时取得补偿的一种方式。如果申请人按期履行合同规定的义务和责任,受益人就毋需要求开证行在备用信用证项下支付任何货款和赔款,这也是名副其实的"备用"的由来。当然,B 向开证行索款是有条件的,即如一般信用证的索款要求做到"单证相符",开证行在收到汇票及信用证规定的单据后,若"单证相符",必须付款,并根据国际惯例,仅仅对单据的"表面"负责,对单据的真实性、完整性、受益人究竟是否履约等不负责任。

在实务中,亦有极少数备用信用证尽管名称为"备用信用证",但开证行通过条款规定自身负"第一性的付款责任",即开证行不以申请人未付款或违约为条件,只要"单证相符"则行付款之责。因而,此类信用证的实质仍然是普通信用证,其操作也与一般信用证无异。

二、备用信用证的性质和特点

根据《国际备用信用证惯例》(International Standby Practices,简称《ISP98》),备用信用证在开立后即是一个不可撤销的、独立的、跟单的及具有约束力的承诺,因此,备用信用证具有以下特点。

(1)除非在备用信用证中另有规定,或经双方当事人同意,开证人不得修改或撤销其在该备用信用证项下的义务。

(2)备用信用证项下开证行义务的履行并不取决于开证行从申请人那里获得偿付的权利和能力、受益人从申请人那里获得付款的权利,也不取决于在备用信用证中对任何偿付协议或基础交易的援引,或开证行本身对任何偿付协议或基础交易的履约或违约的了解与否。

(3)备用信用证和修改在开立后即具有约束力,无论申请人是否授权开立,开证行是否收取了费用,或受益人是否收到,或因信赖备用信用证或修改而采取了行动,对开证行都是有强制性的。

三、备用信用证的内容

备用信用证的内容与跟单信用证大体相似,只是对单据的要求远比跟单信用证简单,其内容一般包括:开证行名称;开证日期;开证申请人名称、地址;受益人名称、地址;声明不可撤销的性质;备用信用证的金额、使用的货币种类;对单据的要求;备用信用证的到期日(有效期);保证文句;表明适用的惯例等。式样 6-1 为进出口贸易项下的备用信用证,式样 6-2 为保证申请人偿还贷款的备用信用证。

式样 6 - 1　**进出口贸易项下的备用信用证**

我行兹开立号码为×××、金额为×××、以 ABC 为受益人、DEF 为申请人的、有效期为×××的备用信用证。

在本备用信用证项下,我行将凭议付行的加押电传或 SWIFT 付款,同时请提交受益人的声明,该声明内容为开证申请人未履行×××合同号项下的付款。

当收到与本备用信用证条款及条件相符的单据后,我行将按你方指示付款。

本信用证根据《跟单信用证统一惯例》(2007 年版,国际商会第 600 号出版物)开立。

We open our irrevocable Standby Letter of Credit No. ... in favour of ABC for account of DEF for amount... expire date... This Standby Letter of Credit is available against presentation of negotiating bank' s tested telex or SWIFT to us accompanied by beneficiary' s signed statement stating that the applicant did not effect payment under the contract No...

Upon receipt of the documents drawn in compliance with terms and conditions of this Standby Letter of Credit, we shall remit the proceeds to you in accordance with your instruction.

This Standby Letter of Credit is subject to Uniform Customs and Practice for Documentary Credit(2007 revision), ICC publication No. 600.

式样 6 - 2　**保证申请人偿还贷款的备用信用证**

应______(下称"申请人")要求,我行兹开立以你方为受益人的第____号,担保金额为______美元(即贷款本金及利息的 110%),用以保证申请人在与你方第____号贷款合同项下即期或将来的还款责任。

在本备用信用证项下,我行将凭你方提交的加押电传付款,同时,你方还应提交经你方签署的载明该索赔金额并包括了你行给予申请人贷款安排下未清偿的债务的声明。

当收到与本备用信用证规定相符的单据后,我行将在 7 个银行工作日内,根据你方指示汇付索赔金额。

在你方计算索赔金额时. 汇率适用索赔当日中国银行公布的美元买入价。

本备用信用证允许分批索赔。

本备用信用证的效期至__(贷款到期后 6 个月),并须在该日期前提交至××银行。

本信用证根据《跟单信用证统一惯例》(2007 年版,国际商会第 600 号出版物)开立。

At the request of ______ (hereunder referred to as "the applicant"), we hereby issue our irrevocable Standby Letter of Credit No. __ in your favor for the amount of USD __(110% of the principal amount plus the accrued interest) which are or may become payable to you by the applicant under the loan agreement No. __ between you and the applicant.

This Standby Letter of Credit is available against presentation of your tested telex to us accompanied by your signed statement stating that the amount of such claim(s) presents and covers the unpaid balance of indebtedness in connection with your granting loan facility to the applicant.

Upon receipt of the documents drawn in compliance with terms and conditions of this Standby Letter of Credit, we shall, within seven banking business days, remit the proceeds to you in accordance with your instruction.

The buying rate of U. S. Dollars to Renminbi quoted by BANK OF CHINA on the date of your drawing shall be used for the calculation of your drawing amount. Partial drawings are acceptable. This Standby Letter of Credit will expire on __(six months after the due date of the loan agreement) at the counter of XX BANK.

This Standby Letter of Credit is subject to Uniform Customs and Practice for Documentary Credit(2007 revision), ICC publication No. 600.

由于备用信用证亦根据《跟单信用证统一惯例》开立,因此有关各方的义务及责任、具体操作流程等与一般信用证相似。

四、备用信用证与保函的区别

备用信用证与银行保函同样可以在开证申请人违约时使用，因此，一些学者把它归类在保函范畴，但实际上二者仍有较大的区别。

（一）适用的国际惯例不同

备用信用证早已被国际商会归类为跟单信用证，适用于《跟单信用证统一惯例》。而银行保函则不受该惯例约束，而且由于保函的复杂性，至今国际上仍未能形成一个被银行界、贸易界公认的保函惯例，尽管有部分保函选择适用《见索即付保函统一规则》或《合同担保统一规则》，但其使用和为当事人的认知程度均不具有广泛性。

（二）付款依据有所不同

备用信用证的开证行处理的仅仅是单据，付款的依据是单据表面与备用信用证规定的条款的一致性，只要受益人做到“单证相符”，就必须对其付款，与开证申请人和受益人之间的合同无关，并且开证行一旦付款，对受益人没有追索权。而保函项下，情况较为复杂，当受益人向开立保函的银行提交申请人的违约文件并要求银行付款时，银行是否付款须视保函的具体条款而定，即“单证相符”并不是保函开立行付款的唯一条件。例如，有的保函规定，银行必须证实申请人未能履行合同的情况，在这种情形下，银行必须仔细研究合同的条款，如遇合同双方当事人意见不一，银行还将被卷入合同纠纷、贸易纠纷中。

（三）主要内容有时不同，备用信用证具有“备用”性质

备用信用证常常被用于普通贸易中一笔具体的结算，开立的条款较为简单，并明显具有“备用”特征。一般情况下，备用信用证具有“备用”的性质，受益人之所以要求申请人通过银行出具备用信用证而非普通的信用证，其目的往往是为了能在申请人的商业信用之外加上银行信用的保护，以防万一申请人不履行其付款义务时，能通过动用这种备用信用证来保护自身的权益不受损害。因此，从受益人首先向谁要求付款的顺序而言，受益人首先会要求申请人付款，只有在申请人不愿付款或无力支付时，受益人才会考虑动用备用信用证，要求开证行付款，或根据开证行的指示向其指定偿付行索款。在这种情况下，合同本身的支付条款一般仅仅规定为汇款、托收等商业信用的支付形式，备用信用证只是作为一种额外的担保而已。因而，备用信用证明显带有“第二性”付款责任的性质。在实务中，也有受益人为图方便，未按照信用证条款首先向申请人要求付款，而直接先向开证行要求付款，尽管也能收妥款项，但这种操作顺序违反了申请人的意图，于今后双方的合作是不利的。而在保函项下，开立的条款一般较备用信用证复杂，银行的付款在整个过程中可以是“第一性”的，也可以是“第二性”的，需根据具体情况加以确定。

案 例 分 析

1. P 与 B 签订了一份建筑合同，应 P 要求，G 银行开出以 B 为受益人的保函。保函规定：我们保证凭首次书面要求向你方支付索款要求的金额，最高不超过 1 000 万美元的款项。（We undertake to pay you on first written demand the amount specified in such demand up

to a maximum of USD 10 million.)上述保函属于《见索即付保函统一规则》的适用范围吗?

分析:这是一个《见索即付保函统一规则》范畴内真正的见索即付保函,因为付款责任仅取决于书面要求文件的提交,支付金额也仅取决于要求书本身和限定最大责任的保函条款。

2. P与B签订了一份P销售货物给B的合同,并按照合同规定,要求G银行开立了一份以B为受益人的保函,以防止P不能在合同规定的装运期内发运与销售合同相符的货物。该保函仅表明其开立与所述销售合同相关,并保证凭首次书面要求向B支付最高不超过5 000美元的款项。P向B发了货,而B却声称P所发货物与合同不符,并且迟装。P对此提出异议。

分析:B凭保函提出要求,G银行并不关心基础销售合同,即使保函中提及该合同也是如此,只要B提交了与保函相符的书面要求,G银行就必须付款。

3. G银行开立了以B为受益人的保函,随后B提出要求,G银行由于不能确定该要求是否各方面都符合保函条款的要求,在付款前征询其客户P的意见。P正在国外度假,两星期后G银行才与P取得联系。P通知银行拒绝付款,因为他认为要求不符合保函条款。

分析:B应有权得到付款。因为付款或拒付的决定应由担保人G银行做出,而不是其客户P。任何拒付必须在合理时间内通知受益人,并且只能依据G银行自己对单据的审核。

本章小结

银行保函不同于汇款、托收、信用证等结算方式,其主要作用不是直接收付货币资金,而是银行通过借出自己的信用来为商业活动中不被信任的一方担保,从而使交易活动顺利进行。

银行保函分为从属性保函和独立性保函。从属性保函中担保行承担第二性付款责任,独立性保函中银行承担第一性付款责任。

银行保函的开立主要是通过通知行通知及通过转开行转开。

担保行通常要求申请人提供反担保来降低担保风险,有时也采用收取押金、抵押物等措施。

银行从事担保业务要经过申请人申请、银行审查、银行开立保函、保函修改、保函管理、保函索偿与赔付、保函撤销等环节。

如果银行接到国外银行的转开委托,应对反担保函、反担保行进行详细审查。

银行保函目前尚无权威、统一的分类,本书根据其使用领城,将其分为三类:出口保函、进口保函和其他保函。

备用信用证是一种信用证形式的银行保函。

思　考　题

1. 银行保函的特点是什么?

2. 银行保函的主要当事人应注意的问题是什么？
3. 出口保函的种类有哪些？
4. 进口保函的种类有哪些？
5. 其他保函的种类有哪些？
6. 备用信用证的性质及特点是什么？
7. 备用信用证与保函的区别是什么？

第七章 国际结算方式(四):国际保理与福费廷

本章导读:

近年来,随着国际贸易竞争的日益激烈,国际贸易买方市场逐渐形成。对进口商不利的信用证结算的比例逐年下降,赊销日益盛行。国际保理能够很好地解决赊销中出口商面临的资金占压和进口商信用风险的问题,因而在欧美、东南亚等地日渐流行,在世界各地发展迅速。福费廷业务是第二次世界大战之后产生的一种新型的国际结算和国际贸易融资方式,现在已经成为为资本品出口提供风险担保和贸易融资的主要结算方式。本章主要介绍国际保理和福费廷这两种及结算和融资于一体的国际结算方式。

基本概念:

国际保理(International Factoring) 到期保理(Maturity Factoring) 预支保理(Financed Factoring) 公开型保理(Disclosed Factoring) 隐蔽型保理(Undisclosed Factoring) 无追索权保理(Non - recourse Factoring) 有追索权保理(Recourse Factoring) 福费廷(Forfeiting) 贴现率(Discount Rate) 承担费(Commitment Fee) 宽限期(Grace Days)

第一节 国际保理

保理是保付代理(Factoring)的简称,是一种集融资、结算、担保与财务管理于一体的综合金融服务。从地域的角度划分,保理业务分为国内保理与国际保理。在世界经济一体化、国际贸易竞争异常激烈、买方市场特征突出的大趋势下,尽管传统结算方式有着广泛的客户基础,但由于其固有的局限性,在某些方面难以满足客户对金融服务等多方面的需求。而国际保理业务以其服务多元化的优势特征,已经获得了越来越多的关注与应用。

出口商求助于保理商承购出口货物款项有多种原因,特别是出口公司规模不大、在国外没有设立信贷托收部,或公司的出口地分散,或公司从事不定期的出口等原因,使公司内部组织应收账款的托收有困难,在这种情况下,采用保理业务可以避免风险、及时收回货款,对于扩大出口极为有利。

一、国际保理的定义和当事人

(一)国际保理的定义

国际保理(International Factoring)在我国又称应收账款业务,是指由从事国际保理业务的保理商(Factor)向出口商提供的包括收汇风险担保、资信调查、货款催收、资金融通等内容的一系列综合性财务服务。通常的做法是保理商从客户(出口商)手中购进通常以发票表示的对债务人的应收账款,并负责信用销售控制、销售分账管理和债权收回等的综合业务。

(二)国际保理业务的当事人

1. 出口商

出口商(Seller)是对所提供货物和服务出具发票,将以发票表示的应收账款转让给保理商叙做保理业务的一方。

2. 进口商

进口商(Buyer)是对由提供货物或服务所产生的应收账款负有付款责任的一方。

3. 出口保理商

出口保理商(Export Factor)是与出口商签订保理协议,从而对由出口商出具发票表明的应收账款叙做保理业务的一方。

4. 进口保理商

进口保理商(Import Factor)是同意代收由出口保理商转让的应收账款,并有义务支付该项账款的一方。

二、国际保理的服务项目

(一)信用控制

在国际贸易中,掌握客户的资信状况是为了避免和减少潜在的收汇风险,不仅需要了解清楚新客户的资信情况,对于长期的和经常性的老客户也要时刻关注它们的资信变化和现状。调查的内容十分复杂,如需要了解客户(进口商)的注册资本、经营作风、资产负债比例、近期经营状况等,以及交易对方所在国的外汇管制、金融政策、国家政局、外贸体系等方面的变化,因为这些因素都对客户资信有着直接影响,也将影响安全收汇。对绝大多数出口商来说,对上述内容的调查都是力所难及的,但保理商却可较容易地解决这个问题。一方面保理商可以利用全球保理行业广泛的代理网络和官方及民间的商情咨询机构,另一方面也可以利用其母银行广泛的分支和代理网络,从而通过多种渠道和手段获取所需要的最新的第一手资料。再者,保理公司一般都设有专门的信息部门,拥有训练有素的专业人才,负责收集和研究有关各国政治、经济和市场变化的信息资料。这些便利条件使保理商具有一般出口商没有的优势,能够随时了解出口商每个客户的资信现状和清偿能力,使出口商在给予进口商商业信用时有所依据,确保客户的赊销能够得到顺利支付。

(二)代收账款

赊销或提供买方信用已成为国际市场竞争的必要手段,但随之而来的就是应收账款的回收和追讨问题。货款能否及时收回,直接影响出口商的资金周转。如果大量资金积压在应收账款上,且长期得不到解决,则将对出口商形成致命的打击,如果通过法律途径来解决,出口商也将会感到力不从心。因为面对海外的应收账款,存在地区、语言、法律、贸易习惯等方面的差异,加上高昂的律师费、旷日持久的诉讼程序,出口商往往难以承受,因此,借助专业追账机构的力量进行追讨,有时是非常必要的。而国际保理就能提供这种专业债款追收的服务。保理商在追讨应收账款方面具有四大优势:一是专业优势,包括专门的技巧、方法和专业化人员;二是全球网络优势,利用保理商联合会广泛的代理网络,保理商在全世界各个国家和地区都有自己的合作伙伴;三是资信优势,保理商除了自身有良好的信誉外,对债务人的资信状况也起着很大的监督作用;四是法律方面的优势,保理商与世界各地的律师机构和仲裁机构都有比较密切的联系,能够提供一流的律师服务,对处理这类事务得心应手。因此,帮助企业进行国际商账的管理,是国际保理的一个重要服务项目。企业与保理商签订长期的委托合同,在国际信用管理领域开展长期的合作,是目前国际上的一种发展趋势。

(三)账务管理

出口商发出货物后,将有关的售后账务管理交给保理商。由于保理商一般是商业银行的附属机构,或是与商业银行关系密切的机构,而商业银行作为公共会计历史悠久,拥有最完善的财务管理制度、先进的技术、丰富的经验和良好的装备,能提供高效的社会化服务,保理商同样具备商业银行在账务管理方面的各种有利条件,完全有能力向客户提供优良的账务管理服务。当保理商收到出口商的发票后,即在计算机中设立有关分账户,输入有关诸如债务人、金额、支付方式、付款期限等信息,以后就由计算机自动记账、催收、清算、计息、收费、打印报表等。这样就为出口商减少了管理人员和办公设备,并且由于保理商负责收款、寄送账单和查询、催收工作,还能节省大量的邮电费等开支。由此可见,保理商的账务管理是专业化的、综合的,还可以根据出口商的需要,定期编制按产品、客户、时间的销售分户统计的资料,供出口商进行销售分析。

(四)坏账担保

保理商根据对出口商的每个客户资信调查的结果,一一规定出口商对客户赊账的信用限额。出口商在保理商核准的可使用信用额度范围内的销售,叫已核准应收账款,超过额度部分的销售,叫未核准应收账款。保理商对已核准应收账款提供百分之百的坏账担保。如进口商因财务上无偿还能力或企业倒闭、破产等原因而导致不能履行合同规定的付款义务,保理商承担偿付责任。已经预付的款项不能要求出口商退款,尚未结清的余额也必须按约定照常支付,其损失只能由保理商承担,与出口商无关。所以,只要出口商将对客户的销售控制在已核准额度内,就能有效地消除由买方信用造成的坏账风险。但出口商必须保证这一应收账款是正当的、毫无争议的债务求偿权,即出口商必须保证其出售的商品或提供的服务完全符合贸易合同规定,无产品质量、数量、服务水平、交货期等方面的争议。因出口商违反合同引起贸易纠纷而造成的坏账不在保理商的担保赔偿范围之内。

(五)贸易融资

国际保理业务最大的优点就是可以提供无追索权的贸易融资,而且手续方便、简单易行,既不像信用放款那样需要办理复杂的审批手续,也不像抵押放款那样需要办理抵押品的移交和过户手续。在出口商卖断单据后,能够立即预支货款,得到资金融通。当然,如果出口商资金雄厚,有时也可以在票据到期后再向保理公司索要货款。一般保理商在票据到期日之前预付给出口商80%~90%的货款(扣除融资利息),这样就基本解决了在途和信用销售的资金占用问题。如果出口商将单据卖断给保理商公司,就意味着一旦进口商拒付货款或者不按期付款等情况发生,由于保理公司承担了信贷风险,放弃了追索权,出口商可以将这种预付款作为正常的销售收入对待,而不像对银行的贷款那样必须显示在平衡表的负债方。这样一来,表示公司清偿能力的主要参数之一的流动比率(流动资产与短期负债之比)也会得到改善,有助于提高公司的资信等级和清偿能力。

三、国际保理的适用情形和申请条件

(一)国际保理的适用情形

尽管国际保理给国际贸易的买卖双方都能带来好处,但贸易双方选择使用国际保理是在比较权衡中决策的,我们不能要求所有的贸易业人士都采用这种方式。一般认为,国际保理服务最适合于如下情形的出口商。

(1)以D/A或O/A信用付款条件向美国、加拿大、欧盟国家、澳大利亚以及日本、新加坡等出口并有融资要求的出口商。这是因为这些国家和地区内国际保理商联系广泛,便于开展业务活动。

(2)希望扩大出口市场,同时减少风险的出口商。

(3)希望与进口商建立长期往来关系,并避免利用价格为竞争手段的出口商。

(4)希望减少库存成本、降低订单成本的出口商。

(5)遇到良好出口机会,但进口商拒绝开信用证条件的出口商。

(6)希望解除账务管理和应收账款催收的烦恼,避免坏账损失的出口商。

(二)国际保理的申请条件

国际保理商与其他经济活动主体一样,都有保护自身利益并争取多取得额外利益的倾向,其开展国际保理业务直接关系到自身的利益。为实现保护目的,其可以在业务开展中大胆而谨慎地处理可能的事项,但作为“防患于未然”的事前措施,国际保理商往往会设定若干申请必需条件。

(1)销售商必须是合法经营,即销售商是根据其所在地有关法律注册成立的公司,并享有在许可范围内正当经商的权利。

(2)销售商经营规模较大,以利于保理商在规模经营过程中实现经营成本降低。

(3)所销售的商品是日常消费品等,而不是价值昂贵、技术复杂的资本品,如大型精密机床、成套设备、产品生产线等。

(4)所采用的贸易方式为赊销或承兑交单(O/A 或 D/A)。

(5)客户分布相对较为分散,以减少潜在的坏账损失。

四、国际保理的操作实务

(一)国际保理协议的主要内容

保理协议(Factoring Agreement)规定了出口商与出口保理商各自的权利和义务,主要内容如下所述。

1. 有效期限

保理协议自签字之日起有效期通常为一年或两年,期满后可以续签。否则,协议逾期后将自动失效,但在有效期内发生的未了业务继续按原协议规定办理,直到全部清理完毕为止。

2. 应收账款

出口商同意并保证按照保理协议的有关规定,将协议生效时已存在的和协议有效期内发生的,通过向国外进口商出售商品或提供服务而产生的合格应收账款出售给保理商,并不受留置权和抵押权的影响。出口商对其附属机构、控股公司、母公司和集团成员的销售属于不合格应收账款,保理商不予收购。出口商所出售的代表应收账款的销售发票上,应该载有“转让条款”。

3. 核准应收账款与信用销售额度

在保理协议有效期内,出口商可以随时向保理商申请核准出售商品或提供服务而产生的应收账款,保理商则以书面通知该应收账款核准与否。出口商也可以随时为自己的客户核定一个信用销售额度,但必须如实提供所掌握的有关客户的资信情况。保理商以书面通知核准应收账款。对于已核准应收账款(又称作买方的已核准债务),保理商可以提供无追索权融资和坏账担保。而对于未核准的或超出信用销售额度的应收账款(又称作买方的未核准债务),保理商仅提供有追索权的融资,并不承担坏账担保。

4. 贸易纠纷

出口商出售的应收账款均被认为是产生于已经或将会被买方所接受的销售商品或服务。如果买方对出口商所提供的商品或服务提出异议、抱怨或索赔,均被推定为发生了贸易纠纷,保理商将立即转告出口商去解决。如果纠纷未能在合理时间内得到解决,保理商有权主动冲账,该类冲账将显示在每月的对账单上,如有异议,出口商应于收到对账单后 30 天内通知保理商。对发生贸易纠纷的应收账款,不论其是否在信用额度之内,均为不合格应收账款,保理商有权主动冲账,并不承担坏账损失。

5. 收购价款

保理商应按协议规定的时间和方式支付收购价格。保理商收购应收账款的价格就是发票金额作了下列扣除后的净值。

(1)出口商所给予客户的回扣、佣金和折让。

(2)融资利息。贴现率通常为现行的透支利率。

(3)保理佣金。保理商根据进口国别、信用期限、货物种类和交易金额的不同收取保理佣金,包括保理公司对信贷风险的评估、周密调研的劳务费,会计处理的费用,承担信贷、汇价风险的费用等。一般根据应收账款总额计算,费率幅度从0.75%~3%不等,通常为2%。

6. 债权转让及履约保证

出口商必须应保理商的要求按协议规定将应收账款的债权转让给保理商。在公开保理方式下,出口商还必须将这种非抵押性质的转让以书面通知债务人。保理商作为出口商的代理,可以其名义实施这种转让和通知。当通过销售货物产生的债权发生转移时,出口商拥有的其他相关权益也认为随之转移,如所有权、留置权、停运权、再出售权等。出口商承认、接受并保证始终严格遵守保理协议的所有条件和规定。除此之外,还要对下列事项进行担保。

(1)所有出售的应收账款均产生于正当交易。

(2)出口商已全部履行了有关合同项下的责任和义务。

(3)提供的商品及服务已被或将被客户接受,并不会发生争议及贸易纠纷。

(4)进口商不是出口商的附属机构、控股公司或集团成员。

7. 限制条款

(1)未经保理商以书面认可同意,出口商不得以任何方式将应收账款抵押给第三者。如在协议签订时已存在对应收账款的某种抵押,应保理商的要求,出口商必须负责解除这种抵押。

(2)签订保理协议后,出口商不得再与任何第三者签订类似的协议。

(3)未经保理商以书面认可同意,保理协议也不得转让。

8. 协议终止

如果出口商违反了保理协议的规定,或申请自动清盘,或被迫清盘,或被债权人指定的接管人接受了资产,或其全部或部分资产因法律诉讼而遭扣押时,均被认为是发生了违约行为。这时,保理商有权立即终止协议,但仍保留其所有的正当权益,并可以主动借记的方式将未付应收账款再转让给出口商。

(二)国际保理的业务流程

以双保理为例,国际保理业务的流程有如下几个环节。

1. 出口商与出口保理商洽商

出口商必须就准备达成的买卖合同先与出口地保理公司联系,经保理商同意准备叙做保理业务后,填写由出口保理商提供的信用额度申请表。申请表的内容主要包括:进出口商名称、详细地址,出口商品服务的名称和类别,对进口国的估计销售量和估计价格,付款条件,销售发票和货项清单的数目,申请金额及币种等。

信用额度分单笔信用额度和循环信用额度两种,前者只能使用一次,而后者可以多次重复使用,即当进口商支付了一笔应收账款后,则该笔应收账款所代表的额度可以再使用若干期。如果出口商品系分批装运,则适合申请循环信用额度;如果只是一次性出运,则适合申请单笔信用额度。

2. 出口保理商联系进口保理商

出口保理商对出口商的经营状况和已填好的信用额度申请表进行正常审查后,根据进口地情况选择进口保理商。并通过电子数据交换系统(EDI)向进口保理商发送出口商信息表和初步额度申请表,请其据以报价。

3. 进口保理商核定初步信用额度

进口保理公司收到有关交易资料后,立即着手对进口商的资信进行调查,并将调查结果及可以向进口商提供的信用额度的具体建议,以及自己的条件和报价(费率),发送“信用额度回复”信息以通知出口保理公司。根据国际保理商联合会的有关规定,进口保理商应在 14 个工作日内答复出口保理商。

4. 出口保理商与出口商签订出口保理协议

如进口商资信可靠,向其提供信用额度建议的数字也积极可信,出口保理公司即将调查的结果通知出口商,对出口商与进口商即将进行的交易加以确认,并与之进一步洽商,提出自己的条件和报价。出口商如同意接受报价,则与出口保理商签订出口保理协议,然后在协议规定的信用额度内与进口商正式订立买卖合同。

5. 进口保理商批准信用额度

出口保理协议一经签订后,出口保理商随即通过保理系统向进口保理商提出正式的信用额度申请。当进口保理商收到已签署的协议和信用额度申请表这两条信息,与出口商信息表和初步额度申请表核对审查后,正式批准信用额度和信用额度有效期限,并在 14 个工作日内正式通知出口保理商。

6. 出口商转让应收账款

出口商按合同装运货物后,将代表应收账款的单据提交给出口保理公司,以转让债权。如果合同中规定的付款条件是赊销方式,出口商可以直接将单据寄给进口商,只需向出口保理商提交发票副本。但当出口商向出口保理商申请融资时,则出口商须将全套正本单据交给出口保理商。后者对全套单据审核,确定无误后,将给予出口商预付款,一般预付金额为发票金额的 80%~90%,并在收到单据后 1~2 个工作日内将款项划到出口商账户上。在 D/A 条件下,出口商应将全套正本单据提交给出口保理商,再由出口保理商将单据转给进口保理商办理托收。与一般贸易结算方式不同的是,出口商在制作单据时,需在发票各联印刷或粘贴“转让条款”,注明发票项下的全部债权均已在法律上转让给进口保理商,进口保理商成为债权人。这一转让过户文句不可遗漏。如果是与进口商首次通过保理方式交易的出口商,一般还需在单据中随附一份以自身名义开具的“介绍信”,此介绍信的格式和内容由进口保理商提供,其内容是向进口商表明:出口商已与保理商签署了保理协议,并已将该债权转移给进口保理商。

7. 保理商承购应收账款

出口保理商按发票金额扣除利息和承购费用后,立即或在双方商定的日期将货款支付给出口商,并将单据寄送给进口保理商。出口保理商通常为出口商开立贴现账户和往来账户两个账户。贴现账户用来记录提供融资的情况。保理商对出口商的所有预付款融资及管理费、贴现费均借记该账户,所有收回的货款贷记该账户。该账户的借方余额代表着保理商收付款的差额,即提供预付款融资的余额,贴现费就是根据该账户的每日余额按照保理协议规定的贴现率计算出来的。供应商不必负担因客户倒闭等形成的坏账的贴息。在获悉客户破产倒闭的同时,该客户名下的所有已核准应收账款会被立即贷记贴现账户,作为已收回款项对待,损失由保理商承担。

往来账户用来记录保理商和出口商双方之间的一切经济往来。出口商售给保理商的所有应收账款均记入贷方,保理商对出口商支付的所有收购价款包括保理费和贴现费均记入借方。该账户的贷方余额代表保理商尚欠出口商的收购价款。

8. 应收账款的催收和付款

进口保理商收到出口保理商寄来的发票后,记入应收账款,尔后开始负责向进口商催收货款。当进口商付款后,进口保理商应立即将扣除保理佣金后的余额向出口保理商划付。如果在收妥进口商的付款后,进口保理商没有及时将款项付给出口保理商,则进口保理商应赔偿出口保理商从应付日到实付日以两倍伦敦同业拆放利率计算出的利息,并支付这段期间的一切汇率损失。如果是由于不能控制的原因造成进口保理商不能立即将收妥的款项付给出口保理商,则进口保理商应立即向出口保理商说明原因,并向出口保理商支付从应付日到实付日按最低拆借利率计算出的利息。

若出口保理商在发票到期日后未收到进口保理商的付款,出口保理商有义务向进口保理商催收。进口保理商收到催收通知后,应当立即向进口商追讨债务。保理公司追讨债务的技术是专业化的,且方式多样。万一追讨失败,保理商还可以在征得出口商的同意后,通过法律手段收取欠款。

根据国际保理商协会的《国际保理业务惯例规则》(1994 年修订本),进口保理商应承担进口商未能按照合同条款,于到期日支付所产生的损失风险。若进口商在付款到期日后 90 天内仍未付款,进口保理商应于第 90 天对出口保理商付款。如果进口保理商没有按上述要求对出口保理商付款,则进口保理商必须负责向出口保理商支付从应付款日到实际付款日整个期间的利息损失。

9. 争议及其解决

进口商拒绝付款的原因也可能来自贸易合同纠纷,而保理商并不承担因这类争议而产生的拒付风险。

如果进口商收到货物后,发现出口商没有严格按照合同执行,可以提出异议,向进口保理商发出"争议通知"。进口保理商当立即通过 EDI 保理系统将"争议通知"转给出口保理商,同时宣布终止已经核准的信用额度。出口保理商接此通知后,应立即无延误地以最快捷方式通知出口商。此时,出口商应立即与进口商联系,采取积极的态度去解决争议。同时,出口商应随时向出口保理商通报进展情况。出口保理商则应将进展情况转告进口保理商。根据《国际保理业务惯例规则》,如果出口保理商收到争议通知后 60 天内未与进口保理商联系,进口保理商不再对此笔应收账款负责。

如果争议的结果有利于出口商,而且,在争议期间,出口保理商将处理过程的情况定期报告给进口保理商,进口保理商应重新将争议项下的应收账款视为被批准的信用额度。图 7 – 1 所示为国际保理业务流程图。

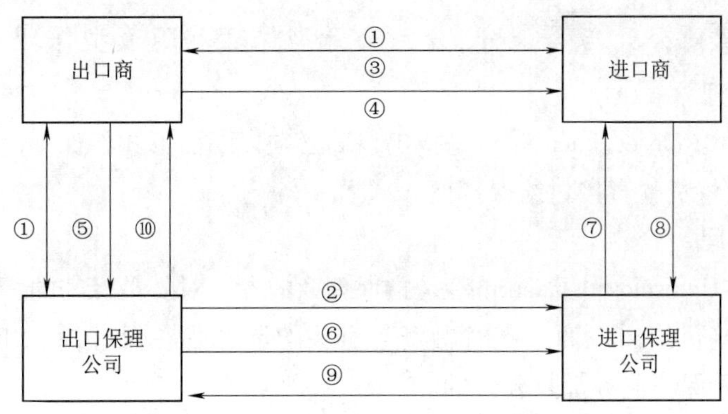

图 7－1　国际保理业务流程图

图示说明：

①出口商与出口保理商签订保理协议。

②出口商通过出口保理公司向进口保理公司申请信用额度。

③出口商与进口商签订贸易合同。

④出口商按合同规定发运货物。

⑤出口商向出口保理公司递交转让应收货款所有权的通知书和全套单据。

⑥出口保理公司接受应收账款单据并兑现部分或全部款项后,将承购的应收账款单据寄给进口保理公司。

⑦进口保理公司向进口商提示单据。

⑧进口商向进口保理公司付款。

⑨进口保理公司将款项转付出口保理公司。

⑩出口保理公司收款后向出口商结算。

五、国际保理的种类

(一)按保理商是否向出口商提供融资来分,分为到期保理和预支保理

1. 到期保理

到期保理(Maturity Factoring)是一种到期承购应收账款业务,当出口商将应收账款单据转让给保理商,保理商确认并承购在票据到期时无追索权地向出口商支付票据金额,并不在当时立即向出口商支付现金。

2. 预支保理

预支保理(Financed Factoring)也叫融资保理,指出口商将有关单据卖给保理商后,保理商扣除融资利息和费用,立即以预付款方式无追索权地付给出口商 80% 左右的发票金额,其余 20% 于货物收妥后再清算,这是比较典型的保理方式。

一般保理商根据出口商通常给予客户的付款期限计算出平均到期日,即平均预计收款日,并于平均到期日将应收款的收购价款付给出口商。由于到期保理并不提供预付款融资,而一般出口商都希望得到融资,贸易融资也正是国际保理业务的最大优点,因此,融资保理才是常见的标准的国际保理。

(二)按保理商公开与否来分,分为公开型保理和隐蔽型保理

1. 公开型保理

公开型保理(Disclosed Factoring)是指出口商必须以书面形式将保理商的参与通知进口商,并指示进口商将货款直接付给保理商。

2. 隐蔽型保理

隐蔽型保理(Undisclosed Factoring)是指保理商的参与对外是保密的,不通知进口商,货款仍由进口商直接付给出口商。此时融资与有关的清算是在保理商和出口商之间进行。目前大多数的国际保理业务都是公开的。

(三)按是否涉及进出口两地的保理商来分,分为单保理和双保理

1. 单保理

在国际保理业务中,保理商分为进口保理商和出口保理商。位于进口商所在地的保理商叫进口保理商,位于出口商所在地的保理商叫出口保理商。仅涉及进口或出口一方保理商的叫单保理,此方式适用于一方没有保理商的国家和地区。

2. 双保理

涉及双方保理商的则叫双保理。欧美各国以及其他经济发达国家一般都采用双保理,这也是目前世界上较为通行的做法。

(四)按保理商是否有追索权来分,分为无追索权保理和有追索权保理

1. 无追索权保理

无追索权保理(Non - recourse Factoring)是指保理商凭保理协议向出口商融资后,放弃对出口商的追索权,进口商拒绝付款或无力支付时,由保理商自担风险。此时保理商根据出口商提供的名单进行资信调查,并为作为买方的客户核定信用额度,这是比较常见的保理。

2. 有追索权保理

有追索权保理(Recourse Factoring)是指保理商凭保理协议向出口商融资后,一旦发生进口商拒付或无力支付的情况,保理商有权要求出口商偿还的保理方式。此时保理商在与出口商签订的保理协议中,规定保理商仅提供贸易融资、账务管理、催收账款等服务,而不负责审核进口商的资信,也不核定信用额度。

六、双保理机制的利弊分析

双保理机制与单保理机制相比,具有以下优点。

(1)对出口商来说,他的销售业务可能涉及多个国家和地区,如采取单保理方式,势必得与每个进口国的保理商打交道。在双保理机制下,他只需和本国一家保理商往来即可。

(2)对出口保理商来说,他不必深入细致地研究各个债务人所在国的有关法律、贸易习惯等,也不必深入细致地调查各个债务人的资信状况,就可提供各项专门服务,因为这些工作都由进口保理商负责。尽管进口保理商对贸易纠纷不承担责任,但出口保理商可以要求进口保理商予以协助。

(3)对债务人来说,他仅需要同本国的进口保理商打交道,免除了在语言、法律、商业习惯等方面存在的障碍。

当然,双保理机制也存在一些不足之处。

(1)由于两个保理商均要提供账务管理服务,那么重复劳动就意味着重复收费,所以管理费用一般比单保理机制要高。对于资金的划拨,由于增加了进口保理商这一中转环节而速度较慢。如果业务量较小,出于费用方面考虑,进口保理商往往采用定期划拨的做法,这时速度更慢。

(2)对于进口保理商来说,由于分到自己名下的业务量可能很小,吸引力不大。出于竞争的考虑又不能过高地提高费率,所以费用与提供的服务可能不对称。如果提供坏账担保服务,业务量太小不能使风险有效地加以分散,收益也可能补偿不了坏账损失。

尽管双保理机制存在上述不足之处,与其优点相比,它仍不失为一种行之有效的方式,因此在国际保理业务中应用最为广泛。

七、国际保理与传统结算方式比较

国际保理与传统结算方式比较如表7-1所示。与汇付和托收方式相比,国际保理最大的优点是有债权风险保障。与信用证相比,进口商利用国际保理的优点是:以承兑交单和赊销等延期付款方式,利用了卖方融资;免除了开证押金和其他开证费用,节约了费用;可凭自身良好的信誉和财务表现,获得保理商的信用担保额度,不必提供抵押;收到单据就可以提货,及时将适销商品投放市场。而信用证可以说是进口商最不愿意接受的支付条件。在当前激烈的买方市场条件下,如果出口商一味坚持信用证方式,往往就会失去成交的机会。因此,对出口商来说,利用国际保理方式,通过对客户提供更有利的付款条件,可以大大地提高竞争力,从而增加贸易机会,扩大出口。这是出口商应用国际保理方式的最大好处。出口商应用国际保理的其他好处还有如下几方面。

表7-1　国际保理与传统结算方式的比较

项目与种类	国际保理	汇付	托收	信用证
债权风险保障	有	无	无	有
进口商费用	无	有	一般有	有
出口商费用	有	有	有	有
进口商银行抵押	无	无	无	有
提供进口商财务灵活性	较高	较高	一般	较低
出口商竞争力	较高	较高	一般	较低

1. 风险保障

只要出口商的商品品质和交货条件符合合同规定,在保理公司承购了出口商的票据之后,便对出口商无追索权,因而,出口商便把信用风险和汇价风险转嫁给保理商,出口商的债权可以获得100%的保障,排除了坏账损失。

2. 节省成本

保理商利用其广泛的信用情报代替出口商查询其未来顾客的信用状况，为出口商节省了买方资信调查成本。财务管理和追收都由保理公司负责处理，也减轻了出口商业务负担和管理成本。当然，如果出口商发现保理成本太高，可以放弃保理，由自己承担信用风险。不过一般来说，保理商更了解实际的风险，要求的风险保证金不会高于信用风险的成本。

3. 手续简单

与信用证相比，出口商可以避免最烦琐的单证手续和信用证条款的约束，免除因哪怕是无关紧要的个别打字错误都会引起单证不符而遭拒付的风险，可以随时应进口商的需求和运输情况发运货物，免除因等待国外来证或修改信用证而错过装运、销售时机的损失。

4. 迅速获取融资

出口商只要按合同的要求把货物装运完毕，保理商就立即以预付款方式提供 80%~90% 发票金额的融资，当进口商按期将货款全部付给保理商后，保理公司再将剩余的 10%~20% 货款付给出口商，并扣除手续费。所以融资保理能减少资金占用以满足营运需求，加速资金周转，促进利润增加。

5. 有利于企业的有价证券上市与进一步融资

出口商如果从银行贷款取得资金融通，则会增加负债数字，提高了企业的资产负债，恶化资产负债表的状况，对企业的资信不利，影响其有价证券的上市。而出口商利用保理业务，货物装船，出卖票据后，立即收到现金，资产负债表中负债不会增加，反而使表中资产增加，改善资产负债比率，有利于企业的有价证券上市与进一步融资。

6. 保理业务内容是广泛的、综合的

保理业务提供的服务项目有多种，出口商可根据本公司的实际情况，要求保理商提供该项业务的全部服务项目或部分服务项目。对于中小型企业，可以委托保理公司承担资信、托收、催收账款甚至代办会计手续，从而节省人力和成本。因此，保理业务具有较强的灵活性和适应性。

八、国际保理组织与国际保理规则

正如国际贸易业务开展最终促使国际商会诞生并直接影响着国际贸易一样，国际保理公司的设立和国际保理业务的广泛开展，要求有相应的机构来协调和规范国际保理公司行为和国际保理业务的开展。自 20 世纪 60 年代末以来，在世界范围内较有影响力的国际保理组织主要有三个：国际保理商联合会（Factors Chain International，FCI）、国际保理协会（International Factors，IF）和哈拉尔海外公司（Heller Oversea Corporation）。其中，FCI 是一个开放式组织，即允许一个国家有多家保理公司参加，而后两者则属封闭型组织，每个国家只允许有一家公司参加，因此，相对而言，FCI 的业务量和影响力要大得多，约占世界国际保理营业额的 50%。下面主要以 FCI 为例来说明。

FCI成立于1968年11月,总部设在荷兰阿姆斯特丹。从行政组织架构看,FCI由理事会、执行委员会和秘书处组成。其中,理事会是FCI的最高权力机构,负责制订FCI经营政策和总的经营原则,对FCI章程、国际保理惯例规则和总部规章有权通过表决进行修订;执行委员会是FCI的具体执行机构,其根据理事会的指令对FCI的经营和行政负责管理,并可根据秘书长的临时授权开展工作;秘书处则负责处理日常事务,由执行委员会指定一名秘书长作为秘书处的负责人,秘书长则负责FCI和总部的管理工作,以及执行理事会和执行委员会的决定,在执行委员会的授权下支出费用,有权处理FCI的日常事务,有权代表FCI签署各种文件。

FCI会员来源广泛,目前有分布于近40个国家和地区的近100家会员公司。凡对国际保理业务活动有兴趣并能够向其他会员提供大量的国际保理业务委托、具有良好信誉的公司、银行部门或金融公司,均可申请加入FCI。但是,FCI对会员资格要求严格,除上述要求之外,尚要求会员的资本金不得低于100万美元,而且应在每个会计年度末后六个月内向秘书处提交以英文书写的并经独立持证的审计人证实的年报等财务信息,此外还对保理公司的进出口保理业务进行了指标规定。

最引人注目的是FCI的各种技术委员会所制定的法规和标准,以及现代通信系统网络提供的技术服务。各种技术委员会中,法律委员会主要负责《国际保理惯例规则》的修订工作;业务委员会则经常地复查程序,对业务活动中出现的问题提出解决方案;市场委员会拟定各种措施,鼓励会员努力扩大其进出口保理业务市场;教育委员会负责编制和修订FCI代理保理商业务教程。正是由于FCI各技术委员会卓有成效的工作,国际保理业务日益增长,惯例规则日趋完善,技术手段日渐提高。

下面介绍与国际保理有关的国际惯例和规则。

(1)《国际保理惯例规则》(Code of International Factoring Customs,1991)。该规则共分十一章二十八条,着重对进口保理商关于信用风险的承担和付款责任,以及进出口保理商的代理、保证和其他责任,转让的合法性、补偿、预付款、期限等作出了详细的规定。

(2)仲裁规则(Rules of Arbitrage,1980)。该规则为FCI会员之间可能的业务矛盾和纠纷提供了解决的途径,共分十八条,主要对仲裁申请、程序、地点、审查事项、裁决费用、时限、通知等作了规定。《国际保理惯例规则》第二条为适用《仲裁规则》提供了依据:

①倘若在申请仲裁时双方均为国际保理商联合会(FCI)成员,出口保理商和进口保理商之间的关于国际保理业务的一切争端均应按照国际保理商联合会《仲裁规则》解决。

②倘若在申请仲裁时仅一方为国际保理商联合会成员,而另一方亦接受上述仲裁规则,一切争端也可如此解决。

③仲裁裁决将是终局性的和具有约束力的。

(3)尽管FCI及其制订的标准和规则获得了广泛的接受,但矛盾和分歧依然存在。鉴于此,1988年5月,国际统一私法协会(Unidroit International Institute for the Unification of Private Law)在加拿大渥太华召开会议,讨论并通过了《国际保理公约》(Unidroit Convention on International Factoring,1988),有55个国家的代表参加了会议(我国也出席了这次会议)。

第二节 福 费 廷

一、福费廷的概述

(一)福费廷的定义和当事人

1. 福费廷的定义

福费廷(Forfaiting 的音译,源于法语,意指将权利放弃给他人)是指买进因商品和劳务的转让(主要是出口贸易)而产生的在将来某一个日子到期的债务,这种购买对原先的票据持有人无追索权。通常这些应收款项采用商业汇票或本票的形式,担保人应进口商之请求,在延期付款票据(远期汇票等)上加签担保,以便出口商向当地银行或金融机构进行贴现融资,且贴现机构对出口商无追索权。因此,福费廷既是一种新型结算方式,又属于担保业务的一种类型,是票据担保业务中的常见形式。

2. 福费廷的当事人

福费廷交易的主要当事人有四个。

(1)进口商。福费廷交易的债务人,承担到期支付票据款项的主要责任。

(2)出口商。通常是福费廷汇票的卖主,为保护自己不受追索,将经进口商承兑的远期汇票或本票无追索权地售给福费廷融资者(即福费廷贴现机构)。出口商接受福费廷作为商品或劳务的支付,希望立即取得现金,把收取款项的责任和风险转嫁给福费廷融资者。对于出口商而言,福费廷交易是提前取得现款的一种资金融通形式,是出口信贷的一种类型。由于远期汇票的期限一般都较长,所以福费廷交易也被译为“中长期出口票据贴现融资”。

(3)担保人。一般是进口商所在地的银行,为进口商的按期支付提供担保。除非进口商是资信毫无问题的一流债务人,任何福费廷债务必须有“背书”形式的担保或福费廷融资者能接受的不可撤销的、无条件的银行担保。由于这项交易有不可追索的特点,履行这种条件就极为重要,因为福费廷融资者在债务人万一不付款时,只能依赖银行的担保作为安全保障。

(4)福费廷融资者。即贴现机构,通常是出口地的银行或其附属机构,或大金融公司,或福费廷公司。该当事人对出口商持有的由进口商承诺支付并经过担保的远期汇票进行贴现,且对出口商无追索权,相当于买断出口商持有票据,所以一般也将福费廷业务译为“包买票据”,将贴现机构称为“包买商”。如果存在二级福费廷市场,则会出现二级包买商,而直接从出口商处购买票据者则称为初级包买商。

有时福费廷融资者为了消除业务风险,邀请当地一家或几家一流的银行对自己打算叙做的福费廷业务提供风险担保,这种做法叫做风险参与,接受邀请提供风险担保的银行叫做风险参与银行。参与银行提供的担保是独立于进口地担保银行提供的担保之外的完整的法律文件,对于任何信用风险(如买方信用风险和国家信用风险)造成的票据迟付或拒付负有不可撤销的和无条件的赔偿责任。风险参与的实质作用相当于购买出口信用保险单,包买商因此而享有本地风险参与银行和进口地担保银行的双重担保。两类银行的担保责任是不同的。担保行实际承担的是第一性的付款责任,而风险参与银行承担的是第二性的付款责任,只有在担保行违约的前提下才履行付款责任。对参与银行来说,包买商的邀请将视同于正常的担保申请,由于没有审核福费廷单据的责任和义务,参与银行是否接受邀请主要取决于信用额度和费率两个因素。如进口方担保银行和进口国核定的信用额度足够,且包买商同意支付的费率适当,就很可能同意进行风险参与。与正常担保业务的不同之处是,风险参与银行不要求包买商提供任何抵押品或保证金。

(二)福费廷的特点

(1)福费廷票据应产生于销售货物、技术或劳务服务的正当贸易。在大多数情况下,票据的开立都是以国际贸易为背景的。但随着同业竞争的加剧和业务技术的改进,少数国内贸易也进入了福费廷业务的范畴。

(2)福费廷业务中,出口商向包买商出卖票据时,即声明无追索权,从而把票据权利转给包买商。这里是指将票据权利卖断给他人,当然票据风险也同时转嫁给他人。

(3)福费廷业务是一种非常重要的中长期融资业务。融资期限至少是半年以上,以5~6年的居多,也有长达10年之久的。每个包买商都制定自己的时间限制,这在很大程度上取决于市场条件及他对该笔交易所牵涉的风险的估计。

(4)福费廷市场有三种活动:一是投资,即买了贸易票据后准备一直保留至到期日;二是交易,即买了票据后准备将来再出手获利;三是经纪,即买卖同时进行。但大多数银行都希望将其活动集中在一种业务上,不管是直接从出口商处还是从银行处买进那些票据。资金雄厚、信誉卓著的大银行通常仅把福费廷作为一种投资。从出口商角度上说,银行有何宗旨与他无关,他需要的是能够在竞争的价格条件下得到专业化的服务以及实现融资。

(5)出口商做福费廷,实际上是将赊销变成了一次现金交易。他仅有的责任就是生产和提供符合贸易合同规定的货物或劳务,并正确开立出票据(远期汇票)。因此,福费廷业务对出口商来说是一项很有吸引力的服务。在很多国家,人们发现福费廷与其他现有的出口融资形式比较,可能是一种相对便宜的选择。

(6)信誉卓著的福费廷融资者的业务经营政策中有一条重要的原则,即维护福费廷交易中有关各方的利益。他们一般不把出口商的名字转告给第三方,也不在将来与出口商发生业务往来,因此,从这个意义上来说,福费廷票据的卖方(包括银行在内)是受到保护的。

(7)有时福费廷协议涉及的交易巨大,并涉及进口国家银行的巨额担保,包买商出于资金和信用额度的限制,或出于分散风险的考虑,往往同其他几家包买商联合起来组成辛迪加,共同对某笔大额交易提供包买票据方式的贸易融资。这种融资方式类似于辛迪加商业贷款。两者除了业务本身的差异外,另一个不同之处就是,辛迪加贷款协议签订后,要在一份或几份全国发行的报纸上占用整版篇幅发表公告,公布所有参加银行的名字,而包买辛迪加协议的签订是沉默的,这是出于保护福费廷票据卖方的需要。

二、福费廷的业务操作

(一)福费廷的技术特征

1. 商品类别

福费廷业务起源于第二次世界大战后东西方之间的谷物贸易,后来却逐渐转向资本性商品交易,除了资本性商品贸易量增长的因素外,融资期限也是主要原因。普遍商品交易的融资期限一般在6个月以下,而像机械、电子或成套设备等资本性商品交易,交易金额大,进口商延期付款的期限越来越长,更适合叙做福费廷。现在一些包买商为扩大市场,也开始对非资本性商品的交易提供这项业务服务。只要包买商有能力,技术上又可行,任何类型的、融资期限从几个月到几年的商品交易都可以利用福费廷来提供融资服务。

2. 交易规模

并不是只有金额巨大的交易才能做福费廷业务,十万美元以上的附有中短期融资条件的交易也适合采取这种融资方式。不过,对金额较小的交易,包买商的报价会高一些,即小额交易的贴现率高于大额交易的贴现率。这是因为不论金额大小,包买商在资信调查、单据审核和资产管理方面所做的工作大致相同,费用开支也差不多,但当费用分摊到融资成本中时就显出大额交易的福费廷成本更便宜一些。

3. 还款方式

一般来说,分期偿付是一个信贷条件。出口商叙做福费廷,必须同意向进口商提供期限为6个月至5年或更长时期的信贷融资,并同意进口商以分期付款方式支付款项。分期付款也有利于债权人减少风险。福费廷债务是以各种汇票或本票的形式出现的,因此可以按固定时间依次出具一系列有若干个到期日(通常是以6个月为间隔)的远期票据来达到减少风险的目的。例如一项福费廷业务可包括10个金额相等的汇票,并以货物装船后6个月为第一个到期日,(装船后)5年为最后一个到期日。即整个还款期为5年,每半年期还款一次,5年还清。福费廷融资中,采用一系列半年期的票据是最常见的,包买商通常处理的是一整套单据,而不是单一的单据。

4. 票据类型

绝大多数福费廷票据采用由收款人开具的以债务人为付款人并由债务人承兑的汇票形式,或者采用由债务人开具的以收款人为受益人的本票形式。汇票和本票之所以成为最主要的福费廷债权凭证形式,原因有两个:一是由于这两种结算工具不仅简单易行,能有效地避免其他结算方式的各种复杂手续,而且具有流通性,便于背书转让;二是由于世界各国有着较为统一的票据公约,这些公约提供了一个清楚的业务守则,避免了不必要的争议和纠纷,保障了业务的正常进行。除此以外,发票和其他形式的应收账款也可以作为债权凭证。通常包买商所坚持的是经担保行担保的、清洁的、不可撤销的和无条件的票据,所谓“清洁”是指票据上没有任何关于参照有关合同或将某种履约行为作为付款条件的显示。这样的票据才能保证任何贸易和商业纠纷都不能影响包买商到期收款的权利。

5. 担保人资格

除非进口商是信誉卓著的政府机构或跨国公司,包买商认为收汇确有把握而自愿放弃担保要求,福费廷票据必须要由能使包买商接受的银行或其他机构无条件的、不可撤销的进行保付或提供独立的担保。这种担保是十分重要的,它不仅减少包买商承受的风险,而且如果需要,还可能把票据在二级市场上再贴现。担保人通常是包买商熟悉的某家国际上活跃的银行,在绝大多数情况下,该银行位于进口商所在地,能掌握进口商资信情况的第一手资料。在少数情况下,担保人是进口商所在地以外的银行或离岸银行,个别情况下甚至可以是包买商能接受的进口国政府机构。但无论如何,担保人必须具备这样的条件:能够对进口商的资信状况和清偿能力进行独立的风险评估。担保人是在签订贸易合同同时由进出口双方共同确定的,一般由进口方选择自己的往来银行作担保,但需经出口商同意,如果出口商认为担保行资信不高而不同意,进口商可以提出更换担保行。

6. 担保形式

担保行的担保形式有两种。

(1)作背书担保,即担保行在已承兑汇票或本票上加注“保证”(Per Aval),写上担保行的名称并签章,从而构成担保行不可撤销的保付责任。

(2)由担保行出具独立的保函或备用证,保证对汇票或本票付款。对备用证,一般要求说明是根据《ISP98》开立的,是不可撤销的、可转让的,有效期在最后一期票据到期日的一个月以后,信用证金额包括全部票款、利息和费用。

7. 选择期

当出口商向包买商申请福费廷交易时,包买商如果同意叙做,就会给出一个报价。而出口商考虑是否接受这个报价可能需要一些时间。因为出口商要将这个已确定的融资费打入成本并向进口商提出报价,而从报价到进口商接受报价、确认成交,需要有一个过程。在这段时间里,出口商并不能确定是否接受包买商的发盘,这是一个选择期。这种选择期一般不超过48小时,包买商往往不收费用。但也有更长的选择期,如1~3月,这时包买商收所谓选择费作为对承担利率和汇价风险的补偿。

8. 承诺期

从出口商与包买商签订福费廷融资协议,到出口商向包买商交单贴现也有一段时间,这段时间更为重要,称为承诺期。包买商在这段时间内必须信守其承诺,即到某一约定日期按一个固定贴现率对一定的票据融资,同时出口商应提交约定的单据。由于包买商从发出实盘起就得做好融资安排,这期间自然承担了利率和汇率风险,但承担风险的成本将以承担费的形式转嫁给出口商。承诺期不是事先固定的,一般为6个月左右。

9. 罚金

如果出口商不能正常交货或由于某种原因拒绝向包买商提交约定的单据,那么,包买商为提供融资而发生的融资费用,以及为消除业务风险而在金融市场上采取防范措施而发生的业务费用,都应由出口商承担。因此,有时福费廷协议中包含一项免责条款以防出口商拒交单据的可能性。按照该条款,如出现这种情况,要么自动支付罚金,要么在承诺期一开始就先支付选择费,以使出口商能够选择交单与否。罚金或选择费主要用于弥补包买商的各项成本费用。

10. 单据审核

当出口商交来单据要求贴现时,包买商必须对所有单据进行准确无误的审核。对于包买商来说,最困难和最琐碎的事情之一就是审核单据。任何单据如有遗漏,必须要求出口商立即补齐,如果不符,必须要求更正。一旦单据符合规定,而且事先约定的各项条件(签字、授权、特许、进口许可证、外汇管理批件等)得以满足,包买商就得付款。因为多数要求的单据均可在发货前获得,所以包买商可以在实施贴现之前对所提交的单据进行预先审查。这种预审工作有助于贴现工作的顺利进行,符合出口商与包买商双方的意愿和利益。

11. 核实签字

在审核单据时要特别注意单据上的签字。只有当签字得到明确证实后,包买商才能买进无追索权的单据。如果包买商自己不能对所收到的单据上的签字进行审核,通常的做法是请经手这些单据的银行(一般是他们的往来银行)核实确认,并出具签字确认书。

(二)福费廷协议的签订程序

出口商与包买商签订福费廷协议这一过程包括询价、报价和签约三个程序。

1. 询价

一般来说,出口商与进口商贸易洽谈时就应收好融资的准备。为了争取订单,出口商往往主动或被动同意向进口商提供远期信用融资,并将延付利率打入货价。为了确保出口商能按时得到融资,并且不承担利率损失,出口商应尽快和包买商联系,得到包买商的正式答复后核算福费廷融资成本。如果出口商在签订买卖合同之后才去找包买商做福费廷,有可能发现承诺进口商延期付款的延付利率低于包买商报的贴现率,这时出口商只好蒙受损失。

出口商在询价时,须提供以下有关情况。

(1)合同金额、期限、币种。

(2)出口商简介:注册资本、资信材料、签字印鉴及其他情况。

(3)进口商详细情况:注册地点、财务状况、支付能力等。

(4)货款支付方式、结算票据种类。

(5)担保行名称、所在国的资信情况。

(6)担保形式:是保付签字还是保函或备用信用证。

(7)出口商品名称、数量及发运情况。

(8)预计交货期和预计交单期。

(9)分期付款票据的面额和不同到期日。

(10)有关进口国的进口许可和支付许可。

(11)有关出口项目的批准和许可。

(12)票据付款地点。

2. 报价

包买商接到出口商的询价后,从以下几个方面决定是否承做:一是分析出口商所在国的政治风险、商业风险和外汇风险是否在能承受的范围内;二是核定对该国的信用额度,是否有足够的额度来承做这笔交易,考察担保人的资信状况和偿付能力;三是审核商品本身是否属于正常的国际贸易,合同金额、期限是否能接受,检查有无对买卖双方资信状况产生不利影响的记载和报告；四是考虑如有需要，能否以有利可图的价格在二级市场上转卖票据。

如果经考虑后愿意承做，包买商便根据国际福费廷市场情况做出报价，报价内容就是福费廷业务的成本和费用，一般涉及三个方面：贴现率、承担费和宽限期。

（1）贴现率（Discount Rate）一般有两种报价方式：一是提供一个明显的固定利率，二是浮动利率（伦敦同业拆放利率，LIBOR）加上一个利差。浮动利率按照福费廷协议签署日或交割日的 LIBOR 确定，它反映包买商的筹资成本。利差则反映包买商所承担的风险和想赚取的利润。一般出口商喜欢固定利率，因为他们从一开始就知道总的贴现成本。

（2）承担费（Commitment Fee）是包买商在承诺期内根据贴现的面值及向出口商承诺的融资天数计算出来的费用。银行一旦承诺为出口商贴现票据，从签订福费廷协议起的任何一天，都有可能成为实际贴现付票款日。由于贴现率是在贴现发生以前固定下来的，这一期间的市场利率会发生变化，为了减少贴现率在这个承诺期内发生变化而带来的风险，包买商要收取一笔承担费。承担费率根据风险大小而定，一般为 0.5%~1.5%（承担费 = 票面值 × 承担费率 × 承诺天数/360）。或者这笔承担费隐含在较高的贴现率中，因此为一笔带有承诺期的福费廷交易提供的贴现率报价常常高于立即交单取得福费廷融资的贴现率。包买商对带有承诺期的交易所计收的承担费或较高的贴现率也是合理的，因为包买商从与出口商达成交易时起，便对这笔融资交易承担契约责任，不仅要安排再融资和抵补货币及利率风险，还需要保留部分信贷额度以备将来使用。

（3）宽限期（Grace Days）是指从票据到期日至包买商实际收到货款日的估计天数。由于任何延期都会使银行增加成本，所以，银行为补偿在到期日向进口方银行索偿时可能遇到的拖延和其他麻烦，一般在报价时都在实际贴现天数的基础上多加 3~7 天的宽限期。

包买商通常以信函形式报价，也就是一份承诺书，承诺书中要列出该笔交易的所有细节，包括用于贴现的票据形式以及全部条款和条件。

3. 签约

如果出口商接受了包买商的报价，便与包买商正式签订福费廷协议，协议的内容包括：项目概况及债权凭证；贴现金额、货币、期限；贴现率和承担费率；有关当事人的责任义务；违约事件及其处理；其他。

（三）福费廷的业务流程

1. 出口商与包买商签订福费廷协议

进出口双方在贸易洽谈时，如果要使用福费廷方式进行担保融资，出口商应事先和包买商（出口商所在地的银行或金融公司）联系，并与包买商签订福费廷协议，规定有关义务与权利。可能会发生这种情况，即进口商支付的利息少于实际融资成本。这个亏空必须从出口商的销售毛利中得到补偿。出口商要准确地计算出他的销售价格，因此，他要考虑把该项融资成本差异打入票据金额当中。事先联系包买商的好处就是了解福费廷业务的成本和费用，以便在给进口商提供远期付款融资时考虑延付利率和商品价格。

2. 出口商取得经过担保的延期付款票据

出口商根据贸易合同发货后，将全套货运单据按贸易合同规定的途径寄送给进口方，

以换取进口方承兑的具有银行担保的延期付款票据。延期付款票据可以从以下两种票据中选择一种:

(1)由出口商向进口商签发远期汇票,经担保行担保。

(2)由进口商开具本票,经担保行担保。

目前,我国进出口银行叙做福费廷业务,采用的是远期信用证方式,担保行一般就是信用证开证行。在远期信用证方式下,由出口商签发远期汇票,连同全套货运单据交议付行,议付行将远期汇票寄开证行/担保行承兑后退给出口商。

3. 出口商向包买商交单

出口商取得经承兑担保的延期付款票据后,背书并注明"无追索权"字样,然后连同其他单据向包买商交割。这些其他单据通常是根据每笔交易的不同情况,在福费廷协议中明确规定了的,一般有以下几种:

(1)提单副本。

(2)发票副本。

(3)合同副本。

(4)信用证或保函副本。

(5)出口商对其签字及文件真实性的证明。

(6)出口商债权转让函。

(7)官方授权书或特许证、进口许可证、支用外汇许可证、印花税支付证明等。

4. 包买商对远期票据贴现

包买商在收到出口商提交的单据后须认真审核,尤其对出口商签字的真伪要核实。审单无误后办理贴现手续。

如果包买商是投资性贴现(即自留票据,到期后向进口方银行索偿),应事先得到进口方银行的付款承诺及进口国有关政府和法律的许可文件。审单无误向出口商付款后,应妥善保存远期票据,以便在到期日前将票据寄付款行索偿。

如果包买商是交易性贴现,则向出口商付款即是购买了远期票据,准备将来再出手获利。

如果包买商是经纪性贴现,即在购买出口商手中的远期票据的同时转贴给二级市场,则需要事先与二级市场的包买商达成默契。在收到出口商全套单据后,再背书给下一手包买商,并提供其他有关资料和证明,收到付款后再支付给出口商。

包买商在贴现付款时,须按照出口商的指示,将贴现款项汇到其指定的银行账户上。同时,向出口商提供一份贴现清单,列明贴现票据面值、贴现率、期限、承担费用以及贴现后的净额,并抄送进口方银行作为一份存档文件,以便在到期日索偿时参考。

5. 到期票据的清算

在票据将要到期前,包买商应把即将到期的票据直接寄给担保人或保付人。担保人或保付人则于到期日按包买商的指示汇付票款。

如果担保人未能在到期日正常付款,但延期的时间未超过包买商在考虑资金转移风险时所预定的宽限期时,包买商不再追索迟付利息。如延误时间较长,则要追索迟付利息。万一发生担保人拒付的情况,包买商应尽快做成拒绝证书,鉴于担保人因未能按时履行绝对的付款责任已严重损害了自己的信誉,所以这种将通过法律程序追讨债款的暗示会起到足够的威慑作用,促使担保人尽快履行付款责任。

当发生迟付或拒付时,只能说明担保人对到期提示的某一期票据发生了违约,不能以此推断并宣称担保人对其他所有未到期票据发生了违约,尽管它们属于同一笔交易并由同一担保人担保。因此,也不能要求担保人对未到期票据提前付款。这一做法与商业贷款有明显的区别。商业贷款合同中常列有这样的一个条款:如果债权人有理由推断借款人将无力履行其还款责任和义务时,他有权要求实行加速还款,即宣布该借款人所欠债务全部立即到期,并要求借款人立即还款。图 7 – 2 所示为福费廷的业务程序。

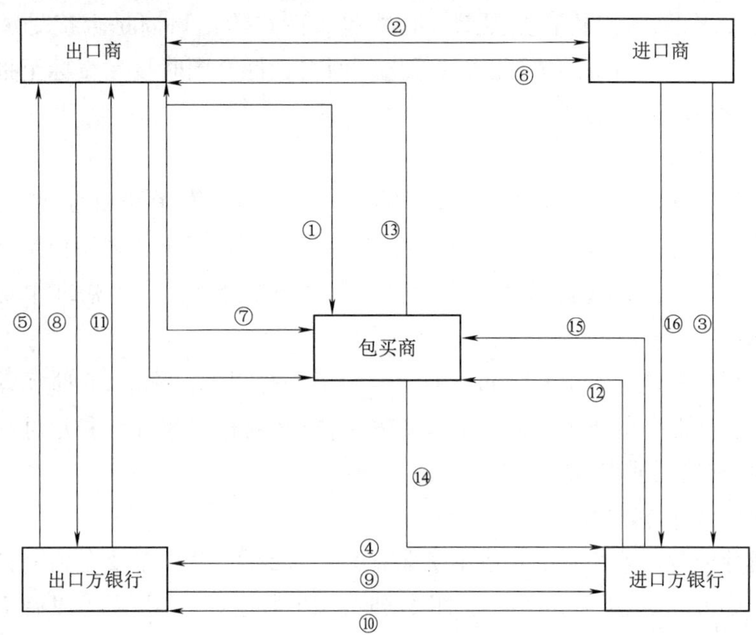

图 7 – 2　福费廷的业务程序

图示说明:

①进出口商在签订合同前,出口商就福费廷事宜向包买商福费廷咨询。

②确定采用福费廷方式后,进出口商签订合同。

③进口商向银行提交开证申请书,受益人是出口商。

④开证行(进口方银行)审核无误,开出信用证,并将信用证转给通知行。

⑤通知行(出口方银行)将信用证转给出口商。

⑥出口商收到信用证后,按规定发货,备齐各类单据。

⑦出口商与包买商签订福费廷协议。

⑧交单议付。

⑨请求承兑。

⑩承兑汇票。

⑪退回承兑汇票。

⑫提交福费廷所需单据,准备贴现。

⑬包买商向出口商提供货款贴现。

⑭到期索偿。

⑮开证行向包买商付款。

⑯进口商向开证行付款。

三、福费廷方式的应用分析

(一)影响福费廷业务的因素分析

影响福费廷业务的主要因素有以下几个。

1. 成本

成本包括贴现率、承担费和宽限期。有些包买商在给出口商是否接受承诺的选择权时,也要收一笔费用,即所谓的选择费,就像出口商在投标合同时投保交标至批准期间可能发生的汇率变化风险所交的保险费。

2. 担保

有些国家接受在汇票上注明保证付款,有些国家则不接受(在欧洲联盟内部,除了英国和爱尔兰以外都接受这种做法)。另一种做法就是采用银行保函或备用信用证。我国银行一般采取福费廷方式是在远期信用证下进行的,远期票据经开证行承兑即可。

3. 贴现率

包买商所报的贴现率与贸易合同上的延付利率是有很大区别的,有时相差很大。贴现率直接影响福费廷业务的成本。而对出口商来说,有必要根据贴现率和延付利率详细计算合同金额,即将福费廷成本打入货价。

4. 未付税款与预扣税款

承办福费廷业务时要注意汇票或本票上有无未付的印花税,以及在到期日可能要征收的预扣税款。如果有,包买商在买断远期票据时,应加收这些费用,因为以后不能再向出口商要求偿付这些款项,除非双方有言在先。

5. 发货日对包买商的重要性

承担费是根据承诺期长短计算的,而发货日影响承诺期的长短。承诺期太长,在这期间利率浮动的风险会很大,且来自进口国的政治风险和进口商的商业风险也增大。

6. 承担费较高

福费廷业务的费用比较高。因为福费廷一般采取固定利率融资,包买商承诺固定利率有风险,所以银行做福费廷时,承担费的利率较之银行贷款利率要高,并按季计收。

(二)福费廷业务的风险分析

作为一种出口融资业务,福费廷交易的风险有以下几种。

1. 政治风险

这类风险主要是指国家非常时期采取的措施或政治事件,如战争、变革、政变等会使出口商遭受损失。对于这类风险,作为当事人一定要对国家的政治局势有一个比较清醒的了解和认识。

2. 商业风险

这类风险主要是指债务人或担保人无力或不愿意按规定付款,福费廷以及所有形式的信贷都存在这种风险。对于这类风险要求在做每笔交易时,对担保银行的信誉进行评估,而且债务人必须是信誉极好的公司,尽管在大多数情况下,债权已得到债务方国家的银行担保。大多数包买商只有在他们对这些风险得以评估的情况下,才肯做出承诺。

3. 资金转移风险

这类风险主要是指国家或其他官方机构无力或不愿意用所约定的货币支付,包括延期偿付的风险。对于这类风险主要靠包买商来掌握和控制,他必须对进口国家满足其外汇承诺的能力进行评估。

4. 货币风险

这类风险主要是指采取一种非出口商当地使用的货币进行支付,由于受浮动汇率的影响,合同金额在被转换成出口商所在国的货币后,可能会发生很大的变化,而且可能会使最终的债权人蒙受损失。对于这类风险,虽然从理论上讲,有可能使用任何货币贴现各种票据,但大多数包买商只购买那些比较容易实现再融资的货币作为债权。一般这些货币通常是可自由兑换的货币,如美元、欧元、瑞士法郎等。这些货币在欧洲市场上被广泛使用,对包买商来说可以避免用其他货币可能产生的再融资的困难。因此在实务中,福费廷票据通常是用上述几种货币计值的。而且,由于福费廷业务的成本主要取决于包买商的筹资成本,所以疲软的或不稳定的货币所涉及的各种风险会使福费廷交易费用极其昂贵。因此,采取何种货币支付是重要的。

(三)福费廷业务对进出口双方的利弊分析

1. 对出口商的利弊分析

对于出口商福费廷融资的好处体现在以下几个方面。

(1)在商务谈判中通过采用福费廷方式为国外买方提供延期付款的信贷条件,从而增强商品的出口竞争力。

(2)变远期票据为即期收汇,变延期付款为现金交易,减少了资金占压,提高了资金使用率。

(3)以无追索权方法卖断远期票据,将与票据支付有关的政治、商业、利率和汇率风险转嫁给包买商,却又可将转嫁风险所付的代价通过商品价格或延付利息转嫁给进口商。

(4)发货后不必投保、付保费、索赔及等待赔偿。

(5)货物的原产地或其组成部分与包买商不相干,他关心的只是谁是买方、买方银行和买方国家,对产品中的“外国成分”无规定限制。这一点对出口货物来源比较复杂的情况很重要。

(6)融资方式操作简单快捷,可用全部或部分票面金额来获得融资,无须受到预付定金比例的限制。

(7)出口商与福费廷银行(包买商)的账户关系不是必需的,即出口商可以为其每一个合同找一个最合适的银行来做此业务。这对于出口商也是方便的。

(8)福费廷融资不占用出口商的信用额度,不受银行信贷规模和国家外债规模的影响。

(9)在出口商的资产负债表中,可以减少国外的负债金额,提高企业资信,改善流动资金状况，有利于其有价证券的发行。

(10)福费廷业务的保密程度好，没有商业贷款那种公开性，这样有利于保护出口商的利益。

虽然福费廷对于出口商有许多好处，却也不是在任何情况下都有好处。出口商必须保证汇票或本票是被进口商承兑并经担保行担保的，但有时出口商不能保证进口商能够找到一家包买商满意的担保行。福费廷业务中的费用相对于信用证业务要高一些，可以说它属于批发性融资工具，最适合于100万美元以上的大中型出口合同，特别是带有中长期信贷的合同，如机械设备出口合同等，而对金额小的项目而言，其优越性不很明显。

2. 对于进口商的利弊分析

对进口商的好处表现在：可获得贸易项下的延期付款的便利，可以取得100%的融资；还款计划和利率可以视进口商和进口国家的规定而定，也可以按现金流量需要而定，可以灵活安排；手续简便易行，不像利用买方信贷那样，进口商要多方联系，多方洽谈，签订多个合同。

但是，出口商往往将延付利息和所有费用负担均计算在货价之内，一般交易商品的价格较高。而且，进口商要寻找一流的银行来对出口商开出的远期汇票或自己开出的本票进行担保，这时，进口商必须向担保行支付一定的保费和抵押品。这样一来，虽然采用福费廷简化了手续，但大大增加了成本。因而较之利用其他出口信贷，这种融资方式对进口商来说是弊大于利，所以出口商比进口商更适合采用福费廷融资。

四、福费廷与国际保理的比较

国际保理业务是近几年来发展较快的固定利率融资业务，通常仅提供180天以内的短期贸易融资。保理和福费廷正好适用于不同领域和期限，从这个意义上说，两者有互补作用。保理业务与福费廷都属于融资结算业务，即出口商都可以在贸易合同规定的收款期之前获得部分或全部货款。而且出口商获得这些融资都可以是无追索权的，只要出口商提供的债权（无论是应收账款还是应收票据）是由正当交易引起的、不受争议的，而且符合保理商和包买商的其他规定，那么即使进口商违约或破产倒闭而产生信用风险，或因进口国政局政策发生变化而产生国家风险，都由保理商和包买商承担。在融资担保和支付条件融为一体的今天，这两种新型的结算方式越来越被广泛应用。

由于它们各自的特点不同，这两种融资方式有着贸易领域和融资期限的互补性，风险承担方式也各不一样。

保理业务主要适用于日常消费品或劳务的交易，每笔交易金额相对较小，一般是经常性持续进行的，出口商可能就自己的出口商品或服务与保理商签订一个保理协议，涉及的进口商却分布在多个国家或地区；福费廷业务主要针对资本性货物的进出口贸易，金额较大，且业务都是一次性交易。

保理业务的融资期限取决于赊销期限，一般为发货后1~6个月，个别可长达9个月，属于短期贸易融资；而福费廷业务的融资期限至少在6个月以上，一般长达数年，属于中长期贸易融资。

保理业务因金额小、融资期限短，保理商承担风险较小，因此以设定信用额度的办法来控制风险,不需另外提供担保;而福费廷业务因金额较大,融资期限长,包买商承担风险大,必须要有第三者提供担保。所以保理业务适用于托收项下做短期贸易融资,而福费廷业务可在信用证项下或银行担保项下做中长期贸易融资。

保理业务中,出口商一般最多只能得到发票金额80%的融资,这部分金额可以免除利率和汇率风险,但尚有部分余额需在赊账到期日支付,所以出口商还要承担有关汇价和迟付方面的残留风险。如果是到期保理方式,则出口商要承担全部利率和汇率变动的风险。而在福费廷业务中,出口商可按票面金额获得融资,而且不承担任何风险。因为,出口商是以无追索权的形式将远期票据出售给包买商的。

案例分析

1. 经营日用纺织品的英国Tex UK公司主要从我国、土耳其、葡萄牙、西班牙和埃及进口有关商品。几年前,当该公司首次从我国进口商品时,采用的是信用证结算方式。最初采用这种结算方式对初次合作的公司是有利的,但随着进口量的增长,他们越来越感到这种方式的烦琐与不灵活,而且必须向开证行提供足够的抵押。为了继续保持业务增长,该公司开始谋求至少60天的赊销付款方式。虽然他们与我国出口商已建立了良好的合作关系,但是考虑到这种方式下的收汇风险过大,因此我国供货商没有同意这一条件。试分析用何种结算方式能够解决这种困境?

分析:运用国际保理可以较好地处理双方困境。Tex UK公司转向国内保理商Alex Lawrie公司寻求解决方案。英国的进口保理商为该公司核定了一定的信用额度,并通过中国银行通知了我国出口商。通过双保理制,进口商得到了赊销的优惠付款条件,而出口商也得到了100%的风险保障以及发票金额80%的贸易融资。目前Tex UK公司已将保理业务推广到了5家中国的供货商以及土耳其的出口商。公司董事Jeremy Smith先生称,双保理业务为进口商提供了极好的无担保迟期付款条件,使其拥有了额外的银行工具,帮助其扩大了从中国的进口量,而中国的供货商对此也应十分高兴。

虽然出口商会将保理费用加入到进口货价中,但Jeremy Smith先生认为对进口商而言,从某种角度看也有它的好处。当进口商下订单时,交货价格就已确定,他们不须负担信用证手续费等其他附加费用。而对于出口商十分关心的保理业务中的合同纠纷问题,相对而言,虽然理论上说信用证方式可以保护出口商的利益,但实务中由于很难做到完全的单证一致、单单一致,因此出口商的收汇安全也受到挑战。Jeremy Smith先生介绍,该公司在与中国供货商合作的5年时间里仅有两笔交易出现一些货物质量方面的争议,但问题都很快得到解决,且结果令双方满意。

日本轮胎制造商Shimano公司为了开拓北欧这一新市场,于1984年首次采用出口保理的结算方式。目前该公司已对许多国家的出口采用了此方式。据公司的一位发言人介绍,出口保理作为一种价廉高效的结算方式,帮助公司抓住了出口机遇,改善了公司的资金流动性,减少了坏账,同时也节省了用于销售分户账管理、资信调查、账款回收等管理费用。该公司认识到,仅靠公司规模以及产品声誉不足以应付跨国贸易中的各种问题,与日本出口保理商的合作以及FCI全球网络提供的服务构成了该公司成功开拓海外市场的一个组成部分。

2. 美国一进口商和国内一出口商谈定了一笔长毛绒玩具的贸易合同,该出口商希望付款方式为即期信用证(玩具装船后立即付款),付款金额为100万美元。而出于资金周转以及利息方面的考虑,进口商不愿意一下子拿出那么多钱来,而希望在玩具装船后365天内以远期信用证付款,由于这样会给出口商带来一定的经济损失,进口商表示愿意承担因延迟付款而产生的利息。从出口商的角度看,他当然愿意"一手交货,一手收钱",而不是远期信用证付款,但他也不愿意失去这个多年的大客户,何况这两年出口形势不好,这百万美元的订单实属不能错过。那么,能不能想办法让进口商以远期信用证支付,而出口商又能够在玩具装船后马上收到钱呢?

分析:事实上,在进出口贸易中,经常出现这样的情况:买卖双方出于各自利益的考虑,买方希望以远期信用证付款,卖方则坚持以即期信用证付款,于是常常出现双方僵持不下的局面。那么,有没有什么办法可以打破僵局,使大家都能够皆大欢喜呢?这正是福费廷业务大显身手的地方,它可以让远期信用证立即变现。如上述案例就可以采用福费廷来解决他们所遇到的难题,不过这种信用证贴现的融资方式需要有票据贴现商的介入。

具体就上述案例而言,假设进口商A愿意为延迟一年付款而承担10%的利息,从而把进出口合同的付款条件变为:付款金额110万美元,付款时间为装船后365天;而出口商B也同意这一付款条件,前提是他在玩具装船后就能够马上收到货款100万美元。在出口商B与票据贴现商订立了福费廷协议以后,他们就可以在票据贴现商的帮助下实现这一安排,将信用证项下的远期汇票贴现。

本章小结

国际保理服务是20世纪60~70年代在国际上得到迅速发展的一种国际结算方式。它解决了O/A或D/A方式下的出口商收款风险和贸易融资问题,深受贸易商的喜爱,保理商也拓展了业务空间。

目前的国际保理服务主要有两种方式:双保理和单保理。其中,双保理是最常见的方式。

保理商对出口债权的购买可以是有追索权的,也可以是无追索权的。如果是无追索权购买,它只对核准的信用额度负责。

出口商转让给保理商的债权应是合格债权,出口商要保证完全履行合同义务。

国际保理服务适用于以O/A或D/A为基础的结算,转让的应是消费品出口债权。

包买票据业务(福费廷)是20世纪60年代以后,在国际上得到迅速发展的一种国际结算方式。与保理服务相近的是,包买票据业务也是通过购买出口债权提供风险担保和贸易融资。不同的是前者购买的是消费品出口债权,后者购买的是资本品出口债权。债权的性质不同导致债权形式、融资金额、融资期限、风险控制与转移手段等都不同。

包买票据业务中的费用有贴息、选择费、承担费、担保费等。

包买票据的风险主要有利率风险、汇率风险、信用风险等。风险承担者主要是包买商和担保银行。

思　考　题

1. 试述国际保理的定义及主要的当事人。
2. 国际保理的特点是什么?
3. 试述国际保理服务的操作程序。
4. 福费廷的定义及特点是什么?
5. 简述福费廷的流程。
6. 福费廷的利与弊是什么?
7. 福费廷与保理业务的区别主要表现在哪些方面?

第八章 国际结算中的融资方式

本章导读：

在国际贸易中，结算和融资是相互关联、不可分割的。进口商不可能在任何时候都能凭自己的能力履行付款义务，出口商也很难自付一切生产、装运等费用，于是银行在为买卖双方办理结算的同时也提供融资便利，促进贸易的顺利进行。在实际业务中，一些结算方式本身就是融通资金的一种方法，有的融资方式则是根据结算方式来选择的。本章将分别从出口和进口两个方面来介绍融资方式。

国际结算中的融资一般是指由银行或者一些专门的机构或者交易的一方，为买方或卖方在资金安排上提供的某种便利。广义的融资方式包括专业银行、商业银行等为企业提供的各种形式、各种期限的信贷以及银行或其他机构对企业授予的各种形式的信用，如发行债券、股票等。本章所介绍的融资方式只是涉及和前几章介绍的结算方式有关的融资方式，不包括金融市场的直接融资方式。

基本概念：

打包放款(Packing Loan)　红条款信用证(Red Clause Credit)　出口押汇(Negotiation)　汇票贴现(Discount of Drafts)　开证授信额度(Limits for Issuing Letter of Credit)　假远期信用证(Usance Credit Payable at Sight)　信托收据(Trust of Receipt,T/R)　提货担保(Guarantee for the Release of Goods)

第一节　出口融资方式

对于出口商来说，并不能保证在任何时候都能有足够的资金来经营其出口业务，特别是在货物数量多、金额较大的情况下，就需要某种形式的资金融通，而这种融通可能发生在货物的装运前或装运后。货物装运前，出口商可能需要资金采购备货或完成货物的生产，直到货物装运上船；货物装运后，若不是采用即期付款的结算方式，出口商就要到规定的付款期限才能收到货款,在这段时间,出口商的资金被占用,一旦急需用款就必须另外融资。因此,可将出口商的融资分为装运前和装运后两个阶段。

一、装运前融资

(一)打包放款

1. 打包放款的定义

打包放款(Packing Loan)是信用证项下银行向出口商提供的一种装船前的融资。出口商收到国外开来的信用证,凭信用证正本和销售合同作为还款凭证和抵押品,向银行申请抵押贷款,主要用于该信用证项下出口商品的进货、备料、生产和装运。贷款的回收靠的是出口项下的收汇,因此一般来说还贷是有保证的。这种贷款最初是指出口商接到信用证后,因货物包装出现资金困难而凭借信用证向当地银行借款,银行为协助客户缓解资金困难,使货物早日装运,在一定的保证下给予的融资,故称为打包放款。随着贸易的发展和这种融资方式的广泛使用,打包放款已经不仅仅局限于货物的包装方面了。

2. 打包放款的融资期限和融资比例

打包放款的融资期限由银行根据出口商品的生产周期和交换时间而确定,一般最长也不超过一年。融资比例由银行根据出口商的资信状况和清偿能力核定,通常不超过信用证额的90%。打包放款的货币,一般是以人民币为主。特殊情况下,如需支付外汇运费,也可申请少量外汇打包放款,贷款金额是信用证总金额的40%~80%,贷款期限3个月,最长不超过信用证有效期后21天。打包放款是一种短期的融资业务,它具有周转快、使用效率高、申请手续简便等特点,能缓解出口商资金短缺的困难,帮助企业按期完成出口商品的生产和交货。

3. 打包放款的操作程序

1)申请

申请打包放款的出口商必须将信用证项下单据交给贷款银行做出口押汇或收妥结汇,贷款银行即从出口押汇或收妥结汇金额中扣还打包放款本息和其他费用,如有还款不足部分,由贷款银行从出口商的存款账户划款归还贷款。如果出口商具备了银行所规定的打包放款的条件,便可以向银行申请打包放款。首先要填写打包放款申请书(参见式样8-1),规定借款用途,连同信用证正本一起办理申请贷款手续。

2)审查

银行的审查包括资信的审查和信用证的审查两个方面。贷款银行通过审查销售合同了解出口商资信,了解出口商能否按期、按质、按量完成交货任务,还要通过审查信用证了解开证行的资信,了解信用证中是否有约束性的软条款,能否控制物权单据以减少业务风险等。打包放款信用证审查表参见式样8-2。

式样 8－1

出口商品打包放款申请书

中国工商银行______分行制订

年　月　日

<table>
<tr><td>银行通知号</td><td colspan="2"></td><td colspan="2">企业性质</td><td></td></tr>
<tr><td>L/C 编号</td><td colspan="3"></td><td rowspan="4">本项
贷款
用途</td><td rowspan="4"></td></tr>
<tr><td>L/C 效期</td><td colspan="3"></td></tr>
<tr><td>L/C 金额
（万元外币）</td><td></td><td>L/C 支
付条件</td><td></td></tr>
<tr><td>申请贷款金额
（万元人民币）</td><td></td><td>申请贷
款期限</td><td></td></tr>
<tr><td colspan="6">我单位以上述信用证正本为抵押，申请叙做打包放款，保证该信用证交你行议付。请予审核批准。
此致
敬礼
中国工商银行__________分行__________支行
申请单位签章：
年　　月　　日</td></tr>
<tr><td rowspan="3">银行
审批
意见</td><td colspan="2">外汇结算科审查意见：

年　　月　　日</td><td colspan="3">工商信贷科调查意见：

年　　月　　日</td></tr>
<tr><td colspan="2">支行行长审批意见：

年　　月　　日</td><td colspan="3">工商信贷处长意见：

年　　月　　日</td></tr>
<tr><td colspan="5">分行行长审批意见：
年　　月　　日</td></tr>
</table>

3）签约

签约即双方签订打包放款合同。经审查，若银行同意出口商的申请，则双方磋商后即可签约。合同的内容除了有贷款货币、金额、期限、利率、还款方式、违约处理等项目外，还包括出口商的承诺，如：出口商在此合同下的全部出口商品必须向银行所认可的保险机构投保；银行有权检查监督出口商对贷款的使用情况；有关打包放款合同项下贷款债务的转移必须经银行同意等。

式样 8－2　　**打包放款信用证审查表**

<table>
<tr><td colspan="2">开证行名：</td></tr>
<tr><td colspan="2">信用证号：</td></tr>
<tr><td colspan="2">金　　额：</td></tr>
<tr><td colspan="2">受益人：</td></tr>
<tr><td rowspan="3">开证行
资信
情况</td><td>国别、地区：</td></tr>
<tr><td>是否我代理行：</td></tr>
<tr><td>其他情况：</td></tr>
<tr><td colspan="2">信用证有效期及有效地点：</td></tr>
<tr><td colspan="2">信用证有无对我不利条款：</td></tr>
<tr><td colspan="2">结算部门审核意见：</td></tr>
</table>

责任人：　　　　审查人：　　　　日期：

4）发放

签约后银行便可向出口商发放贷款，在贷款发放之前，由银行经出口商在往来账户外另开专用账户，由出口商陆续支用。

5）归还

提供打包放款的银行承担议付行的义务，当出口商交单议付时，银行从议付款中扣除打包放款的本金、利息和其他费用，也可按协议在收妥结汇时归还。一旦出现下列情况将会妨碍打包放款的归还：

（1）出口商获得打包放款后，不装运货物，不交单据，不使用信用证，致使打包放款长期得不到归还。

（2）出口商获得打包放款后，如果是自由议付信用证，出口商有可能将单据和副本信用证提交其他银行请求议付，而其他银行凭副本信用证予以议付，致使打包放款长期得不到归还。

（3）提交的单据与信用证条款不符，遭到开证行拒付而使打包放款不能归还。

为了防止上述情况发生，在贷款合同中应订明逾期不还时，贷款人有权从借款人的其他信用证项下出口押汇或收妥结汇货款或其存款账户中收回贷款本息、逾期利息和其他费用。

（二）红条款信用证

红条款信用证（Red Clause Credit）属于部分预支信用证的一种，最早使用是在向澳洲购买羊毛时需要预付部分货款，所以在信用证中加列预支条款，为了醒目，起初用红墨水书写，由此得名为红条款信用证。这种信用证本身就是对出口商的资金融通，它有一个特别的条款，规定允许出口商在全部货运单据备齐之前可预先向出口地的银行预支部分货款。也就是此种信用证授权指定议付行通过与受益人签订“预支条款信用证垫付放款合同”而预先垫付部分信用证金额，如支付给出口商 80% 信用证金额用于备货装运，待其交单请求议付时，以议付款项偿还垫款本息。倘若出口商不能办理议付时，则垫款本息应由开证行负责偿还，同时由于"红条款"是开证行应买方即开证申请人的要求才加上的，因此开证行随后可向申请人追索此款。

一般来讲，预支条款可以分为两种：第一种是以货款方式预先垫付，如果信用证到期，受益人无法办理议付，指定银行可向开征行求偿垫款本息；第二种是以预付方式预先购买，由受益人交来汇票（或收据）和承诺书，议付行予以议付或购买，扣减利息后将垫款预付给受益人，待受益人交来汇票和货运单据时，将预先垫付的净款从议付款项中扣除。

红条款信用证一般只是在特定的交易中使用，主要在与远东国家和新西兰、南非、澳大利亚等国交易羊毛、棉花、米时使用。进口商及开证行一般不会贸然开出这种信用证、以免遭受损失，除非对受益人的信用十分了解，确信受益人能按信用证要求装运货物，提供单据。在实际业务中进口商之所以愿意开出这样的信用证，主要是受市场供求的影响，若货源紧缺，而进口商又急于进货，红条款信用证往往就成为出口商与之成交的条件。

（三）打包放款和红条款信用证的比较

1. 相同之处

（1）两者都是在装运前的出口融资。

（2）两者都要求出口商必须出运货物，交单议付，以议付款偿还放款（或垫款）。

（3）两者都必须向融资银行交单议付。

2. 不同之处

（1）打包放款中，出口商凭着一般的不可撤销信用证和销售合同申请打包放款；红条款信用证项下，出口商凭进口商申请开出的红条款信用证和出口商提供的出口保函预支款项申请融资。

（2）打包放款中，出口商如不能装货出口，应由出口商负责在放款到期日还款；红条款信用证项下，出口商如不能装货出口，议付行垫款最终由进口商负责归还。

（3）打包放款不增加开证行和进口商（申请人）的责任；红条款信用证增加开证行和进口商（申请人）的责任。

（4）打包放款是发放出口国本币资金贷款；红条款信用证是预支信用证货币资金。

二、装运后融资

（一）出口押汇

1. 出口押汇的定义

出口押汇（Negotiation）是银行以单据为抵押先垫付一笔资金给出口企业，这样就能使出口商在整个业务中资金不被占用，在进口商未付款以前就能得到货款。如果索偿时遭到受票人的拒付，银行可向出口商行使追索权，追回已垫付款项和利息。信用证项下和托收项下的单据都可申请做出口押汇，即出口押汇可分为出口信用证押汇和出口托收押汇。

出口信用证押汇是指出口商为了解决资金周转的困难，凭进口银行开来的信用证将货物发运后，按照信用证要求制作单据并提交其往来银行要求议付，即以出口单据为抵押，要求银行提供在途资金融通。对议付行来讲，这种融资风险较小，收款比较有保障。

出口托收押汇是采用托收结算方式的出口商在提交单据、委托银行代向进口商收取款项的同时，要求托收行预先支付部分或全部货款，待托收款项收妥后归还银行垫款的融资方式。

两种出口押汇的根本区别在于：前者有开证行的付款保证，属于银行信用；而后者付款与否完全取决于付款人，属于商业信用。

2. 出口信用证押汇责任范围

出口商要求银行做押汇时，必须提交申请书，并连同信用证正本和全套单据提交银行。银行核对申请书印鉴后开始审查单据。银行一般只对符合条件的出口信用证做押汇，银行对出口信用证押汇的责任范围如下。

1）银行承担出口押汇，保留追索权

如因开证行倒闭、邮寄单据遗失延误、电讯失误等非押汇行本身过失而导致的拒付、迟付、少付，押汇行有权主动向受益人追回全部垫款及其利息。遇到开证行无理挑剔、拒付、迟付或少付时，押汇行负责对外交涉，以维护出口方权益，如交涉无效造成损失，押汇行仍可向受益人追索，产生的纠纷由买卖双方直接交涉。

2）银行承担出口押汇的申请与审批权

凡拟向押汇行申请做出口押汇的单位，须先与押汇行签订出口押汇的总质权书（General Letter of Hypothecation）以明确双方责任范围和义务。具体申请承办时，须填制“出口押汇申请书”（见式样 8－3），连同信用证正本、全套单据一并交来。

式样 8－3　　**出口押汇申请书**

致：中国工商银行__________分行：

兹附来______________号信用证项下单据一套（发票号码__________，金额__________），请你行根据“叙做出口押汇暂行办法”的规定，办理押汇。我公司按已签订的“出口押汇总质权书”条文承担义务。

银行意见：　　　　　　　　公司财务章：

年　　月　　日

（二）汇票贴现

汇票贴现是指（Discount of Drafts）贴现信用证项下远期汇票，先经指定承兑行（在出口地）对单据审核并对汇票贴现后，提前把汇票净款垫付给受益人作为融资，随后，承兑行将单据寄给开证行，并通知汇票到期日，汇票到期时承兑行就能获得开证行的偿付。

托收项下远期汇票可通过融通汇票贴现融资。出口商事先与托收行或其他银行订立承兑信用额度协议，待出货后，开立一张以该行为受票人，以自己为出票人和收款人，金额略低、期限略长于托收汇票的远期融通汇票，并以托收跟单汇票作为融通汇票的质押品，一起交给托收行，托收行在融通汇票承兑后，送交贴现公司贴现，将贴现净款提供给出口商，托收跟单汇票寄代收行，所收货款供托收行备付融通汇票的到期应付票款。托收项下的远期票据办理贴现业务,银行承担的风险较大,所以贴现率稍高于对信用证项下远期票据的贴现率。

第二节　进口融资方式

进口融资,是指银行等金融机构对本国进口商从国外进口商品授予信用。进口商只有在进行了结算即付款后才能拿到提货单据,否则不能提货,在这个过程中,银行就可为其融资。

一、开证授信额度

(一)开证授信额度的定义

开证授信额度(Limits for Issuing Letter of Credit)是指开证行对在本行开户且资信良好的进口商,在申请开立信用证时,提供的免收保证金或不要求其办理反担保或抵押的最高资金限额。这是银行根据资信情况对进口商在开证方面给予的信用支持,这样能使进口商的资金压力减轻,是对进口商的一种资金融通方式。

对于开证行来说,只要出口商提交的单据相符,便承担了第一付款责任,因此银行把开立信用证视为一种授信业务。进口商必须向银行提供保证金、抵押品或担保书后,银行才会考虑为该进口商开出信用证。在实际业务中,为了方便一些资信较好、有一定清偿能力的客户,银行通常根据客户所提供的抵押品数量、质量及客户的资信情况,核定一个相应的开证额度,供客户循环使用。在开证授信额度内,不收保证金或减收保证金。

(二)开证授信额度的种类

银行根据自己实际业务需要,可将开证授信额度分为以下几种。

1. 循环使用的开证授信额度

在订立循环使用的额度后,客户可无限次地在额度内委托银行对外开出信用证。当然银行可以根据客户的资信变化和业务需求变化随时对额度作必要的调整。对于这种授信额度,进口商在限额内自行掌握,反复周转使用,多用于在银行开立账户并与银行长期保持良好业务关系的进口商。

2. 一次性的开证授信额度

这种额度只是客户的一个贸易或几个贸易合同核定的一次性开证额度,是不能循环使用的。如果客户成交了一笔大额生意,普通开证额度不够使用或者普通额度的大量占用会影响其正常经营,这时银行可根据其资信情况和抵押品的情况核定一次性的开证额度,供此份合同项下使用。这种额度只是供某一笔进口开证业务使用,该业务结束后则额度失效,它主要用于银行对其资信有一定了解,但业务往来不多的进口商。

(三)授信额度的确定

授信额度的确定是建立在银行对客户的了解和信任基础上的,银行一般是从以下几个方面调查和了解客户情况的。

1. 企业以往的授信记录及其信用情况

银行对于经常光临本行的客户，一般都对其每笔业务作了必要的授信记录，用来评价其信用水平，为将来对其提供授信提供依据。对于已经提供了授信额度的客户也应坚持做好记录，以此来确定是否增加或减少对该企业的信用额度。

2. 企业的财务状况和管理水平

企业财务状况是一家企业能否顺利向前发展，并保证承担对银行履行其债务义务的重要标识。管理水平是衡量一家企业能否在激烈的市场竞争中更好地向前发展，进而能够在与银行的交往中确保银行的权益的另外一个标准。

3. 企业发展前景

银行提供授信额度的对象应该是那些有良好发展前景的企业。银行支持这些企业不但可以降低风险，也有利于扩大银行与这些企业之间的业务往来，使银行从中获益。

（四）开证授信额度的操作程序

（1）需要申请开证授信额度的进口商应按照银行规定的格式填写申请书，表明申请的额度、期限和种类等。

（2）银行根据进口商的申请书，审查其资信情况、经营状况、财务状况及以往的业务记录，确定对该进口商的授信额度。

（3）银行与进口商签订进口开证授信额度协议书，列明双方的责任和义务。

（4）签订协议后，进口商可以使用开证授信额度，银行则应对客户建立业务档案，根据协议规定的总额度，对进口商的开证金额实行余额控制。

另外要注意的是，并不是有了授信额度，银行就必须为进口商开证。进口商每次开证时，都要向银行提交开证申请书，银行除审查开证额度外，还要对申请书本身和货物等方面进行全面的了解，如果认为存在较大的风险，银行有权不开证。

二、假远期信用证

（一）假远期信用证的定义

假远期信用证（Usance Credit Payable at Sight）是指信用证项下远期汇票付款按即期付款办理的信用证，它是相对于远期信用证而言的，它既非远期信用证，也非即期信用证。就商品交易而言是一笔即期的买卖，就汇票的付款期而言，却是以远期买卖的面貌呈现的，这是出口方银行通过开证行向开证申请人（进口商）提供短期融资的一种方式。

（二）假远期信用证的操作程序

（1）进出口双方的银行签订由出口方银行以假远期的信用证形式向进口商融资的协议，出口方银行根据协议开立专门的账户。

（2）进口商申请开立远期付款、银行承兑信用证，并且进口方银行在开立信用证时应注明：

①本信用证项下汇票付款日为见票后若干天。

②本信用证项下远期汇票付款按即期付款办理。

③本信用证限制在提供融资的出口方银行议付。

(3)开证行开出并通知信用证后,出口商向出口方银行交单申请议付,出口方银行寄单,开证行承兑汇票并授权出口方银行由专户内支付货款给出口商。

(4)出口方银行按面额支付票款,开证行凭信托收据向进口商放单。

(5)进口商于到期日向进口方银行还款,包括本金和利息。进口方银行偿还出口方银行垫款。

(三)假远期信用证的影响

1. 对进口商的影响

假远期信用证使进口商得到了出口方银行的融资,不过他应支付从出口方银行支款日(议付日)起至汇票到期日期间的利息给出口方银行,并承担有关费用。

2. 对出口商的影响

假远期信用证对出口商基本没有什么影响,出口商仍然是在发货后交单议付,收回货款。

3. 对进口方银行的影响

进口方银行承兑汇票后,必须到期付款,并且对出口方银行没有追索权。

4. 对出口方银行的影响

(1)可以获得利息收入。出口方银行可收取贷款日(议付日)至汇票到期日(开证行偿还日)间的利息。

(2)可以带来出口结算业务。因为假远期信用证项下的议付银行必须是提供融资的出口方银行。

(3)实际占用资金少。出口方银行对受益人付款后,可以将进口方银行承兑的远期汇票进行贴现,用所得票款冲抵垫付款项。

不过,利用假远期信用证融资时,出口方银行必须对进口方银行有很好的了解,否则会导致对出口商的垫款无法及时得到补偿而遭受损失。

(四)假远期与真远期信用证的比较

假远期信用证与真远期信用证一样,其融资都是由远期信用证项下远期汇票承兑与贴现实现的。但是,两者又有很大程度上的不同。

1. 贸易合同规定的付款期限不同

一般来说,贸易合同是信用证开立的基础,真远期信用证符合这一条件,信用证与合同的付款期限相同,都是远期付款。但是假远期信用证却不符合这一条件,信用证是远期付款,合同却是即期付款。对于与合同付款条款不一致的信用证,受益人通常是不会接受的,受益人接受假远期信用证是为了给进口商从银行融资提供方便。

2. 支付贴息者不同

真远期信用证的融资者是受益人,贴息支付者也是受益人;假远期信用证的融资者是开证申请人,融资成本由其承担。

三、信托收据

(一)信托收据的定义

信托收据(Trust of Receipt,T/R)是进口商向代收行提供的一种书面保证文件,请求延期付款，并凭信托收据借出货运单据先行提货。它表明进口商是以代收行受托人身份提货、报关、存仓、保险、出售，货物所有权归属代收行，所得销售款归代收行所有，并保证到期付款，这是银行对进口商融资的通常做法。

开证行收到交来的相符单据后，必须对交单银行或受益人履行相应的付款责任，该付款责任不能受申请人清偿能力的影响。但开证申请人往往因资历或业务性质所限，无法按时付款赎单，不能赎单就不能提货，从而也无法进行加工、销售或者转卖。因此，开证申请人向银行洽谈开证额度的同时，也通常向银行申请相应的信托收据额度。

（二）信托收据的额度

银行所核定的信托收据额度通常按一定的比例包含在开证额度内。例如，银行为某客户核定有 100 万美元的开证额度，其中，包括 80 万美元的信托收据额度，在这种情况下，客户应将其开证余额控制在 100 万美元之内，其中 80 万美元的信用证下单据可凭信托收据释放给开证申请人。信托收据的额度与开证额度的比例主要是根据客户的经营范围、商品类别、行业习惯、资金周转速度等因素来决定。如客户主要经营转口贸易、鲜活易腐商品或季节性强的商品，信托收据的额度的比例应适当加大，反之则可相应降低。根据开证额度的种类，信托收据的额度也可以相应地分为循环额度和一次性额度，其使用方法和掌握原则与开证额度相同。在信托收据项下的货款付清之前，有关部分的开证额度也不能恢复使用。

（三）信托收据的主要功能

信托收据的主要功能就是协助进口商从银行获得资金融通，以利于资金周转。假如某进口商从国外进口货物，当货物到达目的港时，通常汇票和货运单据已经寄到进口地银行。在即期付款信用证项下，开证行应该立即付款，进口商也应备款赎单，但若采用信托收据的融资方式，开证银行准许进口商凭信托收据换取单据提走货物，货物售出后获得货款交付开证行以赎回信托收据，这就是开证行凭信托收据对进口商的垫款。在远期付款信用证项下，进口商需要在汇票到期日付款赎单，但有时会遇到货到赎单日未到的情形，为防止货物滞留港口码头，遭到损失或罚款，开证行或代收行允许进口商凭 T/R 借单先行提货，待到期日再偿还款项、正式赎单。这种融资方式对进口商极具吸引力，而信托方（开证行或代收行）须承担到期收不回款项的钱货两空的风险。

可见，在不同支付方式下使用 T/R，代收行承担的风险不同。在 L/C 项下凭 T/R 借单，因开证人（进口方）申请开证时已交付押金（保证金），代收行风险较小。而在远期托收项下凭信托收据借单（D/P · T/R），代收行则要承担较大风险。只有当进口人资信较好，或出口商愿意承担因 T/R 借单引起的所有风险时银行才愿以此方式融资。

信托收据这种融资方式的核心是依据信托收据进口商与银行便形成一种信托关系。进口商以受托人的身份，根据信托收据上的条款，用信托收据换取货运单据，提取货物后出售这些货物，将出售货物的货款一次或分数次还给银行，以清偿其票款；而银行则是信托人的身份，保留对货物的所有权，也就是以进口商的货物作为抵押品，直到票款完全得到清偿。进口商如违反信托收据上的条款，银行有权以货物所有人的身份，随时向进口商收回货款，以确保其债权。

四、提货担保

(一)提货担保的定义

提货担保(Guarantee for the Release of Goods)是指当货物已运抵目的地而提单尚未寄到时,进口商可凭到货通知单请求开证行出具提货担保书,凭以从船务公司先行提货。该提货担保书中声明,正本提单到达后进口商应立即向船务公司提示,当船务公司因提货担保而蒙受损失时,由进口商及开证行负连带赔偿责任。

(二)提货担保的操作程序

(1)进口商向船务公司索取空白提货担保书(Letter of Guarantee for Release of Goods),同时填写提货担保申请书,连同发票和进口许可证,一并交付开证行/代收行。提货担保申请书表明银行进行提货担保的一切后果均由进口商负责,并同意一俟正本提单寄到,即将上述提货担保书换回,以解除银行的担保责任,并授权银行支付货款。

(2)银行收到进口商的提货担保申请书后,应核实进口商的货物及其申报价值是否与信用证或托收项下货物相符。同时要求进口商提供全部货款作为保证金,或在其有足够的信用额度时(托收项下还须提交文件以证明所提货物的物权属于谁及其真实价值)方可加具银行担保,进口商凭提货担保书办理提货手续,如发生任何索赔货款之事,银行负责赔偿。

(3)银行收到正本提单后,可凭进口商的保证金办理赎单,并在提单背面写明"To Release our Guarantee only",凭此向船务公司换回提货担保书,交还银行注销。

(三)提货担保的风险

在提货担保的融资方式下,开证行应申请人要求,根据出口商发来的提单传真件签发提货担保,就此放弃了对货物的控制权,视同放单。因此当进口商要求开证行出具此担保时,开证行则会要求进口商提供书面保证,保证不论对方银行寄来的单据是否与信用证相符,都必须对外付款,甚至要求进口方存入100%的保证金。也就是说,即使进口商提货后发现货物有问题也不能拒付。而根据习惯的制单方法,提单上的货物栏可以只填写货物统称,无具体的规格,只是通过传真件知道大概的货价和笼统的货名,不知道货物的详细情况,诸如货物的件数及提单的编号等。也有些不法出口商利用运输航程较短、货物较单据提前到达出口地或有意延迟交单,迫使进口商为避免压港费用而作提货担保。进口商对于航程不远的货物交易,在开证时要注意控制交单期。对于信誉不明的出口商,进口商应等待发票、装箱单、质检证等其他记载详细的关键单据及正本提单到来,经审核认为符合信用证规定再提货,尤其对于大宗货物进口更要谨慎,不能因小失大,随便做提货担保。

在实际的业务中,通常银行为了避免卷入纠纷,要求进口商在提货担保申请书上注明:进口商应该根据信用证签发的汇票付款,即使所附货运单据不符合信用证规定。这意味着进口商一经办理提货担保,就不能拒付或延迟付款。因为如果进口商借口单据有瑕疵而拒付或延付款项,国外出口商或押汇行可要求退单,并向船务公司索赔,船务公司必将凭开证行出具的提货担保书向开证行索赔,使开证行陷入麻烦。若发生延迟付款,付款行应负担迟付的利息费用。提货担保方式多用于信用证项下货物,进口商往往先到码头看到货物情况,在确有需要时,才办理提货担保。

本章小结

在融资的渠道和便利程度方面，不同的结算方式表现出很大的不同。信用证项下，出口方银行对出口商的融资形式有打包放款和出口押汇，进口方银行对出口商的融资方式有红条款信用证。

出口方银行对进口商的融资形式主要是通过假远期信用证。开证行对进口商的融资形式有：开证授信额度、进口押汇、信托收据及提货担保。

跟单托收中银行的融资作用要小得多，银行对出口商的融资形式只有托收出口押汇一种，并且由于收款风险大，一些银行不愿意开展此项业务，银行对进口商的融资主要是信托收据和提货担保。

思考题

1. 银行对出口商提供的融资有哪些？它们的适用范围是什么？
2. 信托收据与提货担保的定义及区别是什么？
3. 什么是打包放款？
4. 提货担保的基本程序是什么？
5. 假远期信用证与真远期信用证有何异同？

第九章 国际非贸易结算

本章导读：

随着全球服务贸易迅猛发展，尤其是金融、保险、运输的发展及对外文化交流的不断扩大，非贸易结算在国际结算业务中的地位也变得越来越重要。本章将介绍主要的非贸易结算的基本方式和实际应用。

一国的国际结算业务包括两个主要的内容，即一国的国际贸易结算和国际非贸易结算。国际上能引发债权债务关系的经济活动中，除了包括商品进出口的有形贸易外，还包括运输、保险、金融、文化交流等其他劳务或服务项目构成的无形贸易。国际非贸易结算（Non - trade Settlement）就是指由无形贸易引起的国际间债权债务的收付结算。

基本概念：

国际非贸易结算（Non - trade Settlement） 外币兑换业务（Exchange of Foreign Currency） 侨汇（Overseas Chinese Remittance） 旅行支票（Traveler's Check） 旅行信用证（Traveler's Letter of Credit） 信用卡（Credit Card）

第一节 外币兑换和侨汇业务

一、外币兑换

（一）外币兑换的定义

外币兑换业务（Exchange of Foreign Currency）是指银行办理外币现钞的兑入和兑出的业务。从狭义上来看，外币的兑换业务就是指外币现钞的兑换；从广义上来看，外币的兑换业务还包括收兑旅行支票、旅行信用证、信用卡及买入外币票据等项业务。本书所讲的外币兑换业务是指外币现钞的兑换。

一个国家确定某种外币是否能收兑主要考虑两个因素：一是货币发行国对本国货币出入境是否有限制；二是这种货币在国际金融市场上能否自由兑换。

根据我国外汇管理条例规定,在我国境内的一切中外机构或个人所持有的外币不得在我国境内自由流通使用。所有汇入的外币、携入的外币票据,除另有规定外,都必须存入经营外汇的指定银行;对个人或单位批准供给的外汇,按照规定持等值人民币兑换成外汇。外宾、华侨入境后,未用完的人民币,按照规定兑成外币携带出境。外币兑换是经营外汇业务银行的经常性业务,也是国家非贸易外汇收支项目之一。

(二)外币的鉴别工作

目前在我国挂牌兑换的外币现钞主要有美元、日元、澳大利亚元、丹麦克朗、瑞典克朗、意大利里拉、新加坡元、港元、马来西亚林吉特、澳门元和欧元等。对于我国台湾地区发行的新台币,按内部牌价收兑。每一种都有纸币和铸币,又有多种面额和版式。有的货币伪钞较多,有的货币属于停止流通的废币。所以,收兑外钞时,必须鉴别真伪,防止把伪钞和停止流通的废币收进来。

第一,根据各国钞票的纸张特征、印刷方法和油墨质量等方面鉴别真伪。各国在印刷纸币和造币过程中都采用最新、最完善、最可靠的技术和处理方法,如采用水印、纤维丝、安全线等标志区别于其他货币,避免伪造。

第二,根据钞票的主要项目内容鉴别真伪。钞票一般包括发行机构名称、负责人签章,法律有效词句,装饰票面的风景、人物、花纹、图案等。

第三,容易混有伪钞的外币加以重点识别和防范。

(三)外币兑换的具体操作

外币兑换主要包括外币的兑入和兑出两个环节。

1. 外币的兑入

凡是属于国家外汇管理局"外币收兑牌价表"上所列的各种外币,银行经查验顾客的护照或身份证后办理收兑。顾客用外币兑换人民币时,银行应当立即鉴别和清点,并与顾客核对,认定合格后,填制一式两联兑换水单。用当日的现钞买入价折算成人民币,交复核员复核现金后,连同水单第一联向顾客付清,另一联作为银行传票附件。收兑外币时,若发现假钞,应予没收,以防止其他银行再误兑入,银行在没收假钞后,应开出没收假钞的证明。

2. 外币的兑出

客户申请购买国家公布的可自由兑换的外币时,要按有关规定向银行申请购买,经银行审核无误后办理兑付。国外旅客要离境时,未用完的人民币要兑换回外币,无论是哪种情况都涉及银行的外钞兑出的问题。银行兑出外汇时,必须凭外汇管理部门的有关出境批件,按银行的挂牌汇率办理兑出。对短期来华旅游的外国人、华侨、港澳台胞将剩余的人民币兑回原币时,需要凭原兑换水单,审查其在国内的合理支出后,填制兑换水单一式两联,将外汇和第一联水单交给顾客。对顾客原兑换水单应全部收回,加盖"已退回"戳记,连同另一联水单,作为银行兑出外币传票附件,并作为兑出外币的原始凭证存档。最后还应在顾客的海关申报单的外币登记栏中写明,以便海关检查放行。

二、侨汇业务

(一)侨汇的概念

侨汇(Overseas Chinese Remittance)是华侨汇款的简称,属于海外私人汇款。它是指居住在国外的华侨、中国血统外国人、港澳台同胞从国外或港澳地区寄回用以赡养国内家属的汇款。侨汇属于国际收支中的单方面转移,侨汇是国家一项重要的外汇收入,在我国经济建设中发挥着越来越重要的作用。

(二)侨汇政策

侨汇工作不单纯是结算,而且是一项政策性较强的政治工作。由于侨汇的特殊性和积极作用,侨汇工作具有较强的政策性和业务原则要求。我国政府一贯重视侨务工作,在各个时期都制订了一系列方针政策。侨汇也是侨务工作的有机组成部分,受国家侨务方针政策的指导。长期以来我国实行"服务侨胞、便利侨汇和保护侨汇"的政策,充分体现了对侨汇工作的重视。银行在解付侨汇业务中坚持"谁款谁收,存款自愿,取款自由"的原则,任何人不得侵犯侨汇所有者的所有权和使用权,不得擅自没收、扣压、延付或冻结侨汇。为了进一步调动侨胞、侨眷的积极性,国家采取了各种具体措施。例如在侨胞、侨眷自愿原则下,鼓励他们把侨汇投入生产、修建房屋、兴办公益事业、开发各种经济项目等。

(三)侨汇的解付

侨汇汇款主要有电汇、信汇、票汇和约期汇款四种形式,其解付方法如下所述。

1. 电汇

电汇是国外或港澳银行以电报方式汇入侨汇,多为急用款项,应从速解付。电汇的汇入途径主要有两种:一是国外或港澳银行直接发给解付行的电汇,解付行应在译电核押、填妥收条后尽快解付;二是国内银行发出的侨汇电汇,其电报顶端注有"侨转"字样,解付行审核无误后,填制一套电汇收条,办理解付手续。

2. 信汇

信汇是国外或港澳银行制妥一整套包括信汇总清单、信汇委托书、正副收条、汇款证明书及信汇通知书等文件,邮寄给解付行的一种侨汇汇款方式。解付行核对总清单后,办理解付或转汇手续。

3. 票汇

票汇是海外华侨、港澳同胞向国外或港澳银行购买汇票,自带或邮寄给他们的亲属,凭以向国内指定的解付行兑付的汇款方式。解付行将出票行的签字、汇票通知书上的签字和签字样本核对相符之后,办理解付。汇票上若有收款人姓名,应要求收款人背书,并查验收款人的证件。

4. 约期付款

约期付款是华侨和港澳同胞与汇出银行约定,在一定时期(如每月一次或两月一次)汇给国内侨眷一定金额的汇款。由汇出行寄出凭证,通知解付行,按日期填制汇款收条解付给收款人。

侨汇使用的货币不同,有原币汇款和人民币汇款两种。原币汇款解付时应按外汇买入价折成人民币付给,人民币汇款则以人民币支付。

(四)侨汇收条的处理

信汇、电汇全套汇款收条包括正收条、副收条、汇款证明书和汇款通知书一式四联。

1. 正收条

正收条(Original Receipt)应在解付侨汇后,及时寄还汇出行交给汇款人,以清手续。正收条有收款人签章、现金付讫章和解付日期章。华侨一向重视正收条,有"见条如见亲人"之说,所以解付行应从速寄还,一般应于解付后的第二天寄出。

2. 副收条

副收条(Duplicate Receipt)是解付侨汇后银行留存的主要凭证。副收条上应有收款人签章、现金付讫章和解付日期章,并记录收款人证件号码。如汇款需加盖公章,应盖在副收条上,以备核查。

3. 汇款证明书

汇款证明书是在解付侨汇时,交给收款人持有,凭以查对收款金额。

4. 汇款通知书

汇款通知书有收款人的详细地址,以便通知,它是解付侨汇的依据。

(五)侨汇的查询和退汇

1. 侨汇的查询

侨汇中如遇到问题,汇出行与解付行应及时通电通函进行查询。若收款人姓名有误或地址不详,解付行应及时向国外汇出行查询。如果汇出行在一定期限内没有收到回条,应向汇入行发出查询通知。解付行应及时查明情况做出答复,采取的回复形式应为"电查电复、信查信复"。

2. 侨汇的退汇

侨汇一经汇入,一般不应退回,但如遇下列情况,可以办理退汇。

(1)若汇出行接受汇款人的要求,向解付行来函或寄来"退汇通知书",而且此款尚未解付时,解付行可以办理退汇。

(2)收款人姓名、地址不详,或收款人死亡又无合法继承人代收款时,经与国外汇出行联系,收到其退汇通知书后,可以办理退汇。

(3)收款人拒收侨汇,要求退回,经劝解仍然不收款者,应与汇出行联系,征得汇款人同意后可由解付行办理退汇。

解付行在收到退汇通知时汇款已经解付,应及时通知汇出行。

第二节　旅行支票和旅行信用证

一、旅行支票

(一)旅行支票的定义和关系人

旅行支票(Traveler's Check)是银行或旅游公司为了方便旅游者安全携带和使用货币

而发行的一种定额票据。它不指定具体的付款地点和银行,客户购买旅行支票后,可以随时签发使用。

旅行支票一般是由发行机构签发,由其自己付款,并经旅行支票购买者会签的一种特殊支付凭证,是票据的一种形式。旅行支票有三个基本关系人,即出票人、售票人和购票人,还包括兑付人和受让人。

1. 出票人

旅行支票正面印有发行机构的名称和地址。一般来讲,旅行支票是由发行机构负责付款的,所以出票人就是付款人。旅行支票在印刷时会一起印妥出票人的签名即发行机构负责人的签名,这与有些票据临时加签不同。

2. 售票人

如出票人自己售出旅行支票,则出票人、付款人、售票人三者合一。发行机构以外的代售行售出旅行支票时,代售行只承担代理推销责任,付款责任仍由发行机构承担。

3. 购票人

客户向旅行支票发行机构或代售机构付足金额和一定的手续费购得旅行支票后,成为购票人。购票人在旅行支票上签了名,即成为持票人。

4. 兑付人

兑付人就是事先已与出票人签订代付协议的机构。

5. 受让人

接受旅行支票的服务部门即为支票的受让人。受让人背书后送交兑付行兑付。

(二)旅行支票的特点

(1)旅行支票有多种固定面额,以便于使用,例如美元的旅行支票就有 10、20、50、100、500、1 000 美元等多种面额。

(2)旅行支票兑取方便。发行机构为了扩大其流通范围,在国外许多大城市和旅游地特约了代兑点,供持票人兑取票款。这样一来,旅行支票可像取款一样能够零取,并可在多个地点或银行兑付,如发行者的代理行、旅行社、机场、车站等。

(3)旅行支票一般不规定流通期限,可长期使用。过期的旅行支票不能再向代付机构取款,但仍可向原发票机构注销,退回原款。

(4)旅行支票携带安全。旅行支票上为购票人(持票人)留有两个签字空位。购票人购票时第一次签名是初签,作为预备印鉴。取款时,持票人作第二次签名是复签,兑付行核对两次签字相符后方可付款。所以,旅行支票不易被冒领,比携带现钞安全。

(5)旅行支票可以挂失补偿。持票人一旦丢失旅行支票,可及时挂失,经发行机构确认后,挂失人就可以得到退款或补发新的旅行支票。

(三)旅行支票的兑付

兑付旅行支票是银行垫款买入票据,既要防止冒领、假票,又要给持票人提供方便。因此应该注意以下问题。

(1)首先要识别旅行支票的真伪。银行应熟悉几种常用的票样,对其版面、纸质及戳记文字要有一定了解。遇有疑问时,应征得客户同意后通过银行办理托收。如发现假的旅行支票应该立即扣留。

(2)请客户出示护照并在旅行支票上当面复签,核对无误后即可兑付。核对签字时,应注意以下几点:

①原签名是否被擦掉或用较粗的签名覆盖。

②复签的斜向和原签是否相符。

③复签时是否有姓名拼写错误。

(3)对空白和转让的旅行支票一般不予兑付,只能办理托收。

(4)审查币别和旅行支票的金额。

(5)缮制兑换水单。兑付时要填制一式两联的兑付水单,抬头人姓名要按照护照上的全名写清楚,并注明护照号码及支票号码。

(6)支取方式。

①外币取现。客户要求提取与旅行支票币别相同的外币现金时,扣除票面金额的7.5‰,剩余金额为所付外币现金。如果要求提取与旅行支票不同的外币现金时,在扣除票面金额的7.5‰后,按当时现汇买入价与现钞卖出价的比率折算,所得金额为所付外币现金。

客户所持旅行支票币别与要求转存的账户币别相同时,在扣除旅行支票票面金额的7.5‰后,剩余金额即转入客户在该行开立的外币账户。

客户所持旅行支票币别与要求转存的账户币别不同时,在扣除旅行支票票面金额的7.5‰后,按当日现汇买入价与现汇卖出价的比率折算,所得金额存入其外币账户。

②向国外汇款。如果客户要求汇出的国外汇款是旅行支票原币别时,在扣除旅行支票票面金额的7.5‰后,可直接办理汇款业务,并收取汇款中的手续费、邮电费、电报费等;如汇款与旅行支票币别不同时,在扣除旅行支票票面金额的7.5‰后,按当日外汇的现汇买入价与卖出价的比率折算,办理汇款业务,并收取相应费用。

③人民币取现。扣除旅行支票票面金额的7.5‰后,按当日现汇买入价折算成人民币。

(7)索偿。兑付后的旅行支票应在票面加盖兑付行的特别划线章,并由兑付行进行背书,迅速寄给国外发行银行索偿票款,收妥票款,归还垫款。

二、旅行信用证

(一)旅行信用证的定义和特点

旅行信用证(Traveler's Letter of Credit)是银行为了方便旅游者出国旅行而开立的允许其在一定金额和有效期内,在该证指定的分支行或代理行支取款项的一种信用证。它有以下主要特点。

(1)旅行信用证属于汇款方式的一种,其开证申请人和受益人为同一人。

(2)旅行信用证不附带任何单据,属于光票信用证。

(3)旅行信用证不能转让,只可由受益人使用。

(4)旅行信用证只有受益人本人才能领取,开立旅行信用证时,银行要求受益人在“印鉴核对卡”上作预留印鉴,也可要求凭护照上的签名兑付,并在信用证上加注护照号码。

(5)开证行根据客户的旅行地点,在证上列明代理行或联行的名单,凡列入名单的银行均能兑付。

(6)旅行信用证是由开证行保证支付一定金额,可在数处指定的兑付行一次或分次支取款项,每次支款金额由旅行者自定。

(二)旅行信用证的兑付

(1)兑付行审查旅行信用证的正本。兑付行应注意本行是否为指定的兑付行、开证行在信用证上的签字是否与该行签字样本相符、信用证是否在有效期内并有足够余额。

(2)受益人提供身份证件,并当面签发收据或汇票。收据必须列明信用证号码、开证行名称和日期,收据签名必须同"印鉴核对卡"或护照上的签名相符,支取金额必须在信用证金额之内。兑付行将支款日期、金额、行名在信用证上背书后加盖银行印章,将应付外汇折成等值人民币,连同信用证交给受益人,再将收据寄至开证行索汇,由开证行偿付垫款。

(3)旅行信用证的注销。旅行信用证的金额用完后,兑付行在信用证上加盖"用完"或"注销"戳记,连同收据一并寄开证行索偿和注销原证。

(4)兑付行的费用。兑付行可以根据垫款扣收贴息,并向开证行收取手续费,也可以根据约定不收费用。

旅行信用证业务流程示意图如图 9-1 所示。

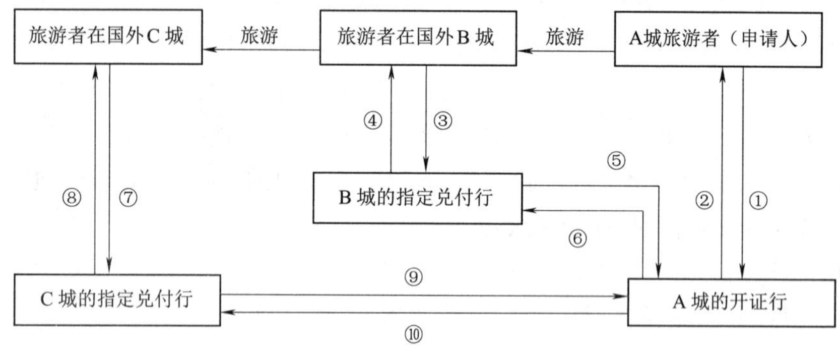

图 9-1 旅行信用证业务流程示意图

图示说明:

①旅游者在 A 城申请开证。

②A 城开证行向旅行者开出旅行信用证。

③在兑付行填写收据并提交信用证。

④审查各项相符后给旅游者付款。

⑤寄出收据凭以索汇。

⑥偿付。

⑦在兑付行填写最后一张收据并提交旅行信用证。

⑧审核各项相符后给旅游者付款。

⑨寄出最后一张收据凭以索汇,用完信用证请予注销。

⑩偿付。

(三)汇款、旅行支票与旅行信用证的比较

(1)汇款是汇入行一次性地将款项解付给收款人,而旅行信用证则可在多处指定的兑付行一次或分次支取,其未用完的余额自动退还给开证行或出票人。

(2)旅行信用证和旅行支票只有受益人或持票人本人才可领取,他人拾得很难冒领。

(3)旅行支票可以转让他人,也可以支付旅游费用;旅行信用证不能转让,只能受益人一人使用。

若从安全角度分析,汇款最优,旅行信用证其次,旅行支票第三。若从使用的方便灵活性看,依次是旅行支票、旅行信用证、汇款。

第三节　信用卡业务

国际贸易结算与国际非贸易结算的主要形式是非现金结算。非现金结算迅速、便利,为社会提供了大量的支付手段。信用卡作为非现金结算手段之一,与旅行支票和旅行信用证相比更加方便,使用更加普遍。在发达国家,国际结算采用信用卡已大大地超过了旅行支票和旅行信用证。从1985年中国银行珠海分行发行了我国第一张信用卡开始,我国各大银行推出的各类信用卡越来越多,已有越来越多的消费者使用信用卡进行购物、存取现金以及出国旅游。可见,信用卡业务也成为了国际非贸易结算的必不可少的手段之一。

一、信用卡概述

(一)信用卡的含义

信用卡(Credit Card)是发卡银行对消费者提供的短期信贷而发放的一种信用凭证。它是消费信用的一种形式。信用卡20世纪初起源于美国,从20世纪60年代以来,世界各国大银行普遍发行信用卡,为更多的消费者提供消费信贷。目前我国各大中城市的商业银行为便利持卡人使用,增加外汇收入,都纷纷开展办理信用卡兑付业务。

信用卡一般为名片一样大小,用特殊塑料制作。卡的正面印有信用卡的名称,凸印有持卡人的卡号、姓名、性别、有效期等;背面有持卡人的预留签字、磁条(芯片)和银行简单声明等;持卡人可依据发卡机构给予的消费信贷额度,凭卡在特约商户直接消费或在其指定的地点存取款及转账,然后定期向其发卡机构偿还消费信贷本息。

(二)信用卡的功能

信用卡的功能是由发卡机构根据社会需要和内部经营能力赋予的,因此各发行机构所发行的信用卡其功能各不相同。信用卡的最基本功能主要有以下几个方面。

(1)转账结算。这也是信用卡的主要的功能。发行机构为了方便持卡人的使用,与一些特约机构建立了联系,包括商店、宾馆、旅游场所和服务机构,持卡人到特约的商号购物、获取服务时,可凭信用卡支付,代替现金结算。

(2)支取现金。利用信用卡还可以支取现金,这可理解为信用卡的辅助功能。虽然发行机构联系了一些特约机构,但仍不能保证持卡人凭卡办理所有的支付,某些情况下还必

须使用现金。以信用卡支取现金在国外有时要受到限制，在我国提取现金的比重还比较大。

（3）提供信贷。对于持卡人，允许其在一定的限额内进行透支，这是发卡机构向客户提供信贷的一种形式，因此信用卡具有消费信贷的功能。

（三）信用卡的主要关系人

信用卡主要有以下四个关系人。

（1）发卡人：即是发行信用卡的银行或机构。

（2）持卡人：持有信用卡的客户。

（3）特约商户：也就是特约的单位，与发卡人（代办人）签订协议，受理持卡人使用特定的信用卡进行购物或支付费用的服务性质的单位。

（4）代办行：受发卡人的委托，负责某一地区内特约商户的结算工作的银行。

（四）信用卡的特点

（1）信用卡一般具有通用性。我国各商业银行发售的各类信用卡，其持卡人均可在全国各地的银行分支机构存取款。

（2）持卡人除了可以提取现金之外，还可以利用信用卡进行储蓄、到特约商户单位消费、办理转账结算等业务，均有便利性。

（3）与传统的票据结算方式相比，信用卡的使用手续比较简单，清算及时；与现金相比，信用卡不用清点，而且计算机的操作节省了时间。

（4）信用卡与现金相比最显著的特点就是具有安全性。信用卡本身被设计了多处防伪标识，持卡人要求取款时必须出示其身份证件，而且每张信用卡都配有相应的密码。在自动柜员机上取款时必须输入密码才能取出现金。

二、信用卡的类型

（一）按发卡机构的不同，分为银行卡和非银行卡

（1）银行卡。这是银行所发行的信用卡，持卡人可在发卡银行的特约商户购物消费，也可以在发卡行所有的分支机构或设有自动柜员机的地方随时提取现金。

（2）非银行卡。这种卡又可以具体地分成零售信用卡和旅游娱乐卡。零售信用卡是商业机构所发行的信用卡，如百货公司、石油公司等，专用于在指定商店购物或在汽油站加油等，并定期结账。旅游娱乐卡是服务业发行的信用卡，如航空公司、旅游公司等，用于购票、用餐、住宿、娱乐等。

（二）按发卡对象的不同，分为公司卡和个人卡

（1）公司卡。公司卡的发行对象为各类工商企业、科研教育等事业单位、国家党政机关、部队、团体等法人组织。

（2）个人卡。个人卡的发行对象则为城乡居民个人，包括工人、干部、教师、科技工作者、个体经营户以及其他成年的、有稳定收入来源的城乡居民。个人卡是以个人的名义申领并由其承担用卡的一切责任。

（三）按持卡人的信誉、地位等资信情况的不同，分为普通卡和金卡

（1）普通卡。普通卡是对经济实力和信誉、地位一般的持卡人发行的，对其各种要求并不高。

（2）金卡。金卡是一种缴纳高额会费、享受特别待遇的高级信用卡。发卡对象为信用度较高、偿还能力及信用较强或有一定社会地位者。金卡的授权限额起点较高，附加服务项目及范围也宽得多，因而对有关服务费用和担保金的要求也比较高。

（四）按清偿方式的不同，分为贷记卡和借记卡

（1）贷记卡。它是发卡银行提供银行信用，也就是说允许持卡人在信用卡账户上无存款时，先行透支使用，然后再还款或分期付款，其清偿的方式为"先消费，后存款"。目前国际上流通使用的大部分都是这类卡。

（2）借记卡。它是银行发行的一种先存款后消费的信用卡。持卡人在申领信用卡时，需要事先在发卡银行存有一定的款项以备用，持卡人在用卡时需以存款余额为依据，一般不允许透支。目前我国各银行发行的信用卡基本上属于借记卡，但是允许持卡人进行消费用途的善意、短期、小额的透支，根据不同的卡种，规定不同的限额，并在规定的期限内还款，同时支付利息。因此，实质上是具有一定透支功能的借记卡。

（五）按信用卡流通范围的不同，分为国际卡和地区卡

（1）国际卡。国际卡是一种可以在发行国之外使用的信用卡，全球通用。境外五大集团（万事达卡组织、维萨国际组织、美国运通公司、JCB 信用卡公司和大莱信用卡公司）分别发行的万事达卡（Master Card）、维萨卡（VISA Card）、运通卡（American Express Card）、JCB 卡（JCB Card）和大莱卡（Diners Club Card）多数属于国际卡。

（2）地区卡。地区卡是一种只能在发行国国内或一定区域内使用的信用卡。我国商业银行所发行的各类信用卡大多数属于地区卡。

三、信用卡的业务操作

（一）信用卡的申请与发放

一般说来，发卡银行对申请人的资信都要进行调查，要求申请人必须具备稳定的职业，有稳定的收入和住所。申请人在申请领卡时首先填写申请书，详细注明本人的姓名、地址、职业、家庭、教育状况、经济收入，担保人姓名、住址、经济收入等。根据上述情况，发卡的银行决定是否发卡、发何种卡、有效期限及消费额度。申请人领卡时应该当着银行工作人员的面在信用卡背面预留签字，以便特约商户或代办行办理业务时核对。

（二）信用卡的授权

信用卡提供的服务范围广、服务时间长，持卡人可凭卡取现、消费、参加保险、咨询和邮购等。为了减少发卡行的风险，一般都确定一个限额。在和特约商户签约时，在限额以下的交易一般由代办行和特约商户直接办理，超限额的必须经过发卡行同意才可办理。发卡行对持卡人超限额交易的审批过程，就是授权。发卡行均设立授权中心，授权中心必须提供24 小时服务。商户或代办行索要授权时，需要提供卡号、有效期、持卡人姓名、证件号码、

交易类型及金额等。如发卡行同意交易,便告知授权密码。

(三)信用卡的代付

银行除了发行自己的信用卡外,还可以受其他国家银行的委托代理兑付信用卡。代理兑付都是根据协议办理的,协议的主要内容如下所述。

(1)代兑该行信用卡下的支款以及每项支款的最高限额。

(2)手续费费率1.5%~2%,也有按笔计算的。

(3)头寸补偿的办法。

(4)差错责任条款。代付行不负责鉴别真伪,但要核对注销名单,如果发生差错如付错金额、漏压印等,发卡行有协助查找的义务。若造成损失,在规定的限额内可予以补偿。

(5)业务凭证和压印机等,由发卡行无偿提供。

(6)挂失。例如,持卡人在我国将信用卡丢失,提出挂失时,应立即通知发卡行,同时也应通知我国国内各分行和兑付点,以防冒领。

信用卡的代付要求银行在代兑时,首先要审查信用卡是否属于委托代办的性质及信用卡的有效期。然后填制取现单,此单是持卡人取款的收据,又是代付行向委托行结算代垫款项及手续费的凭证,类似于发票,在持卡人的签字与信用卡上的签字相符时,付给持卡人现金。最后向委托行收回代垫款及手续费。发卡行在我国的主要分行开立一个“信用卡备用账户”,代付行兑付后,不必发卡行授权可主动借记。

(四)信用卡的使用

持卡人使用信用卡,可以选择支取现金,也可以选择用于购物。支取现金可以直接向银行支取或在自动柜员机上支取。持卡人到特约的商店购物时,须填写“签购单”一式四联,连同信用卡交特约商店,该店经办人员审核下列内容:

(1)信用卡卡号、姓名、性别。

(2)持卡人签字与签货单上签字及信用卡姓名是否相符。

(3)信用卡有效期。

(4)用款是否在最高限额内。

审核后,用压印机将信用卡凸印部分印压在签购单上,如有终端机还可将信用卡磁条(芯片)插入,即可在屏幕上看清有关内容,随即将所购商品、签购单的第一联和信用卡交持卡人。特约商店汇总当日(或一周)多笔签购单,做一笔总计单一式三联,将其中的第二联和每笔签购单的第二联作为留存,将多笔签购单第三、四联和总计单第一、三联送交当地代付行向其索款。代付行将签购单第三联和总计单第一联作为本行留存,并从发卡人在代付行开设的备用金账户取款,扣去约4%的费用,将净款支付给特约商店。代付行再将多笔签购单第四联和总计单第三联寄给发卡人,发卡人按总计单金额汇款存入备用金账户,补足和保持备用金的余额,同时从持卡人账户支取保证金,归还发卡人垫款。如果保证金不够,发卡人可暂时透支借垫,并且及时通知持卡人迅速还款以补充保证金。

除了提取现金和购物外,持卡人还可凭信用卡到预约服务部门获取各种劳务,同时还可用信用卡办理邮购,参加储蓄、保险、咨询,代发工资,代扣水电、房租、电话费等。

本章小结

从狭义上看,外币的兑换业务就是指外币现钞的兑换;从广义上看,外币的兑换业务还包括收兑旅行支票、旅行信用证、信用卡及买入外币票据等项业务。

侨汇汇款主要有电汇、信汇、票汇和约期汇款四种形式。

旅行支票是银行或旅游公司为了方便旅游者安全携带和使用货币而发行的一种定额票据。旅行支票上有三个基本关系人:出票人、售票人和购票人。

旅行信用证是银行为了方便旅游者出国旅行而开立的允许其在一定金额和有效期内,在该证指定的分支行或代理行支取款项的一种信用证。

信用卡是发卡银行对消费者提供的短期信贷而发放的一种信用凭证。它是消费信用的一种形式。

思考题

1. 如何看待非贸易结算在我国国际结算中的地位?
2. 银行在侨汇解付中应注意哪些问题?
3. 旅行支票和旅行信用证的定义及区别是什么?
4. 信用卡主要有哪些类型?

参 考 文 献

[1] 华坚,侯方淼. 国际结算[M]. 3 版. 北京:电子工业出版社,2019.
[2] 苏宗祥. 国际结算[M]. 7 版. 北京:中国金融出版社,2020.
[3] 庞红. 国际结算[M]. 6 版. 北京:中国人民大学出版社,2019.
[4] 李华根. 国际结算与贸易融资实务[M]. 2 版. 北京:中国海关出版社,2018.
[5] 贺培. 国际结算[M]. 北京:电子工业出版社,2016.
[6] 赵绩竹. 国际结算:双语[M]. 北京:人民邮电出版社,2015.
[7] 侯迎春. 国际结算[M]. 北京:中国金融出版社,2019.
[8] 高露华. 国际结算[M]. 北京:清华大学出版社,2014.
[9] 陈跃雪. 国际结算[M]. 3 版. 南京:东南大学出版社,2020.
[10] 许南. 国际结算案例与分析[M]. 北京:中国人民大学出版社,2015.
[11] 尤宏冰. 国际结算:双语[M]. 北京:机械工业出版社,2018.
[12] 刘铁敏. 国际结算[M]. 2 版. 北京:清华大学出版社,2018.
[13] 高洁. 国际结算[M]. 北京:中国人民大学出版社,2019.
[14] 贺瑛. 国际结算[M]. 3 版. 北京:高等教育出版社,2015.
[15] 姚新超. 国际结算实务与操作[M]. 3 版. 北京:对外经济贸易大学出版社,2018.